中国传统村落保护与发展
系 列 丛 书

国家出版基金项目
NATIONAL PUBLICATION FOUNDATION

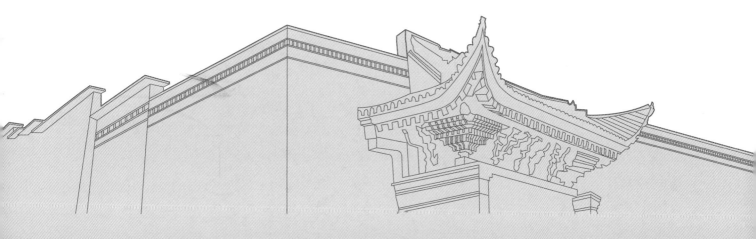

西北地区乡村风貌研究

靳亦冰　贾梦婷　栗思敏　著

中国建筑工业出版社

编委会

总编委会

专家组成员：

李先逵　单德启　陆　琦　赵中枢　邓　千　彭震伟　赵　辉　胡永旭

总主编：

陈继军

委员：

陈　硕　罗景烈　李志新　单彦名　高朝暄　郝之颖　钱　川　王　军（中国城市规划设计研究院）

靳亦冰　朴玉顺　林　琢　吉少雯　刘晓峰　李　霞　周　丹　朱春晓　俞骥白　余　毅

王　帅　唐　旭　李东禧

参编单位：

中国建筑设计研究院有限公司、中国城市规划设计研究院、中规院（北京）规划设计公司、
福州市规划设计研究院、华南理工大学、西安建筑科技大学、四川美术学院、昆明理工大学、
哈尔滨工业大学、沈阳建筑大学、苏州科技大学、中国民族建筑研究会

本册编委会

主编：

靳亦冰　贾梦婷　栗思敏

参编人员：

齐美芝　陈　冲　张鹏飞　张少君　杨　婧

审稿人：

王　军

总　序

　　传统村落，又称古村落，指村落形成较早，拥有较丰富的文化与自然资源，具有一定历史、文化、科学、艺术、经济、社会价值，应予以保护的村落。

　　我国是人类较早进入农耕社会和聚落定居的国家，新石器时代考古发掘表明，人类新石器时代聚落遗址70%以上在中国。农耕文明以来，我国形成并出现了不计其数的古村落。尽管曾遭受战乱和建设性破坏，其中具有重大历史文化遗产价值的古村落依然基数巨大，存量众多。在世界文化遗产类型中，中国古村落集中国古文化、规划技术、营建技术、工艺技术、材料技术等之大成，信息蕴含量巨大，具有极高的文化、艺术、技术、工艺价值和人类历史文化遗产不可替代的唯一性，不可再生、不可循环，一旦消失则永远不能再现。

　　传统村落是中华文明体系的重要组成部分，是中国农耕文明的精粹、乡土中国的活化石，是凝固的历史载体、看得见的乡愁、不可复制的文化遗存。传统村落的保护和发展就是工业化、城镇化过程中对于物质文化遗产、非物质文化遗产以及传统文化的保护，也是当下实施乡村振兴战略的主要抓手之一，更是在新时代推进乡村振兴战略下不可忽视的极为重要的资源与潜在力量。

　　党中央历来高度关注我国传统村落的保护与发展。习近平总书记一直以来十分重视传统村落的保护工作，2002年在福建任职期间为《福州古厝》一书所作的序中提及："保护好古建筑、保护好文物就是保存历史、保存城市的文脉、保存历史文化名城无形的优良传统。"2013年7月22日，他在湖北鄂州市长港镇峒山村考察时又指出："建设美丽乡村，不能大拆大建，特别是古村落要保护好"。2013年12月，习近平总书记在中央城镇化工作会议上发出号召："要依托现有山水脉络等独特风光，让城市融入大自然；让居民望得见山、看得见水、记得住乡愁。"2015年，他在云南大理白族自治州大理市湾桥镇古生村考察时，再次要求："新农村建设一定要走符合农村的建设路子，农村要留得住绿水青山，记得住乡愁"。

　　传统村落作为人类共同的文化遗产，其保护和技术传承一直被国际社会高度关注。我国先后签署了《关于古迹遗址保护与修复的国际宪章》（威尼斯宪章）、《关于历史性小城镇保护的国际研讨会的决议》、《关于小聚落再生的宣言》等条约和宣言，保护和传承历史文化村镇文化遗产，是作为发展中大国的中国必须担当的历史责任。我国2002年修订的《文物保护法》将村镇纳入保护范围。国务院《历史文化名城名镇名村保护条例》对传统村落保护规划和技术传承作出了更明确的规定。

近年来，我国加强了对传统村落的保护力度和范围，传统村落已成为我国文化遗产保护体系中的重要内容。自传统村落的概念提出以来，至2017年年底，住房和城乡建设部、文化部、国家文物局、财政部、国土资源部、农业部、国家旅游局等相关部委联合公布了四批共计4153个中国传统村落，颁布了《关于加强传统村落保护发展工作的指导意见》等相关政策文件，各级政府和行业组织也制定了相应措施和方案，特别是在乡村振兴战略指引下，各地传统村落保护工作蓬勃开展。

我国传统村落面广量大，地域分异明显，具有高度的复杂性和综合性。传统村落的保护与发展，亟需解决大多数保护意识淡薄与局部保护开发过度的不平衡、现代生活方式的诉求与传统物质空间的不适应、环境容量的有限性与人口不断增长的不匹配、保护利用要求与经济条件发展相违背、局部技术应用与全面保护与提升的不协调等诸多矛盾。现阶段，迫切需要优先解决传统村落保护规划和技术传承面临的诸多问题：传统村落价值认识与体系化构建不足、传统村落适应性保护及利用技术研发短缺、传统村落民居结构安全性能低下、传统民居营建工艺保护与传承关键技术亟待突破，不同地域和经济发展条件下传统村落保护和发展亟需应用示范经验借鉴等。

另一方面，随着我国城镇化进程的加快，在乡村工业化、村落城镇化、农民市民化、城乡一体化的大趋势下，伴随着一个个城市群、新市镇的崛起，传统村落正在大规模消失，村落文化也在快速衰败，我国传统村落的保护和功能提升迫在眉睫。

在此背景之下，科学技术部与住房和城乡建设部在国家"十二五"科技支撑计划中，启动了"传统村落保护规划与技术传承关键技术研究"项目（项目编号：2014BAL06B00）研究，项目由中国建筑设计研究院有限公司联合中国城市规划设计研究院、华南理工大学、西安建筑科技大学、四川美术学院、湖南大学、福州市规划设计研究院、广州大学、郑州大学、中国建筑科学研究院、昆明理工大学、长安大学、哈尔滨工业大学等多个大专院校和科研机构共同承担。项目围绕当前传统村落保护与传承的突出难点和问题，以经济性、实用性、系统性和可持续发展为出发点，开展了传统村落适应性保护及利用、传统村落基础设施完善与使用功能拓展、传统民居结构安全性能提升、传统民居营建工艺传承、保护与利用等关键技术研究，建立了传统村落保护与发展的成套技术应用体系和技术支撑基础，为大规模开展传统村落保护和传承工作提供了一个可参照、可实施的工作样板，探索了不同地域和经济发展条件下传统村落保护和利用的开放式、可持续的应用推广机制，有效提升了我国传统村落保护和可持续发展水平。

中国建筑设计研究院有限公司联合福州市规划设计研究院、中国城市规划设计研究院等单位共同承担了"传统村落保护规划与技术传承关键技术研究"项目"传统村落规划改造及民居功能综合提升技术集成与示范"课题（课题编号：2014BAL06B05）的研究与开发工作，基于以上课题研究和相关集成示范工作成果以及西北和东北地区传统村落保护与发展的相关研究成果，形成了《中国传统村落保护与发展系列丛书》。

丛书针对当前我国传统村落保护与发展所面临的突出问题，系统地提出了传统村落适应性保护及利用，传统村落基础设施完善与使用功能拓展，传统民居结构安全性能提升，传统营建工艺传承、保护与利用等关键技术于一体的技术集成框架和应用体系，结合已经开展的我国西北、华北、东北、太湖流域、皖南徽州、赣中、川渝、福州、云贵少数民族地区等多个地区的传统村落规划改造和民居功能综合提升的案例分析和经验总结，为全国各个地区传统村落保护与发展提供了可借鉴、可实施的工作样板。

《中国传统村落保护与发展系列丛书》主要包括以下内容：

系列丛书分册一《福州传统建筑保护修缮导则》以福州地区传统建筑修缮保护的长期实践经验为基础，强调传统与现代的结合，注重提升传统建筑修缮的普适性与地域性，将所有需要保护的内容、名称分解到各个细节，图文并茂，制定一系列用于福州地区传统建筑保护的大木作、小木作、土作、石作、油漆作等具体技术规程。本书由福州市城市规划设计研究院罗景烈主持编写。

系列丛书分册二《传统村落保护与传承适宜技术与产品图例》以经济性、实用性、系统性和可持续发展为出发点，系统地整理和总结了传统村落保护与发展亟需的传统村落基础设施完善与使用功能拓展，传统民居结构安全性能提升，传统民居营建工艺传承、保护与利用等多项技术与产品，形成当前传统村落保护与发展过程中可以借鉴并采用的适宜技术与产品集合。本书由中国建筑设计研究院有限公司陈继军主持编写。

系列丛书分册三《太湖流域传统村落规划改造和功能提升——三山岛村传统村落保护与发展》作者团队系统调研了太湖流域吴文化核心区的传统村落，特别是系统研究了苏州太湖流域传统村落群的选址、建设、演变和文化等特征，并以苏州市吴中区东山镇三山岛村作为传统村落规划改造和功能提升关键技术示范点，开展了传统村落空间与建筑一体化规划、江南水乡地区传统民居结构和功能综合提升、苏州吴文化核心区传统村落群保护和传承规划、传统村落基础设施规划改造等集成与示范，对集成与示范成果进行编辑整理。本书由中国建筑设计研究院有限公司刘晓峰主持编写。

系列丛书分册四《北方地区传统村落规划改造和功能提升——梁村、冉庄村传统村落保护与发展》作者团队以山西、河北等省市为重点，调查研究了北方地区传统村落的选址、格局、演变、建筑等特征，并以山西省平遥县岳壁乡梁村作为传统村落规划改造和功能提升关键技术示范点，开展了北方地区传统民居结构和功能综合提升、传统历史街巷的空间和景观风貌规划改造、传统村落基础设施规划改造、传统村落生态环境改善等关键技术集成与示范，对集成与示范成果进行编辑整理。本书由中国建筑设计研究院有限公司林琢主持编写。

系列丛书分册五《皖南徽州地区传统村落规划改造和功能提升——黄村传统村落保护与发展》作者团队以徽派建筑集中的老徽州地区一府六县为重点，调查研究了皖南徽州地区传统村落的选址、格局、演变、建筑等特征，并以安徽省休宁县黄村作为传统村落规划改造和功能提升关键技术示范点，开展了传统村落选址与空间形态风貌规划、徽州地区传统民居结构和功能综合提升、传统村落人居环境和基础设施规划改造等的关键技术集成与示范，对集成与示范成果进行编辑整理。本书由中国建筑设计研究院有限公司李志新主持编写。

系列丛书分册六《福州地区传统村落规划更新和功能提升——宜夏村传统村落保护与发展》作者团队以福建省中西部地区为重点，调查研究了福州地区传统村落的选址、格局、演变、建筑等特征，并以福建省福州市鼓岭景区宜夏村作为传统村落规划改造和功能提升关键技术示范点，开展了传统村落空间保护和有机更新规划、传统村落景观风貌的规划与评价、传统村落产业发展布局、传统民居结构安全与性能提升、传统村落人居环境和基础设施规划改造等的关键技术集成与示范，对集成与示范成果进行编辑整理。本书由福州市城市规划设计研究院陈硕主持编写。

系列丛书分册七《赣中地区传统村落规划改善和功能提升——湖州村传统村落保护与发展》作者团队以江西省中部地区为重点，调查研究了赣中地区传统村落的选址、格局、演变、建筑等特征，并以江西省峡江县湖洲村作为传统村落规划改造和功能提升关键技术示范点，开展了传统村落选址与空间形态风貌规划、赣中地区传统民居结构和功能综合提升、传统村落人居环境和基础设施规划等的关键技术集成与示范，对集成与示范成果进行编辑整理。本书由中国城市规划设计研究院郝之颖主持编写。

系列丛书分册八《云贵少数民族地区传统村落规划改造和功能提升——碗窑村传统村落保护与发展》作者团队以云南、贵州省为重点，调查研究了云贵少数民族地区传统村落的选址、格局、演变、建筑和文化等特征，并以云南省临沧市博尚镇碗窑村作为传统村落规划改造和功能提升关键技术示范点，开展了碗窑土陶文化挖掘和传承、传统村落特色空间形态风貌规划、云贵少数民族地区传统民居结构安全和功能提升、传统村落人居环境和基础设施规划改造等的关键技术集成与示范，对集成与示范成果进行编辑整理。本书由中国建筑设计研究院有限公司陈继军主持编写。

系列丛书分册九《西北地区乡村风貌研究》选取全国唯一的撒拉族自治县循化县154个乡村为研究对象。依据不同民族和地形地貌将其分为撒拉族川水型乡村风貌区、藏族山地型乡村风貌区以及藏族高山牧业型乡村风貌区。在对其风貌现状深入分析的基础上，遵循突出地域特色、打造自然生态、传承民族文化的乡村风貌的原则，提出乡村风貌定位，探索循化撒拉族自治县乡村风貌控制原则与方法。乡村风貌的研究可以促进西北地区重塑地域特色浓厚的乡村风貌，促进西北地区乡村文化特色继续传承发扬，促进西北地区乡村的持续健康发展。本书由西安建筑科技大学靳亦冰主持编写。

系列丛书分册十《辽沈地区民族特色乡镇建设控制指南》在对辽沈地区近2000个汉族、满族、朝鲜族、锡伯族、蒙古族和回族传统村落的自然资源和历史文化资源特色挖掘的基础上，借鉴国内外关于地域特色语汇符号甄别和提取的先进方法，梳理出辽沈地区六大主体民族各具特色的、可用于风貌建设的特征性语汇符号，构建出可以切实指导辽沈地区民族乡村风貌建设的控制标准，最终为相关主管部门和设计人员提供具有科学性、指导性和可操作性的技术文件。本书由沈阳建筑大学朴玉顺主持编写。

《中国传统村落保护与发展系列丛书》编写过程中，始终坚持问题导向和"经济性、实用性、系统性和可持续发展"等基本原则，考虑了不同地区、不同民族、不同文化背景下传统村落保护和发展的差异，将前期研究成果和实践经验进行了系统的归纳和总结，对于研究传统村落的研究人员具有一定的技术指导性，对于从事传统村落保护与发展的政府和企事业工作人员，也具有一定的实用参考价值。丛书的出版对全国传统村落保护与发展事业可以起到一定的推动作用。

丛书历时四年时间研究并整理成书，虽然经过了大量的调查研究和应用示范实践检验，但是针对我国复杂多样的传统村落保护与发展的现实与需求，还存在很多问题和不足，尚待未来的研究和实践工作中继续深化和提高，敬请读者批评指正。

本丛书的研究、编写和出版过程，得到了李先逵、单德启、陆琦、赵中枢、邓千、彭震伟、赵辉、胡永旭、郑国珍、戴志坚、陈伯超、王军（西安建筑科技大学）、杨大禹、范霄鹏、罗德胤、冯新刚、王明田、单彦名等专家学者的鼎力支持，一并致谢！

陈继军

2018年10月

前　言

决定一个民族未来的，是其文化。

中华民族五千多年文明所孕育的中华优秀传统文化，代表着中华民族的精神标识，是中华民族生生不息发展壮大的丰富滋养。历史和现实都表明，一个国家、一个民族如果不珍惜自己的思想文化，丢掉了思想文化这个灵魂，这个国家、这个民族就失去了立国立民之本。

党的十九大报告明确指出，要深入挖掘中华传统文化蕴含的思想观念、人文精神、道德规范、结合时代要求继承创新，让中华文化展现出永久魅力和时代风采。中华传统文化，是中华文明成果根本的创造力，是民族历史上道德传承、各种文化思想、精神观念形态的总体。中华传统文化是中国约五千年历史中延绵不断的政治、经济、思想、艺术等各类物质和非物质文化的总和。文化自然本有，文化是生命，生命是文化；文化是软实力，是决定一切的内在驱动力；文化又是社会意识形态，是中华民族思想精神，是社会政治和经济的根本。

乡村的产生具有特定的历史背景和生态环境、人文环境，呈现出鲜明的时代特征与文化特征。乡村风貌特色综合体现自然与人文景观的双重影响。乡村是乡土建筑与乡土文化的综合载体，承载着数百年甚至上千年的历史遗产和生态文化资源，蕴含着深厚的生存智慧、生态智慧、营建智慧和生态基因。乡土文化是独特的地域文化，是传统文化的起源与家园，是在历史的发展中形成的村民共同的文化记忆。而乡村中保持下来独特的生活习惯、民风民俗、家规家训、村规民约等，对村民的价值取向、个人行为、道德规范形成了一定的约束作用。

我们有责任有义务将深植于乡村千百年的优秀文化基因传承下去，进行创造性转化、创新性发展，这对于增强中华民族文明自信、实现中华民族伟大复兴具有重要作用。留住乡愁是我们的历史使命；留住乡愁，是将现代的生产生活需求融入乡村的生态人文环境大背景之中，保护传承乡村的自然环境和人文风貌，体现人与自然和谐共生、天人合一的理念。

我国西北地区地域辽阔、生态环境脆弱、自然景观多样，是北方游牧文化与农耕文化的交汇处，也是多民族聚居地区。西北地区人文景观深厚，乡村风貌特征突出，如陕北黄土高原地区的山地窑洞聚落、甘肃西峰地区的下沉式窑洞聚落、甘肃陇南的平原型乡村聚落、宁夏西海固地区的独立式窑洞乡村聚落、青海三江源地区的碉楼聚落和黑牦牛帐篷聚居点、青海河湟谷地的庄廓聚落、新疆绿洲地区的生土聚落等，以上所举乡村风貌各异、特征突出，均体现出乡村聚落对地形地貌、气候特征与人文资源的适应性。这些与气候、资源、地形等相适应的极具地域特征的西北地区乡村聚落与乡土民居，是探索我国西部生态建筑、绿色建筑、可持续建筑原型的"地域基因库"。

在当前社会经济转型期、新型城镇化建设和乡村振兴战略背景下，面对价值观念、生活方式的深层转变，西北地区乡村建设与发展面临着机遇与挑战，乡村风貌的城市化、同质化、假古董现象随之出现，如何正确引导乡村建筑有序建设，在提高生活居住品质的同时传承历史文脉与生态智慧，保持乡村风貌的地域性特征，亟待解决。

本研究对人口密集、多民族聚居的河湟谷地乡村聚落的发展研究意义尤为重大。独特的自然地理环境与多元的人文环境使得河湟谷地的著名县城——循化撒拉族自治县乡村风貌独具特色，因此，本书选取全国唯一的撒拉族自治县循化县作为研究对象，深入剖析其乡村分布与风貌特征，挖掘该地区的建筑原型，提取地域文化特征。综合考虑地形、地貌、产业、气候、民族等因素，将其分为三个风貌分区，并从村落风貌、院落风貌、建筑风貌、景观风貌四个方面研究循化县乡村风貌特征，并通过研究分析对三个分区风貌进行风貌引导。

本书共分三部分：

第一部分为背景研究部分，主要包括第1、2章。首先简要介绍中国乡村风貌研究现状，然后从自然景观和人文景观两方面对西北地区的乡村进行梳理，分析西北五省各省乡村分布情况与风貌特征，最后结合典型案例阐述该地区的乡村特征。

第二部分为主体研究部分，主要包括第3~6章。第3章为承上启下的章节，从西北地区聚焦到以青藏高原为主体的青海省乡村，从生态背景出发，综合考虑自然人文资源，研究青海四区的乡村整体分布特征与各区风貌特征，最后选取典型案例展开深入研究。第4~6章是核心研究内容，首先在《乡村振兴规划战略》背景下，结合循化县的历史沿革、民族概况、乡村概况、自然风貌以及文化风貌特色等因素将循化县乡村分为特色保护、集聚提升和搬迁撤并三大类，乡镇所在地乡村归为城郊融合类。其次基于其独特的民族特色、自然条件、产业结构等形成了撒拉族川水农业、藏族山地农牧交错和藏族高山牧业三类乡村风貌区。同时从当地的传统民居建筑与公共建筑中分析建筑原型并进行基因提取，以此指导乡村建筑保护与更新。然后，按照不同类型针对每一类乡村风貌分区进行乡村风貌研究，并提出具体的风貌导则。乡镇风貌导则重点对撒拉族川水型乡镇、藏族山地型乡镇和藏族高山牧业型乡镇的风貌现状做了深入分析并提出具体的风貌提升引导策略。尝试探索乡镇风貌研究的思路和方向，通过科学有效的风貌引导，指导乡镇建设，提升乡镇风貌水平。最后，结合实际，提出乡村建设中的禁止性要求。

第7章是结论部分。

本研究以期为循化县乡村健康可持续发展提供方向与引导，并旨在为该地区乡村风貌建设提供参考借鉴。

本研究受国家自然科学基金青年基金"农业转型期西北旱作区乡村聚落形态演进机制及营建模式研究"（51208419）支持。

目　录

第 3 章

/

青藏高原地区乡村风貌特征

079

第 4 章

/

青海省循化县乡村风貌研究

119

第 6 章

／

乡村风貌禁止性
要求

301

第 7 章

／

主要结论及问题

311

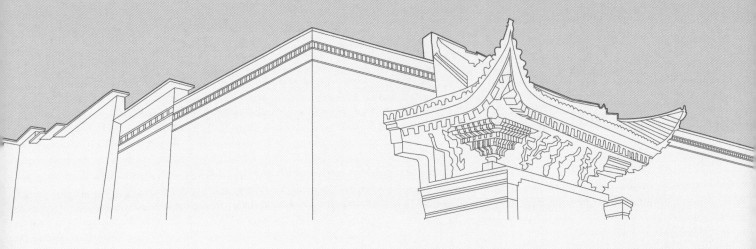

第1章

中国乡村风貌

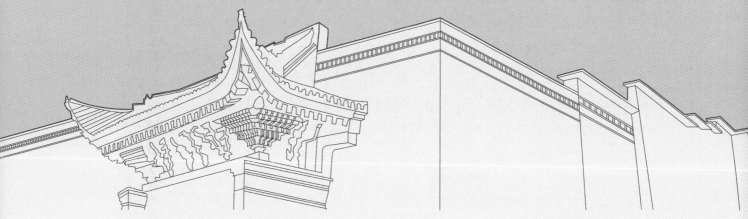

海德格尔曾经说过："人，诗意地栖居在大地上"。

中国民间文艺协会主席冯骥才认为："传统村落中蕴藏着丰富的历史信息和文化景观，是中国农耕文明留下的最大遗产，我们所注视着古村落的目光，终究不能只停留在建筑、风光和旅游之上，还要保护村民生活的风貌，返回"乡愁"的起点，不要忘记我们之所由来的地方"。

中国科学院和中国工程院两院院士吴良镛先生毕生追求的就是要让全社会有良好的与自然相和谐的人居环境，让人们诗意般、画意般地栖居在大地上。他还特别指出："作为我国56%的人口聚居地的乡村，近些年，特色风貌流失较为严重，乡村的治理与保护应在尊重其传统风貌与特色的前提下进行"。

1.1 研究背景

乡村指以从事农业生产为主的劳动者聚居的地区，是不同于城市、城镇而从事农业的农民聚居地。形态各异的地形、地貌、山川、河流、湖泊、草原、动植物等资源是大自然为人类提供的自然景观，传统乡村聚落与民居建筑是人文景观，它们共同构成人们审美的标准与对象。近年来，由于城镇化速度的加快与缺乏指导的乡村建设，出现不当的开发、利用，不仅导致自然资源的浪费乃至枯竭，而且使得很多原本极具地域特色的乡村失去了其地域性文化的风貌特色。因此，需要我们针对不同地域制定一系列的乡村风貌导则，为乡村的特色风貌传承提供引导。

1.1.1 政策背景

党的十八大提出生态文明建设，确定了生态文明建设的核心地位，确定了将建设美丽中国作为建设目标与方向，并提出加大农村帮扶力度，重视推进新农村建设，注重农村生产生活条件的改善。为落实十八大提出的"建设美丽中国"发展战略，指导"美丽乡村"的建设工作，农业部颁布《农业部"美丽乡村"创建目标体系》（2014年），从五个方面设定20条具体目标，其中有乡村风貌整洁有序、注重乡村文化传承等要求，原则

❶《乡村振兴战略规划》（2018—2022）中共中央国务院，2018.9.

性要求和约束性指标相结合。同年，住建部印发《村庄整治规划编制办法》，提升村庄风貌被列为第十四条要求。2014年，国务院办公厅印发《关于改善农村人居环境的指导意见》，指出要美化村庄风貌，使之与自然环境相协调。2018年9月，中共中央国务院正式颁布并印发《乡村振兴战略规划》（2018—2022），共分11篇37章节。

根据国务院《乡村振兴战略规划》的要求，加强乡村风貌整体管控，注重农房单体个性设计，建设立足乡土社会、富有地域特色、承载田园乡愁、体现现代文明的升级版乡村，避免千村一面，防止乡村景观城市化。

按照乡村规划战略第三篇提出的分类推进乡村振兴，统筹谋划产业发展、基础设施、公共服务、资源能源、生态环境保护等主要布局的措施❶，本文将对西北地区乡村风貌进行分类梳理与解析，希望对该地区的乡村风貌规划建设具有指导意义。

1.1.2 学科背景

中国幅员辽阔，乡村因其地理位置、地形地貌、水土、气候、经济水平等方面差异，形成各具特色的乡村风貌和文化个性。乡村地域风貌正是自然、地理、人文和历史等特征的外在反映，具有深刻的自然、经济、社会和文化内涵。

纵观长期以来的乡村建设，在取得一定成效的同时尚有不足，其中最严重的问题是乡村地域风貌特色不足，主要表现在：乡村风貌趋同化，没有尊重不同类型村庄特色，盲目套用成功案例的模式，使得村庄陷入"趋同"与"千村一面"的乡村建设误区，丧失乡村特色；乡村风貌景观化，欠缺对乡村风貌特征及内在机制的本质把握，往往停留在对景观亮点、建筑外观、建筑小品等物质元素的塑造，而对特色产业培植、村落空间更新和公共服务设施配套等品质要素考虑较少；乡村风貌不可持续化，对乡村文脉及地形、水系、山脉等生态要素关注不够，大量建设性活动破坏了周围水域、山体、地形地貌。

现阶段对于乡村风貌的研究不应该只是从景观的外在层面，也不应该只是一味模仿与标新立异，而应逐步开始重视乡村内在文化本质，注重自然景观要素与人文景观要素的结合，突破乡村聚落表皮景观营造及套用城市规划建设体系的套路，通过一系列规范化的模式引导，最终设置适合乡村特质的可操作的动态模式。

因此，本研究基于乡村风貌建设的实践探索，整合乡村地域风貌相关理论，旨在建立一个更加合理的风貌引导，为西北地区乡村风貌建设提供指导性框架，以期能对西北地区的乡村规划建设起到现实指导意义。

1.2 研究现状

1.2.1 国内研究现状与成果

1. 国内研究涉及内容

我国学者对农村问题的关注始于20世纪30年代，初期的研究多集中于文化教育建设方面。随着社会发展，越来越多的学者分别从不同的角度来观察农村问题，研究逐步深入到农村的社会结构、产业结构、传统民居等方面。20世纪90年代时期，城乡差距拉大，社会经济矛盾开始突出，城乡一体化发展开始受到重视，学者们开始对村镇体系结构、村镇布局及乡村聚落展开探索，为后期的农村建设提供了理论基础。

21世纪初新农村建设提出后，村庄整治工作广泛受到关注，乡村风貌整治是村庄整治内容中不可或缺的一部分，也是提升乡村外部形象的关键部分。近些年来，不少学者对乡村风貌整治开展了相关研究，在规划内容、设计思路、研究尺度及对策建议等方面都有所探索。

2. 国内目前阶段研究成果

国内学者的研究主要涉及乡村风貌综述、乡村景观风貌特色的保护提升、乡村景观风貌特征的认知和展现、分类体系、评价体系和典型地区的乡村景观规划等方向，王云才从宏观的角度提出我国乡村景观规划的七大规划原则及现阶段乡村规划的核心问题；刘黎明从社会效应、生态质量、美感效果三个方面出发研究乡村风貌问题构建了三个层次、32个指标项目；李振鹏借鉴国内外景观分类的理论与方法后，结合我国乡村景观的现状和特点，提出划分我国乡村景观类型应该采用一种基于小尺度的、服务于乡村景观规划的功能形态分类方法等。

（1）乡村风貌整治内容与原则研究

自新农村建设政策出台后，我国学者对乡村建设和整治的内容进行了深入研究，提出传统村落的重点整治内容，包括村庄布局、历史遗存、普通建筑、道路、公共空间、环境、基础设施和整体风格的延续等方面。之后，学者们逐渐意识到村民的主体地位同样重要，开始提及公民参与。当然，村民的物质层面提升后就需要提升精神层面，于是文化的传承出现在学者的研究范围内，并成为如今乡村整治不可忽视的一项内容。在整治规划中，各部分整治内容皆需要依据原则，基于本土、以人为本、特色彰显以及整体性和可持续发展等原则已经成为约定俗成且必不可少的几个方面。刘彦随根据多年对美丽乡村研究的经验，总结出乡村建设在污染治理、基础设施和遗产等方面的挑战，提出了宏观性的解决方法，包含发展方式的改变和城乡间的关联与统筹规划。

（2）乡村风貌分类研究

对乡村先分类后整治，针对性更强，成效更明显。学者们在研究中对乡村类型的划分有多种方式，例如郭佳和郭佳茵依照地形分别对山西、河北的乡村进行研究；王丽萍依据产业类型划分磐安县的乡村；崔曙平依据乡村性质对江苏的乡村进行划分；夏雨按照自然与人文的要素建立的指标对河北省乡村进行类型划分，然后均提出针对不同类型乡村整治的策略。随着乡村整治热潮的掀起，不同整治方式下的成效也备受关注，吴理财对安吉县、永嘉县、高淳区和江宁区四种整治类型研究后，以期之后的乡村整治能够加强对规划引领、产业支撑和经营等方面的重视。在村落的风貌特色研究方面，20世纪80年代，金其铭指出房屋的形式受到当地自然环境和居民集体的社会、文化、习俗的交互影响；彭一刚认为由于各地区气候、地理环境、生活习俗、民族文化传统和宗教信仰的不同，导致各地村镇聚落景观的不同；石楠指出郊区特色风貌的保护与建设应把市区与郊区的协调、互动发展作为基本目标。在村落的空间结构方面，王文卿指出各地村落的入口处都有类似的标志性建筑物；范少言对村落空间结构的演变机制进行了研究，他认为村落空间结构演变的主要动力是乡村劳动力生产水平的提高，尤其是生产中新技术的使用。在村落的功能方面，林若琪等对乡村的多功能发展及其景观功能塑造进行了研究；王云才以乡村景观破碎化分析为切入点，通过构建乡村区域景观分类及破碎度评价体系对传统乡村景观破碎化进行分析及生态化解读。其他研究包括农田水利与乡村景观融合方式、市民参与型的乡村景观生态保护、景观建设措施对于乡村生态系统服务功能的影响等。

1.2.2　国外研究启示

1. 国外研究涉及内容

早在1998年，GyRuda就意识到了乡村聚落保护的重要性，提出自然与建筑必须保持和谐，民俗景观需要得到体现，村民的思想观念需要进步，村落特色应当保留，如此才能有利于乡村的可持续发展。同时，对于乡村风貌演变的研究也在持续，多位学者从不同方面和角度研究影响风貌演变的因素，主要集中于人类的行为因素，包括文化的更替、农业耕作方式、政局变化、相关政策以及城镇化的带动和聚集作用的影响，明确了风貌演变的影响因素，便更容易进行风貌整治与保护。西方学者重视观察者对景观风貌的感受，因而从村民的角度做了一些调查。

Robert.L和Ryan选择在新英格兰进行入户调查，结果显示，村民对自然景观的印象十分深刻，而不注重文化景观，主要因为本身乡村居民对文化的敏感度较低，并且文化不断更新，关注程度便更低。从整治的方式方面来看，学者Ammon对以色列的乡村景观风貌规划和整治做了一些研究，了解到国家的管理政策十分重视对乡村的保护，发现从国家尺度出发的乡村景观风貌整治，作用显著，值得推广。

2. 国外目前阶段主要研究成果

国外目前研究主要涉及乡村景观的演变、乡村景观评价、乡村景观规划、人对乡村景观感知等方面，其中Ruzicka和Miklos提出了景观生态规划理论与方法体系（LANDEP）；Lsabel Martinho探讨了人类活动对乡村风貌演化影响，列出了六大影响因子，并且通过对法国的Nortnanciy地区的研究，发现了三大因素驱动了乡村景观演化。

日本在乡村复兴中强化乡村旅游在村落发展中的功能作用。通过结合都市人对于休闲旅游的需求，日本推动农业生产及乡村产业向观光、度假方向发展，形成了农业与乡村旅游相结合的发展模式，扩展了村落功能。

法国在乡村建设更新过程中通过乡村空间建设不断完善其村落空间的多样化功能，乡村功能经历了由农业生产地向农民居住地，再向城乡互动的多功能地区转变的过程。

3. 国外经验

国外乡村建设和发展的实际情况与我国差异较大，但其中的相关决策架构、历史发展路径及实践管控成效等都值得我们深思与学习。以日本为例，20世纪90年代以来，日本政府和相关社区围绕生态环境保护、生物多样性保护、传统风貌保护等主题开展了大量的研究和实践活动，而这些活动大多直接涉及传统山地乡村风貌的生态管理；荷兰从1924年颁布第一部《土地整理法》开始，其每平方公里的国土都经过了规划并具备明晰的功能导向，伴随着这一进程，荷兰的乡村风貌规划实践也经历了从最初丰富的景观，到休闲、农业和自然保护平衡发展，再到创造"新自然"的动态演变过程；其他如法国乡村建设中的特色生态资源优势循环发展模式、英国乡村复兴中遵循的环境敏感区计划、美国乡村土地整治中的"精明增长"理念等，都能够对我国乡村风貌发展迈向"真生态"、"新自然"的不同进程有所启示。

1.2.3 小结

纵观国内外研究现状以及成果，我们了解到国内的研究从分类出发，先分类后整治，主要内容体现在村落风貌特色、空间结构与功能方面，而国外的研究起步较早，主要涉及乡村景观的演变、乡村景观评价、乡村景观规划、人对乡村景观感知等方面，日本与法国在这些方面尤其值得我们学习。

1.3 乡村风貌研究

"风貌"一词，《现代汉语词典》定义为：风格和面貌、风采相貌、景象。可见风貌不是纯物质的表象，而是事物的内在属性与本质特征通过一定的物质外化形象表现出来，这种外化的形象是引起人的思想或感情活动的具体印象。乡村风貌是其外在物质空间的环境形象和特定内涵的有机统一，是其自然地理环境特征、经济社会文化因素、村民生产生活方式等长期积淀而形成的总体特征。换言之，乡村的风貌是由其产业经济、社会文化、生态环境和物质空间等因素综合显现出的外在形象、个性特征的集合。本书主要研究西北地区乡村风貌特征，以期对其乡村风貌的发展具有一定的指导作用。

1.3.1 乡村风貌现状与分类

1. 乡村风貌现状

乡村风貌多种多样，有在得天独厚的自然条件下形成的平原、高原、山地、河谷、绿洲、草原等自然风貌，也有深受历史文化、民族、非物质文化遗产感染下的人文景观风貌。黄土高原地区，因其独特的台塬型、丘陵沟壑型地貌形成了不同的窑洞民居，主要有靠崖式、下沉式和独立式三种，窑洞建筑构成黄土高原村落的鲜明特征；江南地区河道网密，湖泊众多，粉墙黛瓦的建筑色彩，四水归堂的庭院布局形式，造就了江南水乡村落的亮点；关中平原地区地势平坦、土壤肥沃，村落选址轴线强烈，平面关系沿纵轴发展，形成轴网型布局形式，虽以四合院为基本形制，不同的是人多地少、民居建设用地有限，庭院狭窄，称之为"窄院民居"（图1-3-1）。

图1-3-1 **各类乡村风貌展示**

我国各地区传统乡村有各自的特点，风貌特征明显，近些年由于城镇化进程加快，以及农民价值观、审美观的变化，很多具有特色的乡村风貌逐渐消失，乡村开始出现只见新房不见新村，乡村建设规划出现严重问题，大量城市化、复古化、趋同化、脏乱差的现象日益严重。我国乡村的地域风貌如何体现？地域文化如何传承？乡村聚落作为物质载体，如何发展与建设？这是亟待解决的历史使命。因此我们以西北地区极具特色的少数民族自治县——循化撒拉族自治县为例，深入剖析，提出该地区乡村风貌的分类定位与一系列引导措施，希望能有序引导该地区乡村风貌的可持续发展。

2. 乡村风貌分类

按照对乡村风貌产生影响的系统构成方面进行分类，乡村风貌可以分为乡村生活景观系统、农业生产景观系统和自然生态景观系统三大系统，如图1-3-2所示。

（1）乡村生活景观系统：以人类聚居和传承地域乡土文化为主要功能，主要包括乡村生活区、基础设施、生产设施、标志物、社交文化活动场地、沟渠水系、景观绿化体系等要素。

（2）农业生产景观系统：以保证农业生产、粮食供给为主要功能，主要包括耕地、林地、果园、牧场、鱼塘、水田、农田林网、灌溉渠网等要素。

（3）自然生态景观系统：以维护区域生态稳定性和多样性为主要功能，主要包括自然山体、森林、河流、湖泊、湿地、滩涂、生态廊道等要素。

按照乡村风貌建设的具体控制要素方面，乡村风貌可以分为：

（1）环境设施：由原生态环境、乡村绿化环境、生产设施和基础设施组成。

（2）空间格局：由乡村山水布局和街巷道路网格构成。

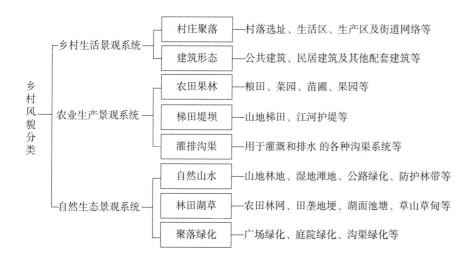

图1-3-2 乡村风貌分类

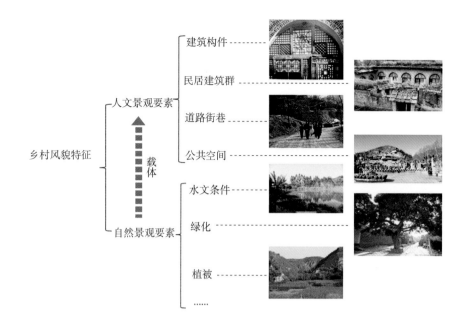

图1-3-3　乡村风貌分类图表

（3）乡村建筑：由屋顶形态与色彩、墙面材质与肌理、细部景观与节点组成。

（4）民俗文化：由村规民约、生产生活方式、合作组织方式、民俗节庆和传统手工艺组成。

按照乡村物质环境中相关实体景观要素层面，乡村风貌可以分为（图1-3-3）：

（1）自然景观要素：指承载人类聚居活动的要素，包括气候特征、地形地貌、自然资源。自然资源又涵盖了水文条件、绿化、植被等，这些因素共同形成了不同乡村地域的景观基底，影响了乡镇风貌的格局。

（2）人文景观要素：指承载社会生活活动的要素，包括道路街巷和公共空间、民居建筑群、建筑构件、公共服务设施和市政基础设施等，其决定了乡镇风貌的形式。

1.3.2　乡村风貌引导原则

本书所说的引导，主要是指采取一定的措施使乡村保持原有的风貌，即使是新建乡村也要使其尽可能体现该地区自然与人文风貌特色，本书所做的导则希望对恢复原有乡村风貌具有指导性的意义。西北地区乡村风貌引导原则主要包含自然生产性原则、城乡差异性原则、经济适用性原则和乡土和谐性原则。

1. 自然生产性原则

乡村形态的引导应保持乡村以自然为主、以农业生产为核心的特点，统筹考虑村民生产、生活、生态需要，避免生产、生活与自然相分离。

2. 城乡差异性原则

按照乡村的民俗文化、地形地貌、环境植被等具体地域特点引导村庄形态，在充分尊重文化传统、自然环境的基础上，形成显著区别于城市的乡村空间。

3. 经济适用性原则

乡村形态的引导应考虑村庄的经济承受能力，以实用为出发点，合理布局以满足乡村生产、生活需要，对于农居点的迁并和风貌改造要谨慎，避免形式主义。

4. 乡土和谐性原则

乡村形态的引导应秉承因地制宜、就地取材、勤俭节约、寄托情思等传统乡村文明的特征，建设经济节约、生态和谐的美丽乡村。

1.3.3 乡村风貌影响因素

传统乡村风貌特色的形成有其历史、自然、社会等多方面的原因，受到当地各种条件和村民生产生活方式的影响和作用。其主要包括气候地质、材料与工艺、生产生活方式、历史文化四个方面。

1. 气候地质

受到气候与地质条件的影响，不同区域的建筑风格往往呈现不同的特征。例如新疆属大陆性气候，昼夜温差大，所以形成了一种特殊的建筑形式——"阿以旺"式住宅；四川地区夏季炎热，冬季少雪，风力不大，雨水较多，于是平房瓦顶、四合头、大出檐成为民居的主要形式；最典型的东北民居就是坐北面南的土坯房，或者叫苦房，这与东北地区的温带大陆性季风气候有关，夏季高温多雨，冬季严寒干燥，一般为了采光与保温，房屋基本都是坐北朝南；徽州地属北亚热带湿润的季风气候，宏村最具徽州民居代表性，村落一般建于水旁，这里街道较窄，粉墙黛瓦，造型别致，徽居的天井、院落可通风透光，形成一片高低错落、庭院深邃的建筑群体风貌（图1-3-4）。

2. 材料与工艺

各地民居的营建首先考虑本土材料的应用，例如陕北传统民居，利用陕北黄土高原厚厚的黄土为材料建造窑洞最为典型；陕南的一些山区岩石多的地带则以石头为主要建筑材料建造石头房（图1-3-5）。云贵地区盛产竹木，该地区以竹木干阑式民居为主；青海南部玉树、果洛、黄南州的一些地区，多为石砌二层或局部三层碉房；"随畜牧而转移、逐水草而迁徙"的草原游牧民族，往往居住于一种用厚羊毛毡制成的圆形凸顶房屋，俗称"蒙古包"，这种民居形式很容易拆装，有利于放牧时搬迁流动；青海牧区以帐房为主要居住形式的牧民，冬帐由牛毛编制，夏帐由布料编织。

4
5

图1-3-4　安徽宏村风貌
　　　　（图片来源：李军环　摄）

图1-3-5　陕南地区石板房

3. 生产生活方式

我国疆域辽阔，在不同地区的人们生产、生活方式存在着较大的差异，游牧民族指的是以游牧为主要生产生活方式的民族，居住方式为可拆卸移动帐房，它与北方草原的生态环境是相适应的，青海地区的牦牛帐篷便是这种游牧民居的代表（图1-3-6）；沿海地区，渔业发达，村民以捕鱼为生，渔民的居住空间多为海上船只，形成了独特的水上渔村；平原地区耕地资源相对充足，乡村多以农耕为主，种植粮食作物与经济作物，该地区多以院落式民居为主。

4. 历史文化

文化底蕴深厚的乡村往往有明显的历史遗迹与独特的民俗活动，例如军事防御体系的堡寨村落会遗留很多用作防护体系的寨墙、瞭望塔等；历史悠久的村落有名人故居、祠堂庙宇、村规民俗、世代相传的祖训等，当地居民对生存环境的敬畏与保护构成乡村风貌的重要组成部分（图1-3-7）。

图1-3-6　青海三江源地区黑牦牛
　　　　　帐篷

图1-3-7　青海循化县起台堡
　　　　　古寨墙

1.3.4 乡村风貌研究方法

1. 现场调查、资料收集

资料收集主要是通过阅读一定的文献书籍，了解调研对象自身历史以及所在的地区周边环境现状；现场调查主要从三个阶段进行研究：初步调查阶段、详细调查阶段和补充调查阶段。初步调查阶段需要了解调查的范围，明确调查内容；详细调查阶段应通过现场踏勘，收集文献资料、村史、族谱等，并通过进行入户访谈、相关部门座谈、村委会以及代表座谈会等方式，对有关乡村的自然人文资源进行调查；补充调查阶段应对研究对象进行多次补充调查，保证研究数据的准确性与时效性。

2. 分析整理、明确定位

通过对我国乡村风貌有了初步了解之后，我们对乡村风貌进行现状分析与分类整理，提出影响其风貌变化的影响因素，之后分别对西北地区乡村自然和人文景观风貌的不同类型进行阐释，并着眼于青藏高原地区乡村风貌特征，从自然环境和人文环境两方面对其风貌特征进行梳理总结，最终选取人口密集的青藏高原河谷地带青海省海东市循化撒拉族自治县●乡村为研究对象。

3. 结合实际、确定导则

通过分析与定位之后，我们梳理循化县154个乡村特征，根据其自然环境、民族文化、人口分布、产业类型、建筑人文等将其划分为撒拉族川水型、藏族山地型、藏族高山牧业型三个风貌区，在三个风貌区内针对特色保护类、集聚提升类、搬迁撤并类、城郊融合类四类村落分别提出风貌引导原则与措施。

以上是本书针对西北地区乡村风貌研究的三个阶段，具体研究框架如图1-3-8所示。

● 循化撒拉族自治县是全国唯一的撒拉族自治县，下文中均简称循化县。

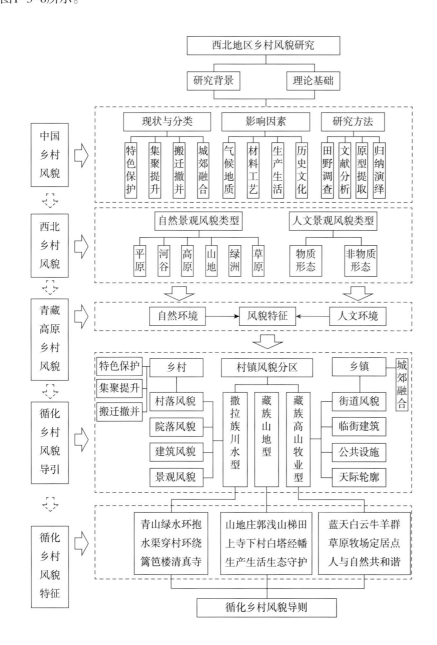

图1-3-8 **本书研究框架结构**

1.4 本章小结

　　在快速城镇化背景下，乡村发展呈现出多元化的分化发展格局，这种快速发展的推动，逐渐出现很多隐患与问题，其产生原因多种多样。综合学习和吸取国内外乡村风貌的发展经验，采用理论分析与实证相结合的方法，本书分析了西北地区乡村风貌特征，揭示了影响乡村风貌破坏的因素及内在机制，提出了以青海省循化县不同风貌分区内的乡村为例的具体指导原则，希望对后续乡村风貌的发展有所借鉴。

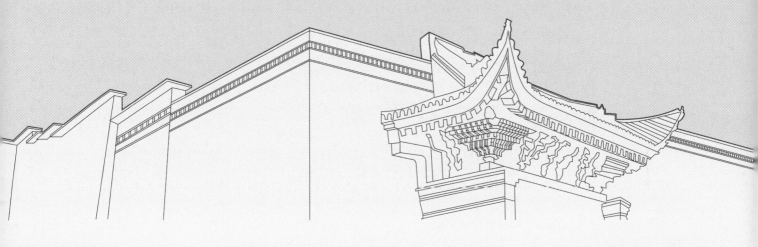

第 2 章

西北地区乡村风貌研究

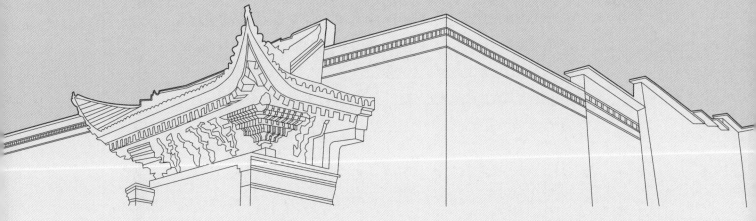

西北地区是中华民族文明的重要发祥地之一，具有丰厚的中华传统文化的历史底蕴和鲜明的民族特征。其地域辽阔，民族众多，资源丰富，文化积淀深厚，不同民族在长期的发展过程中形成了特色鲜明的聚落形态以及多种类型的建筑风格和营造技术，聚落和民居形制与当地气候、地貌、资源和谐共生。本章重点探索西北地区的乡村风貌，从自然地理地貌景观和人文景观两方面进行乡村风貌特征的梳理，探索特色风貌形成的各种因素，最后结合典型案例，阐述西北地区各族人民因地制宜建造出了各种类型的地域聚落、民居建筑。也为下一章青藏高原乡村风貌的梳理奠定基础。

2.1 西北地区乡村概况

乡村聚落是由农村居民与周围自然、经济、社会和文化环境互相作用，演化形成的一种聚居形式，目前国内仍有约6.4亿农村人口居住和生活在几百万个乡村村落与集镇里，乡村聚落仍然是我国人口的主要聚居形式。乡村聚落存在于一定的自然和社会环境之中，它的发展演化不仅要受到自然条件的影响，还要受到社会环境、经济环境和文化环境的影响。

我国疆域辽阔，文化多样，区域差异明显，东、中、西三个区域乡村聚落特色鲜明，差异较大。金其铭教授在《中国乡村地理》一书中将我国乡村聚落划分为三大体系：北方聚落体系、南方聚落体系、西部聚落体系。

中国西北地区地大物博，但经济发展相对缓慢，城镇化率一直低于全国平均水平，2016年全国城镇化率平均水平为57.35%，而陕西、甘肃、宁夏、青海和新疆各省的城镇化率分别为55.34%、55.31%、56.30%、51.63%、47.23%（根据各省统计年鉴数据整理），可以看出西北各省与全国城镇化率平均水平相比仍有明显差距。与此同时，西北地区土地荒漠化、盐碱化、水土流失程度严重，生态脆弱、经济落后、"三农"问题突出，这一系列问题严重制约了该地区农业生产和乡村聚落的可持续发展。

在区域自然环境方面，西北地区受干旱、半干旱性大陆气候影响，气温冷热变化剧烈、干旱少雨，多风沙，辐射强度高，地形复杂，水资源匮乏。乡村聚落应对自然环境产生了地域特色显著的风貌特征。西北地区聚落规模相对东部地区，人口规模较小，聚落分布密度较低。在乡村聚落的区域经济发展水平方面，西北地区为欠发达乡村聚落类型，农村总体发展水平低，第一产业占主导地位，第二、第三产业发展缓慢，农业资源潜力较大，但乡村基础设施落后，农村市场化程度相对较低。在乡村聚落的区域文化方面，西北地区乡村聚落体现了干旱半干旱地区的农业文化和高寒畜牧业文化的特征。

　　西北地区聚落由于其独特的自然地理条件，呈现出依山就势、与自然环境高度和谐的特点。陕北米脂杨家沟村总体布局上巧妙运用高低错落的丘陵沟壑地貌，窑洞院落布局讲究对称轴线和主景轴线，聚巧形而展势，展现出极高的建设智慧（图2-1-1）。宁夏海原地区地形地貌部分属黄土高原丘陵沟壑区，自然地理环境与陕北相似，从而形成了相似的村落风貌，这里的乡村就如同从土地中生长出来一般，气势磅礴（图2-1-2）。青海省循化县的宁巴村属浅山地貌，村落三山环绕，村内庄廓民居排列依山就势，由坡底向坡顶呈"带状"蔓延，庄廓院落大多坐西北朝东南，面向吉措神山。山上建宁巴寺，形成藏族村落"上寺下村"的典型布局（图2-1-3）。甘肃地域狭长，由于各地生态环境、民族风情、生计方式、文化氛围存在着巨大的差异，因此民居也表现为多元化的整体格局，但大部分是生土民居（图2-1-4）。新疆，作为我国面积最大的省域，既有着多样的地貌和气候特点，更生活着众多的少数民族，新疆民居因为各民族的差异以及各地区的实际建筑条件，也呈现出多样化的形态（图2-1-5）。下面将分节介绍西北五省的乡村风貌及其特征。

1
—
2

图2-1-1　陕北米脂县杨家沟村扶
　　　　　风寨
　　　　　（图片来源：史飞 摄）

图2-1-2　宁夏回族自治区中卫市
　　　　　海原县菜园村

2.1.1 陕西省乡村

陕西省位于西北内陆腹地，横跨黄河和长江两大流域中部，是连接中国东、中部地区和西北、西南的重要枢纽。陕西全省面积20.58万平方千米，南北狭长，自然条件差异大。地势南北高，中间低，西部高，东部低，地形复杂多样，北部为陕北黄土高原，中部为号称"八百里秦川"的关中平原，南部为陕南秦巴山地。陕西横跨三个气候带，南北境内气候差异很大，由北向南渐次过渡为温带、暖温带和北亚热带。陕南具有北亚热带气候特色，关中及陕北大部分地区具有暖温带气候特色，长城沿线以北具有中温带气候特色。陕西省气候总体特征是春暖干燥，降水较少，气温回升快而不稳定，多风沙天气；夏季炎热多雨，间有伏旱；秋季凉爽，较湿润，气温下降快；冬季寒冷干燥，气温低，雨雪稀少。全省年平均气温9~16℃，自南向北、自东向西递减，平均年降水量340~1240毫米，南多北少，即陕南为湿润区，关中为半湿润区，陕北为

图2-1-3　青海省海东市循化县宁巴村

图2-1-4　甘肃省定西市通渭县董家河村

图2-1-5　新疆维吾尔自治区乡村风貌展示
（图片来源：网络）

半干旱区。《陕西农业区划》将陕西省从北向南划分为三大区域，即陕北黄土高原区、关中平原区和陕南秦巴山区。乡村数量分布上关中最多，为8723个，陕南次之，为7873个，陕北最少，为4435个。

2015年末，陕西省常住人口3792.87万人，其中城镇人口2045.12万人，乡村人口1747.75万人。陕西省辖制10个地级市，27个市辖区、3个县级市、77个县（合计107个县级行政区划单位），279个街道、989个镇、23个乡（合计1291个乡级行政单位），2470个居委会、22901个村委会（表2-1-1、图2-1-6）。

陕西省行政村数量统计表　　　　　　　表2-1-1

地级市	西安市	铜川市	宝鸡市	咸阳市	渭南市	汉中市	安康市	商洛市	榆林市	延安市
村委会数量（行政村）	2279	477	1695	2202	2070	1947	4302	1624	1908	2527
总计：22901个（2017年数据）										

（信息来源：《陕西统计年鉴2017》1-1陕西省行政区划）

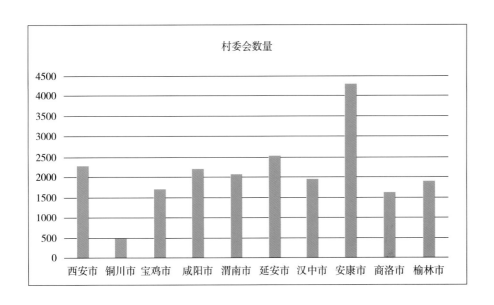

图2-1-6　陕西省行政村数量柱状图
（图表来源：《陕西统计年鉴2017》1-1陕西省行政区划）

2.1.2　甘肃省乡村

甘肃省跨多个地貌区，地貌类型复杂多样，高原、山地、沙漠、戈壁、平原、河谷交错分布，种类齐全。可分为六个各具特色的地形区域：祁连山地、河西走廊、河西走廊以北地带、甘南高原、陇中黄土高原和陇南山地。

祁连山地绵延于甘青边界，是青藏高原东北缘与河西走廊的分界山岭。东起陇中黄河西岸，西至当金山口与阿尔金山为界，东西全长800千米，由多组平行山岭及山间盆地、宽谷组成，地貌上属中、高山地，海拔3500~6000米，水文、气象分带规律明显，山前平原地带地下水丰富。

河西走廊系祁连山脉以北，走廊南山（龙首山、合黎山、马鬃山）以南，呈东南-西北走向的狭长地带，因位于陇中黄河以西、形似走廊，故得此名。东起乌鞘岭，西至甘、新交界。甘肃境内面积约27万平方千米，平均海拔1000~1500米，地势平坦，光照条件充足，祁连山前地带洪积冲积扇边缘及河流沿岸多戈壁绿洲，水源丰富，灌溉条件优越，自汉代开始即为西北边防屯田要地。

河西走廊以北地带，习惯上称为北山山地，为河西走廊与北部阿拉善高原的分界。包括龙首山、合黎山、马鬃山等一系列断续的中山，海拔一般为1500~2500米，龙首山主峰东大山海拔3616米，是北山山地的最高点，西部的马鬃山地表经历多次剥蚀已经平原化。岩层与山麓砾石裸露，形成大面积的戈壁与盐漠景观。山间和山地周围平原面积广大，但由于干旱缺水，土质条件差，植被稀少，只宜放牧。

甘南高原位于甘肃省南部、青藏高原东北隅，地处青藏高原向陇中黄土高原和陇南山地的过渡地带，东部和南部以丘陵、山地为主，西部为平坦的甘南草原。地势高耸，全境海拔3000米以上，森林茂密，草场广阔，水资源较为丰富，是甘肃省重要的农牧业交错区和主要畜牧业基地。

陇中黄土高原位于甘肃省东部和中部地区，东起陕甘边界的子午岭，西至乌鞘岭，中部以六盘山为界，分为陇东黄土高原和陇西黄土高原。地处黄土高原西部，总面积11.3万平方千米。表层为第四纪中晚期黄土堆积，具有垂直节理性，适合开凿窑洞。地表植被破坏严重，生态环境恶化，耕地面积虽广，但水源缺乏。

陇南山地位于甘肃省东南部，北靠陇中黄土高原，西邻甘南山地高原，南接川北山地丘陵，东接秦岭与汉中盆地。东西长300千米，南北宽200千米，总面积3.88万平方千米。全区均为山地，为秦岭山系和岷山山系交汇而成，大部分为海拔1000~2000米的中山和海拔2000~3000米的亚高山。地处我国亚热带西北边缘，有丰富的森林资源。但由于境内白龙江和西汉水流域山高谷深，岩层破碎，再加之植被破坏，土壤侵蚀严重，环境问题较为突出。

甘肃省乡村分布于12个地级市与2个自治州。2015年末，甘肃省常住人口为2599.55万人，其中，城镇人口1122.75万人，乡村人口1476.80万人。辖12个地级市、2个自治州（合计14个地级行政区划单位），17个市辖区、4个县级市、58个县、7个自治县（合计86个县级行政区划单位），123个街道、628个镇、566个乡、34个民族乡（合计1351个乡级行政单位），1352个居委会、16025个村委会。

2.1.3 宁夏回族自治区乡村

宁夏地处中国地质地貌南北向界限北段，黄土高原的西北边，地处第一阶梯向第二阶梯的转折过渡地带，境内海拔大部分在1500~2200米之间。由于受河水切割、冲击，形成丘陵起伏、沟壑纵横、梁峁交错、山多川少的地貌特征。境内同心县北部属山地与山间平原区，东北盐池县的中、北部为鄂尔多斯高原的一部分，现为天然草场；中部为黄土高原丘陵沟壑区，包括固原、彭阳、西吉，以及海原、同心、隆德、盐池，地区海拔2000米左右；南部为六盘山地，包括泾源县，以及隆德、彭阳县的一部分。地貌类型按成因可分为三大类，即构造山地、堆积侵蚀黄土丘陵和堆积河（沟）谷地貌。

宁夏回族自治区乡村数量最多的是固原市，为823个，石嘴山市最少，为194个。2016年6月，宁夏回族自治区辖制5个地级市，9个市辖区、2个县级市、11个县（合计22个县级行政区划单位），44个街道、102个镇、90个乡（合计236个乡级行政区划单位），504个居委会、2276个村委会（村居合计2777个）（表2-1-2、图2-1-7）。

宁夏回族自治区行政村数量统计表　　　表2-1-2

地级市	银川市	石嘴山市	吴忠市	固原市	中卫市
村委会数量（行政村）	288	194	507	823	464
	总计：2276个（2017年数据）				

（信息来源：《宁夏统计年鉴2017》1-1全区行政区划）

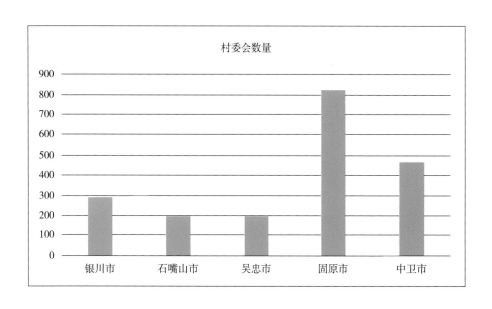

图2-1-7　**宁夏回族自治区行政村数量柱状图**

（图表来源：《宁夏统计年鉴2017》1-1全区行政区划）

2.1.4 青海省乡村

青海省位于青藏高原东北部，地势高耸，地表起伏大。中部以高峻的昆仑山脉为界，分为南部的青南高原和北部的柴达木盆地—河湟谷地两部分。

青南高原的地势较高，海拔多在4000米以上，部分山岭超过6000米。唐古拉山脉雄踞于高原西南，是长江的发源地。巴颜喀拉山脉横亘于东南，是长江水系和黄河水系的分水岭。区内气候严寒，西部的可可西里地区沼泽和草甸发育，荒漠广布，是我国著名的无人区；中部的通天河（长江上游）和扎曲（澜沧江上游）河谷地带，地势较低，农田沿河流呈带状分布；东部的果洛藏族自治州位于黄河上游，河谷宽阔，灌丛草甸广布，是青海省的重要牧区，也是藏系羊、牦牛的主要产地。

柴达木盆地位于青海省西北部，四周为阿尔金山—祁连山脉和昆仑山脉及其支脉所环绕，多湖泊沼泽、荒漠广布，盆地底部海拔2800~3100米。地貌类型主要为极干旱内陆盆地背景下发育起来的洪积扇和洪积倾斜平原、风蚀风积地貌和干燥剥蚀山地等。平原多呈带状分布，年平均气温4℃左右，降水量仅有20~170毫米。植被类型以荒漠植被为主，草场广阔。

河湟谷地位于青海省东北部，西以日月山为界与共和盆地和青海湖流域相邻。地貌形态上由高海拔山地、低山丘陵和宽谷峡谷相间的串珠状河谷及其河流阶地构成。空间上呈现出冷龙岭、大通河、达坂山、湟水谷地、拉脊山、黄河河谷、黄南山地等山河相间的格局。海拔2800米以下的低山、丘陵及河流阶地黄土分布广泛，最大覆盖厚度可达260米，多被水流切割成梁、峁地貌。湟水、黄河谷地海拔1700~2400米，是青海省海拔最低，水热条件最好的地区，耕作历史悠久。

青海省乡村主要集中在西宁市和海东市，两市乡村数量总计为2517个，高于省内其他6个自治州乡村数量总和。2015年末，全省常住人口588.43万人，其中，城镇人口295.98万人，乡村人口292.45万人，少数民族人口280.74万人。辖2个地级市、6个自治州（合计8个地级行政单位），6个市辖区、3个县级市、27个县、7个自治县（合计43个县级行政单位），34个街道、140个镇、197个乡、28个民族乡（合计399个乡级行政单位），461个居委会、4143个村委会（表2-1-3、图2-1-8）。

青海省行政村数量统计表 表2-1-3

地级市	西宁市	海东市	海北藏族自治州	黄南藏族自治州	海南藏族自治州	果洛藏族自治州	玉树藏族自治州	海西蒙古族藏族自治州
村委会数量（行政村）	930	1587	305	261	423	188	258	305
	总计：4146个（2015年数据）							

（信息来源：青海省行政区划手册，2015）

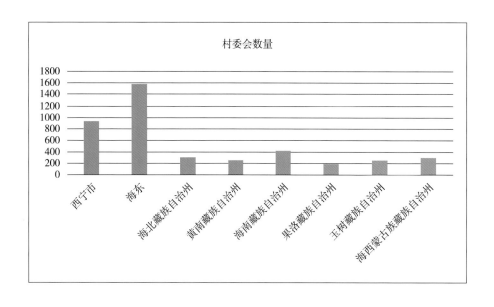

村委会数量

图2-1-8　**青海省行政村数量柱状图**
（图表来源：黄海省行政区划手册，2015）

2.1.5　新疆维吾尔自治区乡村

新疆土地辽阔，地质地貌类型多样，土地面积约1665万平方千米，是全国面积最大的省区。境内大山与盆地相间，总轮廓是"三山夹两盆"，导致了土壤类型的水平分异和垂直分异，使土地类型组合复杂，又相互依存。由于平原区为大小不同的盆地组成，人为利用又以河流为纽带，将山地与平原连接起来，所以这种不同的环形结构是新疆土地类型组合的基本结构。全疆各盆地受纬度、地形封闭程度的影响，土地环形结构大体有如下三种代表性形式：塔里木盆地暖温带环形结构、准噶尔盆地温带环形结构、昭苏盆地寒温带环形结构。三个不同基带与垂直带组成的土地环形结构，大体反映了新疆地域辽阔、土地类型丰富多彩的特点。从土地质量上看，昭苏盆地最好，以草原为基带，垂直带上多为草甸或森林草原，塔里木盆地和准噶尔盆地均以荒漠为基带，盆地内广布沙漠、盐漠、砾漠、垂直带上还有荒漠与草原的过渡带、土地质量差，尤以塔里木环形结构土地质量最差。一般而言，土地质量山区好，盆地差；北疆好，南疆差。

新疆维吾尔自治区由于土地辽阔，自然环境复杂，乡村数量整体较少且密度低。2015年末，全区常住总人口2360万人，其中，城镇人口1115万人，乡村人口1245万人。辖3个地级市、6个地区、5个自治州（合计14个地级行政单位），12个市辖区、24个县级市、62个县、6个自治县（合计104个县级行政单位），178个街道、320个镇、506个乡、42个民族乡（合计1046个乡级行政单位，另有1个区公所），3023个居委会、8744个村委会。

西北五省中，陕西省和甘肃省乡村数量较多且相对密集，青海省、宁夏回族自治区和新疆维吾尔自治区乡村数量较少。其中陕西省乡村分布关中最多，陕南次之，陕北最少；甘肃省乡村主要分布在12个地级市，相对于省内两个自治州而言较为密集；宁夏回族自治区乡村数量最多的是固原市，吴忠市、中卫市和银川市次之，石嘴山市最少；青海省乡村主要集中在西宁市和海东市，数量高于省内六个自治州乡村数量的总和；新疆维吾尔自治区乡村数量整体较少且密度低（表2-1-4、图2-1-9）。

西北地区各省行政村数量统计表　　　　表2-1-4

省份	陕西省	甘肃省	宁夏回族自治区	青海省	新疆维吾尔自治区
村委会数量（行政村）	20276	16025	2273	4143	8744
数据统计年份	2016	2015	2016	2015	2015
			总计：68940个		

（信息来源：行政区划网www.xzqh.org）

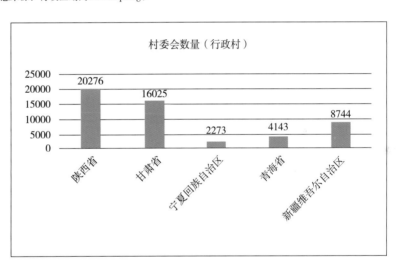

图2-1-9　西北地区各省行政村数量统计柱状图

2.2 西北地区乡村自然景观风貌特征

西北地区乡村的自然景观风貌，依所处的自然地理环境，主要可分为平原型乡村景观、高原型乡村景观、山地型乡村景观、沟谷型乡村景观、绿洲型乡村景观和草原型乡村景观。

2.2.1 平原型乡村

中国四大平原包括东北平原、华北平原、长江中下游平原、关中平原。关中平原隶属西北地区。中国西北地区除了关中平原外，还有河套平原，河套平原位于中国内蒙古自治区和宁夏回族自治区境内，是黄河沿岸的冲积平原。

1. 关中平原

关中平原介于陕北高原与秦岭山地之间，由河流冲击和黄土堆积而成，渭河横贯东西入黄河，地势平坦，土质肥沃，水源丰富，号称"八百里秦川"。关中平原历史悠久，文化深厚，是中华文明的中心，从上古时代的蓝田猿人，半坡的仰韶文化到西周定都丰镐，共有周、秦、汉、隋、唐等13个王朝在此建都。

（1）自然概况

关中平原因位于关中而得名，又因平原在渭河干支流冲积作用下形成，也称渭河平原。关中平原是由渭河及其两岸支流共同塑造的冲积洪积平原，是一个河流阶地。山前洪积扇、冲积洪积平原、古三角洲以及槽形凹地组成的地貌综合体。渭河经过多次侵蚀和堆积旋回，两岸发育着多级河流阶地和河漫滩，成为关中平原的基本格局，也是河流冲积最活跃的地区。

关中平原北起北山，南至秦岭，西自宝鸡峡—渭河出山口，东至潼关，东西长约360千米，南北宽约10~80千米。宝鸡一带平原很窄，愈东愈宽，呈一开口向东的喇叭形，西安以东宽达几十千米，是一个西部缩窄闭合、向东开阔的盆地平原，渭河自西向东从中部穿过（图2-2-1）。关中平原西高东低，西部海拔高度约700~800米，东部最低处仅325米，平均海拔高度520米。

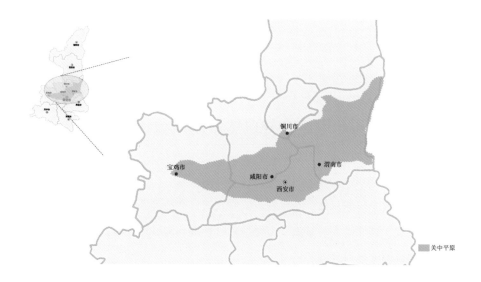

图2-2-1　关中平原区位示意图

关中地区属暖温带温和半湿润气候区，地处亚洲夏季风边缘，大部分地方的年平均气温为10~13℃，夏季潮湿多雨，冬季干燥少雪，四季分明，春秋气温升降急骤，夏有伏旱，秋雨连绵，年平均降水量600~700毫米，无霜期207天。关中地区年降水量在550~1000毫米之间，分布不均，降雨量由西部向东部逐渐减少，从山区向平原逐步减少。同时，在时间的分布上也有所差别，每年的6~9月之间是降雨多发期，降水量占全年的六成。

（2）乡村风貌特点

关中地区地势较为平坦、土壤肥沃、交通便捷，从古至今人们集群而居形成了民居的聚落——村落。就选址而言，关中地区的村落充分重视并尊重村落生态环境的内在肌理和自然韵律，一般将村落修建于地势高耸、接近水源、交通便捷之处。就格局肌理而言，村落中的街巷较为宽阔、笔直，主次街巷形成的路网通往各家各户，村落形态紧凑。连片的灰瓦、窄巷、街巷构成的居住组团的肌理与田野的肌理形成了鲜明的对比。就形态特征而言，村镇布局形态较为规整，具体有三种村落形式：块状或团状村落、长条状或梭状村落、线状村落。块状的村落在纵横两个方向都较为平均，街路呈脉络清晰的网状。长条状村落一般具有两三条平行的主要街路，纵向较横向发育充足。从街巷邻里到民居聚落无不透露着关中民居的围合空间，强调着安全性与内向的文化特征。就单体民居而言，关中传统民居与我国北方和中原地区的传统民居一样以四合院为基本形制，所不同的是民居用地紧张，庭院也很狭窄，这是关中地区人口密集、耕地有限、院落以小面宽大进深布局，节约土地，从而形成传统民居的主要特点，称之为"窄院民居"。关中民居在平面关系和空间组织上表现出人对土地的尊重与珍惜，其特点是中轴线强烈，在沿纵轴上布置主要房屋，两侧布置次要房间（图2-2-2）。除"关中窄院"这一典型民居类型外，关中平原也存在"前窑后房"和"上窑下房"式、下沉式窑洞类民居建筑，以礼泉县烽火村和三原县柏社村作为该风貌的典型村落（图2-2-3、图2-2-4）。

2. 河套平原

（1）自然概况

黄河在陕、甘、宁、内蒙古、晋五省区境内形成马蹄形大弯曲，这一大弯曲的北部，即白于山（陕北）以北、贺兰山以东、阴山以南、芦芽山（晋西北）以西的地区称为河套。这一地区黄河两岸的平原称为河套平原，西南起自宁夏回族自治区中卫县的沙坡头，东北到内蒙古自治区清水河县的喇嘛湾，可分为银川（宁夏）平原、后套平原和前套平原（又称土默特平原）三部分，面积约25000平方千米（图2-2-5）。

河套平原为黄河及其支流冲积而成。东西沿黄河延展，长500千米，南北宽20~90千米。河套平原海拔900~1200米，地势由西向东微倾。山前为洪积平原，面积占平原总面积的1/4，余为黄河冲积平原。地表极平坦，除山前洪积平原地带坡度较大外，坡降大多为1/4000~1/8000。可分为贺兰山以东的银川平原、狼山以南的后套平原、大青山以南的土默川平原三部分。

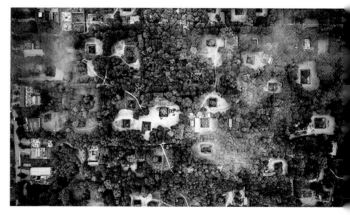

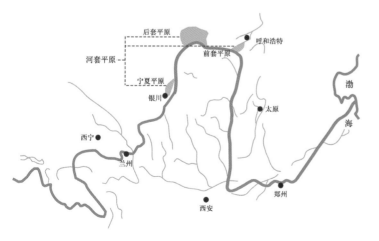

图2-2-2　韩城相里堡村乡村风貌

图2-2-3　咸阳市礼泉县烽火村_
　　　　　窑下房村落风貌

图2-2-4　咸阳市三原县柏社村_
　　　　　沉式窑院村落风貌

图2-2-5　河套平原

	2	
3		4
5		

河套平原年日照时数3000~3200小时，年总辐射量627千焦耳/平方厘米，年均温5.6~7.4℃，1月均温零下14℃，7月为24℃，无霜期130~150天，农作物一年一熟。本区属于温带大陆性干旱半干旱气候带，年均降水量较少，大多数地区介于150~400毫米之间，自东向西逐渐较少。降水量的季节变化与气温变化曲线大致相符。6~8月的降水量占全年降水量的60%~68%。蒸发量在2000~2600毫米之间，其分布规律与年降水量的分布呈相反趋势，自东向西逐渐增加。

自古有"天下黄河富河套（河套平原）"之说，千百年来，宁夏河套平原地区擅黄河之利，不曾有干旱之虞，更无水涝之灾，四季分明。自秦汉以来，兴修水利，发展农业，故有塞上江南之称，一度成为中原王朝的仓廪之地。富宁夏指的宁夏平原，这里的降水稀少，全靠黄河水灌溉着两岸的农田，造福当地的人民。如今，宁夏引黄古灌区范围8600平方公里，引黄干渠25条，总灌溉面积达到828万亩，为北方之最，排在全国前列。

（2）乡村风貌特点

河套平原地区降水量相对较少，这种特定的环境造就了河套平原独特的村落风貌，村落民居大多以土坯墙、平屋顶的形式出现，传统民居几乎全部为一层，且大多为单向缓坡屋顶，坡向内院。每户民居都包括正房、内院、凉房。就格局肌理而言，河套平原村镇民居聚落大多以一种简单的肌理规则重复，聚落中多户民居依次紧邻，整齐地呈一字排开。多排民居又以狭窄的巷道前后相隔，形成民居组团，组团之间则以较为宽阔的街巷联系，其中巷道较窄，一般2米左右。采用这种典型的聚落肌理，不仅受到村镇用地的限制，也是对地域气候适应的一种体现。

平原型乡村风貌整体呈集中式布局，村落逐步向外围呈均质发展。村落范围、街巷、院落、建筑等肌理清晰可见，排布整齐，村落建筑高度也基本保持一致，建筑单体多以土坯、夯土建造，与干旱少雨的气候适应，村落整体呈现出生土建筑与灌溉林木交相辉映的风貌特征（图2-2-6）。

图2-2-6　河套平原乡村风貌
（图片来源：《西北民居》）

2.2.2　高原型乡村

高原是指海拔高度在500米以上的地区，地势相对平坦或者有一定起伏的广阔地区。中国有四大高原：黄土高原、内蒙古高原、青藏高原、云贵高原。集中分布在地势第一、第二阶梯上。青藏高原地势高，平均海拔4000米以上，多雪山冰川。内蒙古高原是蒙古高原的一部分，海拔1000~1400米。黄土高原是世界著名的大面积黄土覆盖的高原，由西北向东南倾斜，海拔800~2500米，沟壑纵横，植被少，水土流失严重。云贵高原地形崎岖不平，海拔1000~2000米，多峡谷及典型的喀斯特地貌。

1. 黄土高原

黄土高原位于我国大陆的中北部（东经101°10′~114°30′，北纬33°50′~40°15′），南倚秦岭，北抵阴山，西至乌鞘岭，东抵太行山，总面积64万平方千米，处于我国整体地貌的第二级阶梯之上，平均海拔在1000~1500米以上，总地势是西北高，东南低。大部分为黄土覆盖，沟壑纵横，峁梁交错，地属中温带干旱大陆性季风气候，温差较大，气温偏寒，雨水不匀，春多风沙，夏季多雨，冬季干燥而寒冷。

黄土高原黄土层一般厚度是40~160米，最厚的黄土层达到200米，是我国黄土分布最典型的地区，在黄土的不断堆积以及各种侵蚀外力的共同作用下，造就了其千沟万壑的地貌形态。黄土高原地貌大致可分为台塬型地貌和丘陵沟壑型地貌，由于黄土层的厚实以及黄土的直立特性，这里的人们自古以来凿洞而居，创造了窑洞建筑。

陕北黄土高原地区主要有靠崖窑、下沉式窑洞和独立式窑洞，下沉式窑洞村落主要分布在黄土高原典型的台塬区，靠崖窑窑洞村落主要分布在黄土高原丘陵沟壑地区，窑洞村落因借自然负阴抱阳，冬暖夏凉，上下交错，沿等高线横向展开，聚落呈阶梯形分布，体现了人与自然的高度和谐（图2-2-7、图2-2-8）。

黄土高原典型的台塬地貌特征，造就了下沉式窑洞这种独特的窑洞营建技艺，形成了北方特色的地下生土建筑群。黄土塬面上地势较为平坦，没有崖面可以依靠，而且砖石较为匮乏，人们便就地开挖窑洞，在空地上挖一个大概9米见方的下沉式院子，深度5米左右，在下沉式窑院的四面墙壁上开挖窑洞，一般一面两孔或者三孔。

黄土高原丘陵沟壑地区是黄土高原地区地形地貌要素最典型的片区，也占据了陕北黄土高原地区最广大的地域范围，包含了榆林市与延安市下米脂、佳县、绥德、延川、延长、甘泉等地区，丘陵沟壑区民居主要以窑洞建筑为主。这些地区黄土层较厚，且直立性能较好，人们便利用黄土的这种性能挖穴而居，同时因黄土层较厚且窑洞大部分仅有一个开口与外界接触，故其具有冬暖夏凉的天然生态性能。在因地制宜的情况下，窑洞村落呈现不同的风貌形态。靠山式窑洞是丘陵沟壑地区最常见的窑洞形式，出现在山坡或沟壑的边缘地区。最早到达这里的居民为规避洪涝等自然灾害，一般在选择地势较高的向阳崖

图2-2-7　陕北上田家村窑洞村落
　　　　风貌

图2-2-8　陕北延川碾畔村窑洞村
　　　　落风貌

图2-2-9　陕北延安市延长县雷赤
镇凉水岸村临沟型聚落

图2-2-10　陕北榆林子市洲园则坪
村窑洞山地聚落
（图片来源：王道 摄）

面上沿着崖面向内挖掘窑洞，在窑洞挖掘过程中，挖出的土直接填在窑洞前面
的坡地上形成较平坦的院落，既减少了土方量，又不占耕地。❶一般呈现三孔
为一户的状态，每户耕地一般位于崖面高处较为平坦的地带，随着人口越来越
多，窑居聚落会沿着等高线延展（图2-2-9、图2-2-10）。

　　2. 青藏高原

　　青藏高原是中国最大、世界海拔最高的高原，南起喜马拉雅山脉南缘，北
至昆仑山、阿尔金山和祁连山北缘，西部为帕米尔高原和喀喇昆仑山脉，东
部及东北部与秦岭山脉西段和黄土高原相接。青藏高原气候总体特点为辐射强
烈，日照多，气温低，气温随高度和纬度的升高而降低，日温差较大；干湿分
明，夜雨多；冬季干冷漫长，大风多；夏季温凉多雨，冰雹多。

　　青藏高原地理环境复杂，南部山川河谷发育，西北部多冰川积雪，具有典
型的高原风光。青藏高原光照和地热资源充足，矿产资源丰富。高原上冻土广

❶ 周庆华. 黄土高
原·河谷中的聚落——
陕北地区人居环境空间
形态模式研究 [M].
北京：中国建筑工业
出版社，2009.

图2-2-11 庄廓民居

图2-2-12 帐房民居

布，植被多为天然草原。青藏高原上的居民以藏族为主，多民族聚居，形成了蒙古族、土族、撒拉族、回族等民族多元文化交融的高原文化体系。民居形式为庄廓民居，石砌碉房、牦牛帐篷、村落多与寺庙和宗教建筑结合。在青藏高原地区的青海东部地区，庄廓民居有着悠久的历史和灿烂的文化，建筑风格浑厚朴实，民族个性鲜明，是青藏高原上一道独特的风景。庄廓民居无论在建筑形式、文化内涵、生态意义上都有着其独特的特点，对当地地域文化和生态环境都具有深远的影响。

西北地区有两大高原区，黄土高原西部地区和青藏高原北部地区，由于其独特的自然景观特征，形成各具特色的生土建筑体系。陕北黄土高原地形地势较为复杂，村落形态往往随之做出相应变化，位于塬面上的聚落集中，位于沟谷间的聚落较为分散，形成形态各异的窑洞村落。青海省内村落和建筑形态受自然条件和人文环境的影响，差异巨大，牧业地区人口稀少，村落结构较为松散，建筑多为帐房以便迁徙，农业地区人口相对稠密，村落紧凑，数量众多，形成庄廓民居村落（图2-2-11、图2-2-12）。

2.2.3　山地型乡村

中国是多山之国。据统计，山地、丘陵和高原的面积占全国土地总面积的69%。山地一般高差大，坡度陡，土层薄，土地的适宜性单一，宜耕性差，农业发展受到较大限制，生态系统一般较脆弱，利用不当，极易引起水土流失和资源破坏。西北地区的山地主要有阿尔泰山、天山、昆仑山，由于山系的强烈上升，形成了西高东低呈巨大的三级阶梯形下降的地形。

陕南秦巴山地位于陕西省南部，东与河南省相连，西与甘肃省接壤，南部是四川省、重庆市和湖北省，以山地、丘陵为主要地理特征。其北部是秦岭山脉，南侧大巴山。陕南从气候区上划分属于夏热冬冷地区，是亚热带湿润季风气候，夏季潮湿炎热，冬季寒冷，四季分明。

1. 陕南地区的地理形态

陕南地区北靠秦岭山脉，南面依巴山山脉，属于秦巴山区。北面秦岭的海拔在2000米以上，几条主干的山岭交错布局，形成了北面的屏障，中部秦岭的海拔在1000~2000米之间，这里山势较低，且河流纵横，非常适合生物的生长，南部的大巴山地区平均海拔1500米左右，与四川接壤。

陕南地区的河流主要有汉江、丹江，汉江是长江最大的支流，汇入到丹江口长江流域，水质清澈。其中汉江为陕南地区主要的河流，发源于汉中宁强县，全长1577千米，支流有任河、褒河、北河和南河。

2. 陕南地区的气候环境

陕南地区地处北暖温带和亚热带气候的过渡带，具有典型的南方气候特征，一年四季分明，受冬夏季风和青藏高原环流的影响，加上秦岭整个山脉对南方暖湿气流的阻挡作用，年平均气温为7.8~13.9℃，降水量年均710~930毫米，日照1860~2130多小时，无霜期210天。

3. 陕南地区乡村特征

陕南地区地形复杂，山地众多，村民在选址时，选择尽量多的平地建造居住场所，总结陕南地区的居住环境，可以发现，主要的居住选址位于山体的平地、山脚和山坡，根据不同地理位置的选址，乡村聚落的环境气候也不同（图2-2-13、图2-2-14）。

图2-2-13　陕南湛家湾村选址于山顶

图2-2-14　**陕南堰坎村选址于山脚**

❶ 村落风貌
❷ 单体民居
❸ 院落空间

图2-2-15　陕南地区建筑风貌列举

陕南由于北部的秦岭山脉、南部的大巴山区及中部的汉水谷地、丹江平原的影响，形成了"两山夹一川"的地貌特征，气候潮湿多雨，常年温热，是中国南方的重要水稻产区。

陕南乡村聚落体系整体空间结构由于受自然因素的制约，建筑开始由土木结构过渡到砖石结构，建筑更加坚固，保温水平也获得了很大的进步。其山地乡村聚落规模等级主要与功能构成相关，呈现出多样化的平面形态，聚集型村庄较多，农宅空间组织以厅堂为中心，两侧及后部为卧室，布局严谨对称。建材有草、瓦、砖等，其单体建筑形态混合了不同地域的建筑技术与形式，主要民居有石头房、夯土房、竹木房、吊脚楼、三合院以及四合院等（图2-2-15）。

4. 陕南地区乡村风貌现状

由于受到了技术进步带来的影响，建筑开始由土木结构过渡到砖石结构，建筑更加坚固，保温水平也获得了很大的进步。但是随着时间的推移和保护意识的淡化，再加上气候影响，传统民居数量锐减，如今现代建筑占有比较大的比例，现代建筑多为混凝土多层甚至部分村落出现高层建筑（图2-2-16）。

图2-2-16　陕南汉滨区五里镇牛山
　　　　　乡村风貌
（图片来源：曹辉 摄）

2.2.4　河谷型乡村

我国地形复杂，地貌种类繁多，河谷型乡村风貌在多个流域均有体现。根据资料，我国有七大流域，分别是长江流域、黄河流域、珠江流域、海河流域、淮河流域、松花江流域、辽河流域。其中长江流域是指长江干流和其支流流经的广大区域，横跨中国东部、中部和西部三大经济区共计19个省、市、自治区，是世界第三大流域。黄河流域西起巴颜喀拉山，东临渤海，南至秦岭，北抵阴山，流域面积75.2万平方千米。黄河发源于青藏高原巴颜喀拉山北麓，流经青海、四川、甘肃、宁夏、内蒙古、山西、陕西、河南、山东等九省、自治区，在山东垦利县注入渤海，干流全长约5400千米。

西北地区各河流基本属于长江、黄河的干流与支流。如陕西无定河、洛河、泾河、渭河属于黄河水系，汉江属于长江水系。甘肃黑河、疏勒河、石羊河属于内陆河水系；洮河、大夏河、祖厉河属于黄河水系；西汉水和白龙江属于长江水系；宁夏清水河、苦水河属于黄河水系。青海格尔木河、柴达木河、布哈河属于内陆河水系；卡日曲（即黄河源头）、大通河、湟水属于黄河水系；沱沱河、楚玛尔河和当曲（长江的三个源头）、通天河（汇流后的长江上游）属于长江水系；扎曲（即澜沧江源头）属于澜沧江–湄公河水系。新疆塔里木河、伊犁河属于内陆河水系；额尔齐斯河属于鄂毕河水系。

河谷型地貌因河流而生。西北地区分布着多个河谷地区，如青海河湟谷地、新疆伊犁河谷地区、陇南河谷地区、陕南浅山河谷地区、陕北无定河河谷地区等。河湟谷地为青海黄河与湟水间河谷地带，其自然环境风貌、经济人文风貌与传统村落风貌具有典型性；而伊犁河谷是伊犁河流域最大的河谷，沿河两岸田地肥沃，水草丰美，气候宜人，素有"塞外江南"之称。下文选取河湟谷地与伊犁河谷乡村进行分析。

1. 河湟谷地乡村景观风貌

（1）河湟谷地自然环境风貌

1）地质地貌条件

河湟谷地区位特殊，位于黄土高原与青藏高原两大地理板块的交汇处。东临农耕为主的黄土地貌，北临河西走廊绿洲农业为主的戈壁荒漠，西临青海湖广袤的大草原，南临高山隆起的高原雪山。河湟谷地与青海其他地区最明显的地表差异是分布广泛的黄土及黄土地貌。河湟谷地的黄土主要分布在黄河沿岸和湟水流域，大通河流域多为高山地区，仅在门源盆地有少量黄土分布，河湟地表大部分地区覆盖了一层很厚的风成黄土，黄土层覆盖厚度一般为15~20米，个别地区厚薄不一，经长期流水冲刷作用和其他外营力的剥蚀作用，发育成为黄土丘陵地貌景观。黄河及湟水的河谷两侧，多为墚、峁、残垣低山丘陵，是典型的黄土沟壑地形，其上覆盖着马兰黄土。

从整体地形分布看，河湟地区呈现"四山夹三谷"的地貌特点，即大面积的河谷黄土地貌与高山山梁草甸交错并存。四山是指，由北向南的祁连冷龙岭、达坂山、拉脊山、阿尼玛卿山，三谷是指四山相间的通河谷地、湟水谷地、黄河谷地。这三个谷地是青海人口分布最为密集的地带，以农业种植为主，夹杂着部分半农半牧地区。在河谷地区多开垦为农田，绝大多数为水浇地，习惯称"川水地"，是青海最好的农耕地，也是乡村风貌特征最丰富的地区。

2）低温少雨，风沙大

河湟谷地温度的日变化以升温降温迅速为特征，青海省气温日差约为12~17℃，在河湟谷地约为14℃，冬季温度剧烈升降尤其明显，大都在16℃以上，比我国东部海拔较低省份大一倍以上。日温差大的原因是青海太阳辐射强烈，日出后地表升温快，即使在冬季，人在阳光下也会感到温暖舒适，日落后空气稀薄，地表降温迅速。如何适应这日夜剧烈温差的变化，是当地民居必须面对的问题。

东部河湟地区年降水量300~600毫米左右，南北降雨量不均匀，黄河、湟水河谷谷地在250~500毫米，在北部的大通河谷地降水较多，可达400~550毫米，降雨量的多寡直接影响民居屋顶的建筑形式。同时降水的季节变化和日变化明显，5~10月的雨季占全年降水量的92%，夜间占24小时降水量的60%。与较少的降雨量相比，该区年蒸发量在1200毫米左右，因此该区整体湿度较南部地区相对干旱。

青海风速在全国可属首位，在西部柴达木地区可达3米/秒以上，寒冷的西北冬季风经过青海湖平坦草原，沿东西走向的高山山脉，直接吹入河湟谷地，虽风力有所减弱但风力也达1.6米/秒，可以说防风也是民居建筑所要面对的自然挑战之一。

3）河水流域和植被分布

水是生命之源，因而也是人类定居最重要的因素。黄河、湟水、大通河是青海东部地区主要河流，在河谷谷地形成大大小小的灌溉农业，成为青海农业种植中最好的土地类型"川水地"。这里往往植被茂密，林木发达，与两侧海拔较高的脑山和高山地区植被分布存在较大差异。脑山高山地区多为草甸和裸露风蚀岩。这主要源于青海日照蒸发量大，加之辐射强烈、日照时间长，山体的向阳面很难储蓄水分，唯有山体的背阴面降雨及雪水相对涵养量足，因此该地区出现有别于我国南方地区奇特现象，森林植被多分布在山体阴坡，形成独特地域自然景观，同时也为河湟谷地因干旱少雨导致建筑资源匮乏的困境，提供了难得的木材储备。

（2）河湟谷地经济人文风貌

1）经济概况

河湟谷地地域只占青海省面积1/30，而人口却达到青海省3/4，这里的农业、工业等产业是全省最集中的地区，工农业总产值达到全省的80%。由于地貌的原因，这里交通便利，使得产业能在此地快速流通，因此河湟谷地是全省的经济核心。

2）文化概况

①河湟谷地的黄河文化

自古黄河流域是中华文明文化的摇篮和发源地，黄河流域有四大传统文化，即青海甘肃地区的河湟文化，宁夏、内蒙古地区的河套文化，陕西、河南等地区的中原文化，山东地区的齐鲁文化。而河湟文化是黄河流域四大传统文化中的源头文明。河湟谷地拥有着丰富的文化遗迹和完整的遗迹考察线。其中，河湟彩陶蕴藏着重要的考古价值，另一方面，河湟谷地地处中原通往中亚、西藏的通道上，因此中原文明、印度文明、阿拉伯文明在这里形成交汇。河湟谷地寺庙林立，宗教色彩浓厚，是中国西部人文景观最为辉煌的地区之一。

②河湟谷地的草原与农耕文化荟萃

由于河湟谷地是青藏高原与黄土高原的接壤处，由此具备游牧民族和农耕民族文化的双重性。河湟谷地，游牧民族和农耕民族之间的交往十分频繁，形成了河湟文化内涵的多元性。

③河湟谷地的多民族文化交融

河湟谷地因其地理位置的重要性，成为了古老民族繁衍生息之地。古时羌人、匈奴、吐蕃、鲜卑等少数民族不仅从事高寒畜牧业，也从事农业和手工业，积极发展与多民族之间的商业和文化交流，这里也是西北少数民族的发祥地之一，土族和撒拉族更是独居此地。

（3）河湟谷地乡村风貌

青海河湟谷地庄廓村落因"聚居方式"和"营建理念"的特征而呈现出具有当地特色的村落景观意象。

1）聚居方式限定下的村落景观风貌

河湟谷地的村落总体呈现出"大杂居，小聚居"的态势。汉族多是以同姓或单一家族发展起来的村落，以血缘为纽带，通常以宗法制度维持村落内部日常秩序，以宗祠为村落结构核心；少数民族民居多是在地缘关系影响下发展成村落，通常以宗教文化为村落精神核心，以宗教寺庙为村落结构核心的聚居形式（图2-2-17、图2-2-18）。

2）营建理念指引下的村落景观风貌

河湟谷地庄廓村落在营造环境空间时，受山水环境的浸染和宗教思想的引导，尊崇"整体的环境观"。在生态适应性上，村落的选址布局、开田放牧以及筑宅建院都以当地的自然环境为依托，顺应自然、因地制宜；在景观审美上，善于运用"因借"的手法，借山川以求气势磅礴，借花草以求自然成趣，

借雕绘以求渲染气氛，典型的如依托藏传佛教寺院的村落，多依山就势，均借大自然形成宏大气势（图2-2-19、图2-2-20）

2. 伊犁河谷地区乡村景观风貌

伊犁河谷是伊犁地区最大的河谷，伊犁河谷东西长360千米、南北最宽处75千米，面积5.64万平方千米。全地区地貌的基本特征为三山夹二谷，西宽东窄呈楔形，三面高山突立。伊犁河谷是哈萨克族、维吾尔族、乌孜别克族等多民族的聚居地。

（1）伊犁河谷地区自然环境风貌

1）气候条件

伊犁河谷村落所处地区是典型的温带大陆性气候，河谷地形东高西低，因此西部而来的湿润气流吹入谷地山间，使得这里气候湿润温和。"夏热而少酷暑，冬冷而少严寒"，昼夜温差较大，谷地的年平均气温约为7~9℃，年日照时数2870小时，气温最高40℃，无霜期150天，年降水量约150~300毫米，山区降水约600~800毫米，是新疆水资源最为充沛的地区。

2）水资源条件

伊犁河谷充沛的降水，从严格意义上而言，使得该地区几乎不能被算作

17	18
19	20

图2-2-17　循化县街子清真寺与村落整体风貌

图2-2-18　循化县文都大寺与拉代村整体风貌

图2-2-19　化隆县下护路藏村整体风貌

图2-2-20　湟中县沙尔湾村整体风貌

干旱区。除了山区充足的降水外，伊犁河及其三条支流巩乃斯河、喀什河、特克斯河也是滋养河谷的主要水源，均发源于海拔4000~5000米处的冰川，水自东向西往下流，伊犁河谷平原地区与冰川在高度上落差可达2000米，因此河流流经该地区，流速放缓，成为地表上发达的水系网。伊犁河是新疆流量最大的河流，年总径流量可达165亿立方米，河谷在充沛的水源和水网相互作用下往往会在春夏季形成洪水泛滥，经河水泛滥的土地异常肥沃。

3）土地资源条件

伊犁是我国西部面积最大、气候最为宜人的绿洲，总面积5.6万平方千米，其中宜耕作土地7350万亩。伊犁河谷充足的水资源和肥沃的土质使得这里成为北疆地区著名的天然草场和粮仓，农牧业十分发达。适宜的气候条件构建了良好的生态系统，为多种生物的繁衍栖息提供了优越的条件。

4）建材资源条件

伊犁降雨量充沛、日照条件较好、气候比较温润、适宜树木的生长，当地的居民以木材和石材为主要的建筑材料。厚实的石材墙体和木材墙体可以抵御冬季的严寒、夏季的酷暑。因为该地区雨水比较多，建筑屋面多为"人字形"坡屋顶，便于排水，这与东疆、南疆的建筑屋顶有着明显的差异。

（2）伊犁河谷地区传统村落风貌

由于良好的气候条件和充足的水源适宜绿洲的发展也适合人口居住，所以伊犁河谷村落的规模要大于东疆和南疆地区的一些乡村。伊犁河谷周边的山体是一个天然的屏障，将风沙和严寒阻隔在外，将村落保护在一个温暖湿润的环境中。由于河流的上游地势险阻，村落稀疏，而顺流而下至冲积扇，地势开阔平坦，河流流速大减，水流渠系纵横交错于平地之上，因此大多数村落选址于此。例如水定镇选址于山脚下的平坦开阔地，且地形走向呈现由山脚向外发散的形态，越至西南方向越为开阔平坦。

由于村落是在相对平坦的河谷中自行选址、自发建造的，平面形态和功能组织没有固定的格局，较为灵活。但由于所处地形的优势，平面不像山地般受到限制，反而呈现出较为规整的平面形态。各部分的功能分区也呈现出多样化，有规律可循的是：耕地依旧占据村落最为平坦、肥沃的土地，居民住区则选择依山傍水的优美环境。如伊宁县吉里圩孜村村落背山面水，依吉里格朗河布置，处于山河间的一片宝地。村落用地被整齐的方格网式道路分隔。村落主要建设用地，包括居民住区、公共服务区等处于村落腹地的中心位置，耕地则围绕该区域在外围紧紧相邻，整齐划一。这样整齐规制的平面一直延伸至被河流和外围的山体所阻隔，换言之，村落充分利用了除河流和山体之外的几乎所有可用土地，用于空间发展和平面布局。

村落的景观体系，包括植被绿化、水景等的分布随水而建，逐水分布，与道路交通系统相结合，营造出房前屋后的优美宜人环境。

3. 小结

河谷地区由于河流穿水而过，通常呈现出"多山夹多谷"的地貌。降水量大，水资源丰富；土地肥沃，大多数为水浇地，多开垦农田。适宜的气候条件构成良好的生态系统，为各种生物的繁衍栖息提供了优越条件。

河谷地区由于人口集中，文化繁荣，通常为周边地区的经济文化中心。而在村落选址方面，通常以自然环境为依托，顺应自然，依山傍水，靠近耕地；其平面功能和形态组织较为灵活，通常以血缘关系为纽带、以宗教文化为核心，呈现出"大杂居、小聚居"的态势；聚落营建方面，均以当地材料为主，地域风貌突出。

2.2.5 绿洲型乡村

1. 绿洲分布及分区

绿洲是在干旱荒漠中有稳定水源、适于植物生长和人类生活的独特地理景观地区。我国有大小绿洲8000多个，在世界绿洲中很具有代表性，主要分布在天山南北麓、昆仑山和祁连山北麓以及黄河流经的河套平原地区，形成几条绵延数百至上千米的巨型绿洲带。其他荒漠地区的绿洲不仅面积小，而且分布零星，大多呈斑点状。根据地貌结构、水系格局及开发历史，可将我国绿洲分为五个分区，即北疆绿洲区、南疆绿洲区、河西走廊绿洲区、河套平原绿洲区、柴达木盆地绿洲区。❶

2. 北疆绿洲区

北疆绿洲区范围包括准噶尔盆地、额敏盆地和伊犁河谷地。该区绿洲以天山北麓和伊犁河谷地分布最集中、面积最大。其中乌鲁木齐至奎屯形成几乎连成一条长达数百千米的绿洲带，著名的石河子垦区就位于此带中。此外，在巴里坤和伊吾、福海、额敏、塔城、博乐和精河等地也有较大面积的绿洲分布。

3. 南疆绿洲区

南疆绿洲区范围包括塔里木盆地、吐鲁番盆地、哈密盆地、焉耆盆地。盆地内部气候干燥，但周围高峻的山峰终年积雪，冰雪融水汇集成一系列河流，为发展农业提供了灌溉水源。塔里木盆地绿洲主要在盆地周围沿天山南麓和昆仑山北麓呈串珠状环形分布，主要绿洲有库尔勒、库车、阿克苏、喀什、莎车、和田、于田、且末、若羌、铁木里克、尉犁等。

从绿洲的分布地点和规模方面分析，绿洲以绿洲点（块）、绿洲片（区）和绿洲群的方式存在。绿洲分布呈现出"环盆地、沿山前"的特征，绿洲点（块）呈散点状，散布在大片绿洲之间或外围；绿洲片（区）是集中连片分布并具有相当规模的绿洲景观，一般在

❶ 岳邦瑞. 绿洲建筑论地域资源约束下的新疆绿洲聚落营造模式［M］. 上海：同济大学出版社，2011.

图2-2-21　麻扎村鸟瞰
（图片来源：《绿洲建筑论》）

数万亩乃至百万亩的面积，绿洲片（区）多分布在年径流量较丰富的大、中河流流域，多呈串珠状分布于盆地边缘，成为大中型绿洲聚落的依托。

南疆绝大多数村落是以绿洲为依托的。村落、绿洲的空间分布具有一致性，围绕塔里木盆地呈半环型分布。除此之外，主要村落均沿交通线构成线型串珠式城镇带。南疆村落与绿洲呈现出共轭分布的特征，绿洲分布的空间格局决定了绿洲村落的空间格局。由于受到沙漠、戈壁、山脉的分割，绿洲分布呈现出各自独立且相距遥远的分散特征，这就形成了村落分布稀疏、相距遥远、封闭性强的特点，最终导致了聚落分布"低密度高离散"、"小聚集大分散"的特征。❶

麻扎村隶属于新疆吐鲁番市鄯善县土峪沟乡土峪沟村，位于土峪沟乡火焰山第三道峡谷内。土峪沟大峡谷地貌险峻，麻扎村在沟谷中依托山谷地形而建，是典型的"象形就势，依山而建"。在选址上，麻扎村位于冲积扇型绿洲的扇顶部分，处于土峪沟大峡谷的南缘，获得了较好的小环境。其聚落形态与规模充分适应了当地的水、土资源条件，聚落建设充分利用本地富集的生土建材资源。古村落总体上呈南北延伸的带状，主要沿着穿村而过的苏贝希河两岸随着地势及流水方向向南部延伸（图2-2-21）。

4. 河西走廊绿洲区

河西走廊绿洲区是一种典型的高山-绿洲-荒漠复合生态系统。河西走廊总土地面积213804平方千米，其中绿洲面积10946.53平方千米，占土地总面积的5.12%。河西走廊绿洲水资源主要由地表水、地下水和降水三部分组成。河西走廊地区降水时空分布极不均匀，年降水量为35~750毫米，自东南向西北递减，又随海拔高度的上升而递增，年降水主要集中在汛期。河西走廊绿洲出山口水系有石羊河、黑河、北大河、疏勒河、党河五个主要河系外，还有条较小河流。

❶ 岳邦瑞. 绿洲建筑论地域资源约束下的新疆绿洲聚落营造模式［M］. 上海：同济大学出版社，2011.

河西走廊绿洲以广布的戈壁沙漠为基质散布在流域冲洪积平原区。主要有武威–民勤、张掖–高台、酒泉–金塔、鼎新、玉门镇–安西、敦煌等绿洲，构成祁连山北麓巨型绿洲带。这些绿洲以农业为主，其中玉门（老君庙）、嘉峪关市和金川是该区典型的工业绿洲。该区地处古丝路枢纽地段，历史悠久，新中国成立后又广加拓垦，现已成为我国重要的工农业基地。

元湖村位于河西走廊武威盆地中部，村落周边地形是早期由祁连山山脉洪水冲击，而后由较小山洪冲刷形成的各道沟壑。所处地势较为平缓，但和其下游村庄地界相比，像是"辍耕之垄上"。由于元湖村位于河水灌溉区的末端、泉水灌溉区的上游，地租级差上属于劣等地，生存很艰难，所以形成了一种独特的村落共同体。

元湖村村落形态呈集镇式布局，各家各户相对而居，形成内部街道。由于大部分家庭没有农家院落，因此房门直接开向街道，由不同姓氏的家庭住宅围合成院落。住宅大部分按东西向布置，其次按南向布置，极少朝北向布置。从聚居形态上看，难以分出家族式的居住关系，而且也体现不出家族地位，内部均质，没有体现"差序格局"。❶

5. 河套平原绿洲区

河套地区主要包括西部的银川平原，称西套；巴彦高勒与乌拉山之间的扇形平原，称后套；乌拉山以东的呼和浩特平原（土默特川），称前套（又称东套）；鄂尔多斯高原又有内套之称。上自中卫下至包头附近，包括宁夏平原和后套平原以及宁夏河东沙漠与库布齐沙漠。库布齐、宁夏河东沙漠中的零星绿洲，以牧业为主。河套平原绿洲自古为以游牧为主的民族居住，畜牧业在经济生活中占主导地位，自西汉开始大规模开发以来，绿洲面积不断扩大，农业开始占据主导地位。

6. 柴达木盆地绿洲区

柴达木盆地主要绿洲分布于盆地东缘和南缘，面积较小。主要绿洲有格尔木、德令哈、乌图美仁、都兰、乌兰、香日德和诺木洪等，这些绿洲主要以农业或工农业为主。气候高寒、风沙、水少、土地粗粒盐渍，因此开发农业绿洲受限。由于盆地环境不适宜居住，自然形成的村庄较差且数量极少。1955年为了响应国家开发大西北的召唤，从祖国各地，主要是从解放军转业一批干部来支援青海的经济建设，他们顶着极其恶劣的盆地环境，在此开荒、修渠、建房、生产、开垦绿洲，从而也形成了军垦农场——这一特殊条件下孕育的聚居形态，诺木洪农村为其典型案例（图2-2-22）。

❶ 邓振镛，林日暖. 河西气候与农业开发[M]. 北京：气象出版社，1993.

图2-2-22 **诺木洪农场**

7. 绿洲聚落环境特点

针对绿洲型聚落独特的自然资源，总结其聚落环境特点如下：绿洲一般处于干旱气候控制下的沙漠、戈壁包围之中，具有独特的形成条件，这些因素限制了绿洲聚落的分布，使其在空间地域尺度上成为一个相对独立和完整的封闭地理单元；水是维系绿洲的命脉，是否有稳定供给的水、来水量的多少、水质的优劣、水的分布形式等对绿洲聚落的生存、大小、形状和发展建设影响重大；绿洲自然条件严酷、生态系统结构简单、资源和环境容量有限，自我调节能力差，对外界干扰的承受力差，生态环境相当脆弱，一经破坏，修复难度非常大；绿洲聚落是绿洲–山地荒漠系统共同作用的产物，它对山地系统和平原荒漠系统有着较强的依赖性；由于资源与环境的特殊性，绿洲生态承载力十分有限，生态环境保护和建设对于绿洲聚落极其重要；绿洲聚落多民族文化特色突出、文化的宗教特色突出、文化交汇特色突出，其各个方面都渗透着浓郁的民族地域文化特色。❶

2.2.6 草原型乡村

中国是世界上草原资源最丰富的国家之一，草原总面积将近四亿公顷，占全国土地总面积的40%，为现有耕地面积的三倍。如果从中国的东北到西南划一条斜线，也就是从东北的完达山开始，越过长城，沿吕梁山，经延安，一直向西南到青藏高原的东麓为止，可以把中国分为两大地理区：东南部分是丘陵平原区，离海洋较近，气候温湿，大部分为农业区；西北部分多为高山峻岭，离海洋远，气候干旱，风沙较多，是主要的草原区。

❶ 岳邦瑞. 绿洲建筑论地域资源约束下的新疆绿洲聚落营造模式［M］. 上海：同济大学出版社，2011.

	23	
24		25

图2-2-23　草原风貌青藏高原示
　　　　　意图

图2-2-24　草原型村落游牧区

图2-2-25　草原型村落周围环境

❶ 资料来源于网络
（https://baike.baidu.
com/item/%E8%8D%8
9%E5%8E%9F/225520?
fr=aladdin）。

　　中国草原一般可以划为五个大区：东北草原区、蒙宁甘草原区、新疆草原区、青藏草原区、南方草山草坡区❶（图2-2-23）。

　　草原型乡村地属沙漠气候与湿润气候之间的过渡性气候带，在各大草原区中也有不同民族风格的村落，民居多土房、毡房，也有花园式的庭院和陈设华丽的帐篷土结构、毡结构。可以说，这些草原上的村落作为牧区文化的缩影，是历史文化的传承，因其深厚的文化积淀、丰富的历史信息、意境深远的文化景观，而具有史考的实证价值、史鉴的研究价值、史貌的审美价值。

　　正如著名作家冯骥才所说的传统村落不能变的是什么？是传统村落的原始格局，是经典民居和公共建筑，是重要的历史细节，是非遗的原生性和地域个性的特征。因此，我们谈到草原型乡村，不可墨守成规，需要求同存异、因村而思。不仅要统筹考虑该类型村落的历史文化，还要在不同牧区村落的发展的过程中获取其独特的文化内涵，从而在根源上传承草原型乡村的文脉精神（图2-2-24、图2-2-25）。

2.3 西北地区乡村人文景观风貌特征

2.3.1 乡村景观与人文景观

乡村景观构成要素多样，主要可分为自然景观和人文景观两大类，人文景观又涵盖了不同的景观小类。自然景观指的是乡村所处的自然环境，未受到人类影响或是受到轻微影响而自然面貌没有发生改变的景观形态，主要包括山、水、林、地等。人文景观是指在社会历史发展过程中，为了满足人类生存和发展的需要，人类有意识地改造和适应自然而形成的一种景观形式，其关系图如图2-3-1所示。

自然景观是实实在在存在且不以人的意志而转移的，而人文景观是以人的活动创作为中心，不断丰富与变化的，地域文化赋予人文景观新的内涵与独特性，使得每个地方的乡村景观呈现出不同的差异。乡村景观则通过文化机制将知识、观念在生活中表现为物质化形式或抽象为象征性的形式而沉淀下来，成为地域文化景观新的部分内容，参与塑造新的城乡风貌。总之，乡村景观与地域人文景观在时空序列之中相互作用，互相变化。

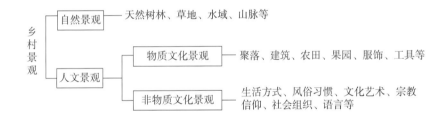

图2-3-1　**乡村景观分类**

2.3.2 乡村人文景观分类与特征

人文景观的构成要素可以分为两类，即物质因素和非物质因素。物质因素又可分为乡村聚落景观和农业生产生活景观，而非物质因素主要包含民俗、宗教、语言三类。❶具体分类如图2-3-2所示。

物质因素是人文景观的最重要的组成要素，指具有色彩和形态，可以被人们肉眼感觉到的、有形的物质因素，主要表现为村庄聚落景观和以农业为主的生产性景观。而非物质因素主要包括生活方式、风俗习惯、文化艺术、宗教信仰、社会组织、语音、审美观、道德观、政治因素、生产关系等。

❶ 刘黎明. 乡村景观规划［M］. 北京：中国农业大学出版社，2003.

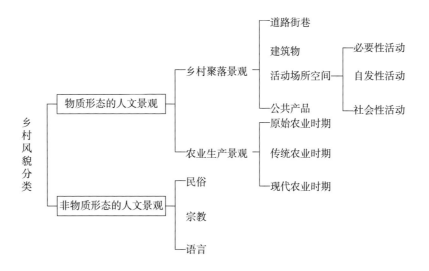

图2-3-2　**人文景观构成要素分类**

图2-3-3　**乡村聚落景观分类**

物质要素或非物质要素都不是创立于一时，是经过长期积累逐渐形成的。一个区域内在的文化积淀到一定程度自然会表现出一定的外在形式，这种外在形式具有鲜明的特征，是区别于其他区域的重要武器，因此会更容易吸引和激活当地的竞争力与市场，比如：陕北地区延安市安塞区的腰鼓文化，陕西关中韩城党家村石砌、木雕、砖雕文化等。

1. 物质形态的人文景观

（1）乡村聚落景观

乡村聚落作为人们生产、生活及周围环境的综合体，是一种最直观的人文景观。乡村聚落与广大人民生活、生产息息相关，有着浓厚的生活基础和浓郁的乡土色彩，聚落的空间结构大多是在自然因素、社会因素包括思想观念、宗教信仰、伦理道德、血缘关系、生活习惯以及政治制度等的合力下，经历一个比较漫长的自发演变过程而形成的有机体，它承载着众多的自然、社会、历史等方面的信息，是村庄景观风貌中最有韵味、最具美感也最吸引人的部分。乡村聚落的要素主要包括道路街巷、建筑物、活动场所空间、公共产品等部分（图2-3-3）。

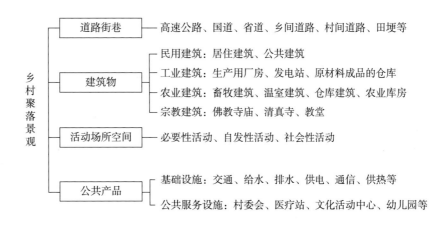

1）道路街巷

乡村道路包括乡村地域范围内高速公路、国道、省道、乡间道路、村间道路以及田埂等不同等级的道路，它们承担着各不相同的角色。村庄内部的街巷除了交通功能外，还可以作为村民生活、工作、聊天的场所。

2）建筑物

按照使用功能，乡村地域的建筑物可以分为民用建筑、工业建筑、农业建筑和宗教建筑四大类。民用建筑包括居住建筑和公共建筑；工业建筑包括生产用厂房、发电站及原材料和成品的仓库等；农业建筑是指供农业生产用的房屋，如畜牧建筑、温室建筑、仓库建筑、农业库房等；宗教建筑是指与宗教有关的建筑，如佛教寺庙、清真寺、教堂等。

3）活动场所空间

扬·盖尔在《交往与空间》一书中，将人们在户外的活动划分为三种类型，即必要性活动、自发性活动和社会性活动。对于乡村居民，必要性活动包括生产劳动、洗衣、烧饭、种地等；自发性活动包括交流、休憩、娱乐等；社会性活动包括赶集、节庆、民俗等。在传统村庄活动中，有什么样的活动内容，就会产生相应的活动场所和空间。

4）公共产品

农村公共产品和准公共产品在规划领域主要指基础设施和公共服务设施，其中基础设施主要包含交通、给水、排水、供电、通信、供热等，公共设施主要包含村委会、医疗站、文化活动中心、幼儿园等。

传统村庄的建筑形式、空间格局和物质形态对地理环境具有显著的依赖性，是利用当地地方材料"因时、因地、因需求而制宜"建造形成，与村庄环境和谐地融为一体。传统村庄是自然因素和人文因素的综合反映。气候、地形、水文、植被等自然因素，在聚落特征构成中都起到重要的作用，而社会组织、经济发展水平、生产特点、文化传统、风俗习惯等也在聚落特征的形成中不可或缺。

（2）农业生产生活性景观

中国是一个农业大国，农业文明在中国文明史中占有最重要的位置。由农业生产活动形成的农业景观是村庄人文景观的主要表现，农业景观因农业发展的时期、地域差异和生产内容的不同会呈现出不同的景观特征。

农业生产性景观的外表反映了基本的社会环境状况。从世界范围看，农业生产大体上经历了原始农业、传统农业和现代农业三个阶段，但不同地区的发展由于历史、地理等条件的不同而有所差异，呈现出来的农业景观特征也在不断变化。

1）原始农业时期，农业生产工具落后，生产水平低下，因而只能靠自然力去恢复地力。表现在耕作制度上，有轮垦制、烧垦制。这类轮歇丢荒的耕作制度是极其粗放的土地利用形式，陕西关中地区距今有七千年的仰韶文化遗址便具有这一时期的景观特征。

2）传统农业时期，随着铁制农具的出现和应用，原始农业进入传统农业阶段，改变了原始农业只靠长期休闲、自然恢复地力的状况。在土地利用方式上，东西方传统农业是存在差异的。东方传统农业系指东亚、东南亚、南亚、西亚和北非地区各国的传统农业。总的来看，当时在耕作制度和集约化水平方面都比西方进步。中国可作为东方传统农业的典型。中国从春秋战国公元前一千年起结束了撂荒制，代之以提高单位面积产量、充分利用土地的精耕细作制。

3）现代农业时期，现代农业阶段是在20世纪初采用了动力机械和人工合成化肥以后开始的，到20世纪中后期，一些工业发达国家都已先后完成了这一转变。现代农业与传统的自给自足的生计农业不同。它的产品不是以供给自己消费为主要目的，而是作为商品进入市场以获得利润为目的。因此，现代农业也称为商业农业。它主要依靠的是机械、化肥、农药和水利灌溉等技术，是由工业部门提供大量物质和能源的农业。现代农业的类型主要有种植园、谷物农业、牲畜育肥农业、乳品业、市场园艺农业和大牧场六种。此外，农业景观也因地域差异的不同而不同，每个地区的人们根据不同的自然地理条件因地制宜地进行农业生产，从而形成不同的农业景观特征。

2. 非物质形态的人文景观

在村庄景观的要素构成中，非物质要素也十分重要。村庄景观非物质要素是指乡村居民生活的行为和活动以及与之相关的历史文化，表现为与他们精神生活世界息息相关的民俗、宗教、语言等。这些因素是村庄景观的无形之气，其作用不容忽视，对它们研究可以透过景观的物质形态表象深入到景观内部，使村庄景观研究深入到深层机制的水平上。村落中少数民族的非物质文化遗产资源丰富，文化活动多样，对于当地民俗研究有着重要的价值与意义（图2-3-4）。非物质要素与物质要素没有绝对的界限，如具体的聚落景观

图2-3-4　拉则——宁巴村插箭节场地

中，也存在抽象的风水观念。而在精神性的宗教文化中，也有具体的寺庙、塔、石窟建筑等景观（图2-3-5）。

2.3.3 小结

本小节主要研究了文化景观与乡村景观的基本概念，明确乡村景观与自然景观以及人文景观三者之间的关系。之后对人文景观进行分类，并且分别论述了物质的人文景观和非物质的人文景观风貌的特征，明确了人文景观的文化价值和意义。

总之，人文景观是文化的物质载体，显现在民居建筑的样式上、村落的空间布局、生产性景观的形态以及精神文化生活的方方面面。

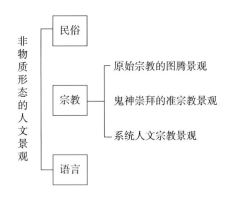

图2-3-5 非物质形态的人文景观分类

2.4 西北地区乡村风貌典型案例

2.4.1 青藏高原山地乡村——化隆县塔加村

1. 基本概况

塔加村位于青海省化隆县西南隅，属塔家藏族乡辖地，海拔2800米左右，属浅山地貌，交通不便，仅有一条乡道可以抵达。全村近300户，全部为藏族。近年来，村民的主要收入来源于外出务工、畜牧和农耕产业。

塔加村山环水绕，高山融雪形成的溪流穿村而过，汇入村口的河道中。村落因溪流的阻隔被分为两个部分，塔加一村地处山腰，坡度较大，塔加二村地处对岸的山麓，坡度较小。因生态环境良好，塔加村北部海拔3000米以上的草山盛产冬虫夏草，夏季盛开马兰花。村里有近三百年的古树一株，泉眼数十处（图2-4-1）。

2. 选址布局

塔加村地处山腰和山麓两种地形，山腰部分的庄廓群坡向为南

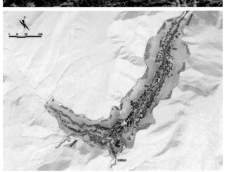

❶ ❶ 塔加村全景
❷ ❷ 塔加村一村二村整体规划图

图2-4-1 化隆县塔加村

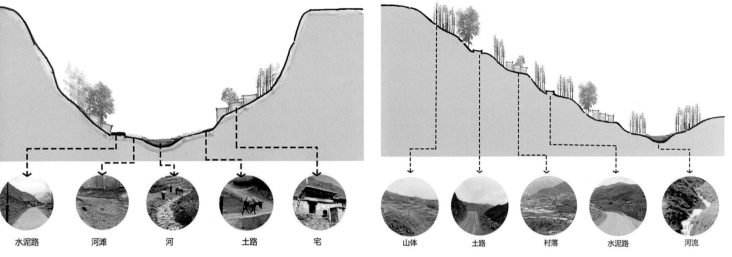

水泥路　　河滩　　河　　土路　　宅　　　　山体　　土路　　村落　　水泥路　　河流

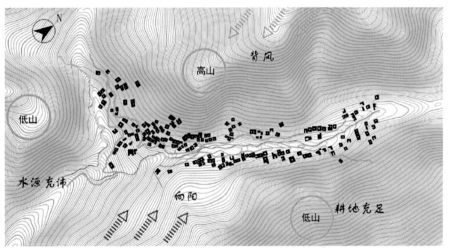

<table>
<tr><td>2</td><td>3</td></tr>
<tr><td colspan="2" align="center">4</td></tr>
</table>

图2-4-2　山麓地带庄廓1

图2-4-3　山腰地带庄廓2

图2-4-4　塔加村自然环境格局
　　　　　图示

向，采光充足，且背依高山，可以阻挡冬季的西北风；山麓地带的庄廓群背依丘陵，上午采光稍有阻挡。高山融雪形成的三条水系绕塔加村而过，河谷滩地泉眼密布，距离村落较近，是塔加村主要的饮用水源。

庄廓民居基本上沿等高线排列，呈现层叠的聚落景观。位于山麓部分的庄廓群坡度较小，排布相对稀疏；位于山腰部分的庄廓群坡度较大，可建设用地少，庄廓排布紧密。处于山腰的庄廓院有一层和两层之分，一层的庄廓院采用提高勒脚或者筑台等接地形式，两层庄廓院普遍采用了掉层的接地形式。庄廓层层叠叠排列在山坡之上，上层的入口地面可以是下层的屋顶高度，有"不定基面"的特点（图2-4-2、图2-4-3）。

塔加村聚落发展的"中心生长点"位于北岸山坡之上，庄廓围绕保存至今的数座百年民居以条带状的形式向外延展，并逐步发展到南岸以及河谷深处。从村落的平面上看，老村的中心部分庄廓排布较紧密，越靠近边缘生长地带庄廓排布越疏松（图2-4-4）。

图2-4-5　塔加村佛寺、佛塔

塔加村为藏族村落，村寨内宗教象征的主要由寺庙、嘛呢康、神山等组成。塔加村的寺庙塔加寺选址在村寨西南方向更高的山峰上，从视线上统领整个村寨，形成典型的"上寺下村"的布局，而村内两座嘛呢康建筑与寺庙形成了轴线关系，方向性明显，将塔加村串联起来，烘托了寺庙的主体地位，两座神山也坐落在村寨两侧，证明了藏传佛教是塔加人绝对的精神支撑，因此这些因素成为塔加村的中心空间，与日常生活空间分离开来，形成了严格的宗教等级秩序（图2-4-5）。

3. 街巷空间

村落内主要街道均沿河谷的走向蜿蜒前行，并且随着山势变化，呈现明显的多个"S"形组合的布局形式。次要巷道随着庄廓的排列也沿等高线分布，一端与主要街道连接，另一端形成"盲端"。村落内庄廓排列紧凑，在庄廓墙之间形成了很多较窄的巷弄，且大多垂直于等高线的走向，作为高程不同的两级道路之间的联系。

塔加村主街道宽3米左右，承担村内主要交通干道的作用，侧界面可能是自然沟壑作为界限而形成开放空间，也可能是庄廓墙作为界限而形成的围合空间。次要巷道宽2米左右，在坡度较小的地方，巷道两侧均分布有庄廓院，侧界面为3~4米高的庄廓墙；在坡度较大的地方，巷道呈现"不定基面"的特点，只在一侧有庄廓墙，另一侧是下层庄廓的屋顶空间。垂直于等高线的巷弄较窄，大多在1~2米左右，两侧是高2~4的庄廓墙，封闭感较强（图2-4-6、图2-4-7）。

塔加村街巷路面的铺装有石板铺地、卵石铺地以及裸露土地几种类型。由于聚落建设用地较紧张，庄廓后墙常紧挨着断坎建造，形成"靠崖式"的庄廓，为了避免雨水对庄廓院墙的冲蚀，在平行于等高线的道路一侧，均有石砌的排水明渠。侧界面最常见的是庄廓墙，约3~4米高，由于

6
——
7

图2-4-6 塔加村入口空间节点

图2-4-7 塔加村街巷空间

"塔加干木奏"的筑墙技艺，塔加村街巷的整体风貌呈现以"土"色为主的色调。并且由于塔加村每年农历十月二十五号前有往墙面洒白石灰纪念宗喀巴大师的传统，因此，塔加村街巷侧界面点缀的白色石灰也成为村落的特色（表2-4-1）。

◄054 ┃ 055

平行于等高线的街巷	街巷一侧有排水沟	缓坡	单侧界面街巷
垂直于等高线的街巷	陡坡	陡坡+台阶	台阶
街巷界面	侧界面	底界面	底界面

4. 民居建筑

塔加村保存相对完好的百年庄廓民居有近20座，基本上都是四面围合的四合院形式，正中央是院落，长、宽大多在6~8米之间，多为方形。塔加村庄廓民居占地面积普遍较小，而且受地形因素的影响进深较小。塔加村传统民居在外部造型上体现着此地区民居的共同特征，四面围合空间，平屋顶，外部封闭，内部灵巧使得内外对比明显，整体造型简洁明了。同时注重住宅入口、檐口及窗楣的外部处理，整体建筑风格简洁大方，并具有一定的耐久性，充分体现藏族村庄建筑特色（图2-4-8）。

村庄民居基本都为土石木结构，墙体由附近山上开采出来的片石砌筑，底部较厚，上部较窄，外部由黄泥掺杂细碎干草包裹，屋顶由相互垂直的小圆木构成，中间夹杂干草和木板，防止向内部空间漏水，近年来在新建的民居屋顶上加入了瓦片，防雨功能更佳。房屋主要承重结构为内部的木柱网，基本为等距柱距，按照现代建

图2-4-8　塔加村四合院式庄廓

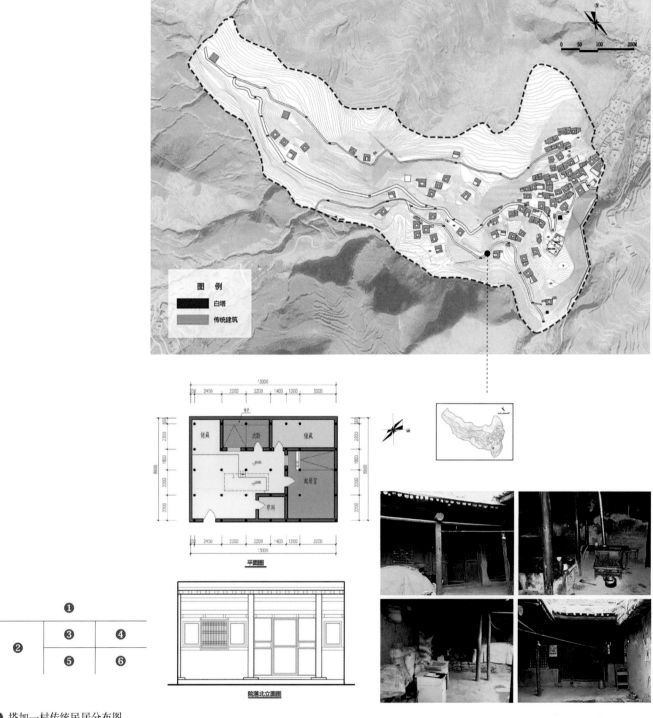

❶ 塔加一村传统民居分布图
❷ 庄廓民居平立面
❸ 庄廓民居
❹ 庄廓民居起居室
❺ 庄廓民居储藏室
❻ 庄廓民居院

图2-4-9　塔加一村传统民居分布
　　　　及单体民居

筑结构来看属于框架结构，村寨内大量的民居均采用此种形式，抗震性能好，有很多老房子存在了几百年依旧坚固，这充分体现了藏族人民的智慧（图2-4-9、图2-4-10）。

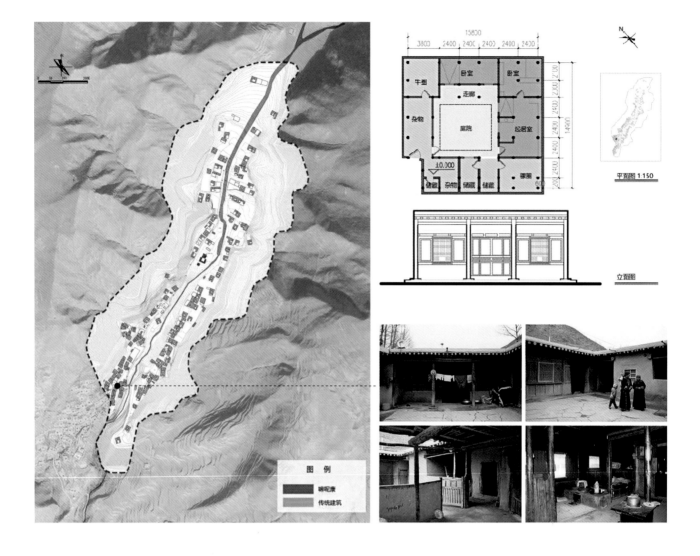

5. 风貌特征总结

塔加村村落地处山腰和山麓两种地形，山麓地带坡度较小，庄廓群排布较稀疏，山腰地带坡度较大，庄廓群沿等高线紧密排布，呈现层叠的聚落景观。高山融水形成的三条水系绕塔加村而过，村落形态沿水系呈线性分布。塔加村庄廓民居有一层和两层之分，由于民居采取当地传统材料砌筑而成，因此其建筑整体风貌与周边山川很好地融为一体。

2.4.2 黄土高原陕北窑洞村落——米脂县杨家沟村

1. 历史沿革

清道光年间，杨家沟村以马嘉乐为创始人的"马光裕堂"以农为本，农商并举，因在陕晋各地经商有道而发家，百余年内繁衍分支为51个大户。清同治

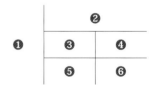

❶ 塔加二村传统民居分布图
❷ 庄廓民居平立面
❸ 庄廓民居
❹ 庄廓民居院落
❺ 庄廓民居储藏室
❻ 庄廓民居起居室

图2-4-10　塔加二村传统民居分布及单体民居

❶ 杨家沟聚落总平面
❷ 杨家沟聚落环境

图2-4-11　**杨家沟聚落**
（图片来源：《西北民居》）

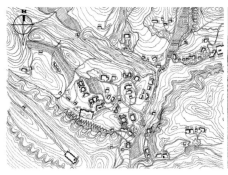

六年（1867年），马嘉乐的孙辈马国土为防备"回乱"，在杨家沟西山建扶风寨。后来就以扶风寨为中心，以"堂号"（户）为单位形成一组组庄院群落。一百多年间扶风古寨历经沧桑，如今虽已失去往昔的辉煌，但从建筑的总体布局上仍可看出当时的规划与建造智慧（图2-4-11）。

2. 选址布局

从总体的规划布局上可明显看出，古寨在选址、理水、削崖、巧妙运用高低错落的丘陵沟壑地貌，以及争得良好窑洞院落方位等方面，都处理得非常符合生态环境原则，自然和谐。在构图手法上善于运用对称轴线和主景轴线的转换推移，不难看出，古代匠师在运用古典景园学理论中的"步移景异"、"峰回路转"的构图手法上非常出色。

3. 古寨建筑

古寨的建筑群包括寨门、城墙、沿丘陵不同标高而建的层层窑洞院落，还有泉井窑洞、宗祖祠堂、老院、新院等，构成一座宏伟的窑洞庄园。古寨聚落建在沟壑交叉的峁山环抱中，寨门设在沟下，过寨门，钻涵道，经过曲折陡峭的蹬道、泉井窑，再分南北两路步入各宅院，最后爬上一个陡坡才到达峁顶的祠堂（图2-4-12）。从祠堂向南俯视崖下，"老院"、"新院"尽收眼底（图2-4-13）。

古寨城堡墙垣内有几组多进窑洞四合院，其内外空间组织、体量之间自然联系，布置得井然有序、尺度均衡，富有韵律感。

4. 建筑特色

古寨众多院落中以马周华之子马祝平修建的"新院"最具代表性。新院1929年动工，到1939年未竣而停，原设计的二层楼房未建（至今可见其二层柱础）。马祝平曾留学日本，在建筑学方面见识颇广，他吸收西方建筑的造型特点，结合陕北窑洞自行设计（图2-4-14），并聘请当时名匠李林圣领工，施工极其严格。

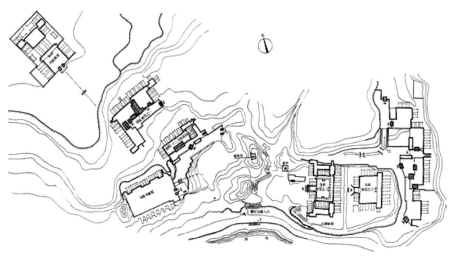

12
___
13
___
14

图2-4-12　**扶风寨总平面图**
（图片来源：《西北民居》）

图2-4-13　**马氏庄园**
（图片来源：《西北民居》）

图2-4-14　**马氏新院平面图**
（图片来源：《西北民居》）

❶　　　❷

❶　马氏老院
❷　马氏老院

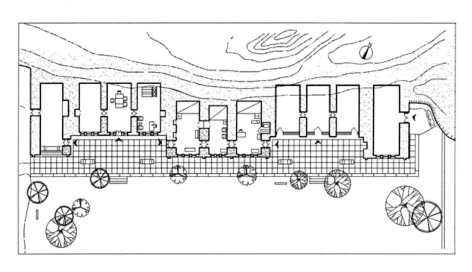

　　"新院"建筑背靠30米的崖壁，用人工填夯形成宅基庭院。主体建筑为一排坐北朝南的十一孔石窑，正中三孔主窑突出，两侧六孔缩进，边侧两孔再前伸，平面呈倒"山"字形。立面挑檐深远大方，挑檐石精雕飞龙祥云，搭檩飞椽，檐随窑转，回转联结，檐顶青瓦滴水，窑顶砖栏透花女儿墙。主窑两侧开小门，正面外露四根通天石壁柱、三套仿哥特式窗户。主窑内部空间相通，分寝室、书房、会客室，方形石板铺地，地下砌烟道。室外建地下火灶，用于冬季取暖，又可保持居室清洁。窑内还设暖阁、壁橱，主窑东侧窑墙上开出拱形

❶ ❷ ❸

❶ 马宅风貌
❷ 马宅挑檐
❸ 马宅细部

图2-4-15　马氏新院

洗澡间。窑前月台宽敞，放置纳凉饮茶所需的石桌。院落树木扶疏，东侧建城堡式塞门，额题"新院"二字（图2-4-15）。

马祝平可谓我国最早的窑洞革新家，在窑洞建筑设计手法与艺术风格上卓有创造，不仅单体建筑，就连通达"新院"的道路环境设计也颇具匠心。欲达"新院"大门，须绕过叠石涵洞，经过老院大门户和蜿蜒的坡道，跨过明渠暗沟，爬上两段台阶，才能到达门前小广场。小广场另辟"观星台"，与院门呼应。观星台地处显要，在空间构图上起到了画龙点睛的艺术效果。在这里，中国古典园林中"隐露相兼"的构成手法运用得极为成功。

5. 风貌特征总结

杨家沟村位于黄土丘陵地区，地形呈显著的沟壑状，其村落布局较为统一，建筑类型都为典型的窑洞建筑，顺应地势层叠分布。从总体的规划布局上可明显看出，村落在选址、理水、削崖、巧妙运用高低错落的丘陵沟壑地貌，以及争得良好窑洞院落方位等方面，均符合生态环境原则，与自然和谐。

2.4.3　关中平原窄院乡村——韩城市党家村

1. 基本概况

党家村位于陕西省韩城市东北，属大陆性季风气候，四季分明，气候温和，光照充足，雨量较多。党家村距城区10千米，距黄河仅3千米，是一个三百多户、一千四百多人口的大村。村落南北两侧均为黄土塬，居民大部分处于葫芦形的沟谷中，村东为下干谷村，村西为上干谷村。北塬上，党家村的寨子——"泌阳堡"雄踞一侧。村南北两侧台塬高出村址30~40米，冬季可免受西北风侵袭。黄河支流泌水河绕村南而过，整个村落依塬傍水，水陆交通十分便利（图2-4-16）。

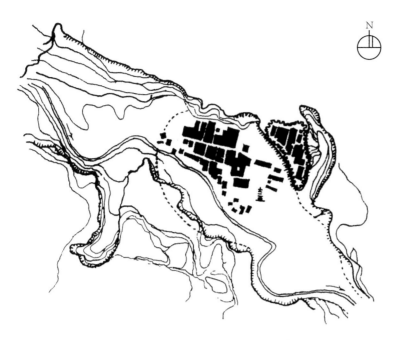

图2-4-16　党家村聚落平面

图2-4-17　韩城党家村整体风貌

2001年6月25日经国务院批文，党家村古建筑群被列入国家重点文物保护单位，陕西省也将其列为"历史文化保护村"，这是陕西目前发现的最大、最古老、保存最完整的典型传统四合院民居传统村落。（图2-4-17）

2. 选址布局

党家村位于韩城东北部黄土台塬区的边缘，海拔400~460米，是谷地村落的典型，其选址特点如下：①依塬傍水，向阳背风。党家村北依高原，南临泌水，日照充足。龙门一带常年有风，冬季寒风凛冽，党家村村址处葫芦形谷地中，可免西北风的侵害。②水源方便。泌水河常年有流水，可提供部分生活用水，由于地处谷底，地下水位较高，打井方便，有足够的饮用水源。③用地充裕。泌水河形成的葫芦形谷地南北宽35米，东西长800米，有一定规模的用地，可满足村庄建设的需要。④地势北高南低，有利排水。泌水河党家村段河道较宽，河岸高差达到40米，基本可满足泄洪的需要。建村以来，数百年间，不曾受水患。⑤不染尘埃。党家村南北两侧台塬土质多黏性土，不易起尘，且该地区受黄河河谷影响，风速较高，党家村又处于谷地中，飘尘不易降落，因此村落空气清新，街道屋宇少有积尘。

现村落由本村、上寨和新村三部分构成（图2-4-18）。本村与上寨形成于明、清两代，新村系20世纪80年代村民为保护古村落完整，统一按照规划，陆续迁至北塬上新建而成。

3. 巷道空间

党家村巷道空间由各院落的门房、门楼及厢房、厅房的背墙组成，青石铺路。道路网呈不规则状，除了东西向主巷贯通，南北巷道与主巷均呈"丁"字形关系，主巷道宽3米有余，次要巷道约1.5~2米，所以村中自称为巷，而不称街。主巷大致成"工"字形，能够适应坐北朝南式四合院的布置，但随着村落不断扩大，由主巷道延伸出支线巷道，这样形成的宅基地有时无法满足住宅坐北朝南的布局，从而住宅的朝向和主入口的方位都会发生变化。党家村在营建巷道时很好地处理了巷与户、巷与巷的关系。大门（院门）不冲巷口，巷不对巷。村落中，各户院门相互错开，无一相对（图2-4-19）。

党家村上寨只有通过南向的隧洞才能进入寨内，靠南城墙一侧的四合院均坐北朝南，但多为祠堂或强势家族的别宅。上寨街路是由三条南北向的巷道构成，故宅基地均为东西走向（即东西长，南北短，四合院住宅也只能坐东或坐西），住宅入口非东向即西向。显然，在上寨的布局中，三条巷道取南北向是

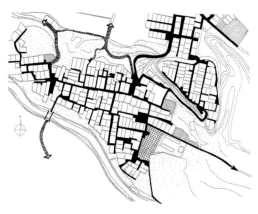

18 | 19

图2-4-18　**党家村街巷空间组织**
（图片来源：《西北民居》）

图2-4-19　**党家村街巷空间**

为了与南侧隧洞入口相贯通，以利人流的疏散畅通，这是防御性寨子首先要解决的问题，而住宅的朝向问题则在其次。

4. 传统民居

迄今为止，党家村是陕西省内所见到保存最完整的传统村落。除城堡、风水塔、节孝碑、宗祠等一应俱全外，尚有清朝所建宅第一百二十余处，绝大部分为四合院住宅，少量为三合院。

党家村四合院给人的印象可以概括为四个字："高"——屋宇高峻，"大"——厅大门大，"简"——布局简练，"严"——封闭严密。三句话："质文并重，朴而不拙，华而不繁"。它是韩城当时社会经济、政治、文化、风尚和建筑艺术水平的综合体现，反映了当年建造者图安全求坚固、光前裕后、富而望贵和向往风雅的心理状态。

党家村四合院的平面配置大体与北方常见的四合院相近，可是在空间上更多地融入了晋、陕两地的特点。在空间构成、结构布置、装饰手法等方面均有鲜明的特色。经对全村住宅做分析和比较后，可以看出，党家村住宅有以下特点。

（1）宅院

宅院面宽较窄，平面甚为狭长。其高耸的房屋所围成的窄四合院呈现着强烈的封闭性。厢房的结构开间尺寸较小，院中见不到种植的桑槐之类，完全是人工化的空间（图2-4-20）。

（2）厅房

厅房功能单纯地为礼仪性的公共空间，一般不兼用作他室。故党家村中的正厅很少有"一明两暗"式的例子。

（3）厢房

党家村四合院的最大特色莫过于厢房的建筑。通常，传统建筑的间数均

图2-4-20 **党家村窄院**

❶ 窄院空间
❷ 狭长的院落平面

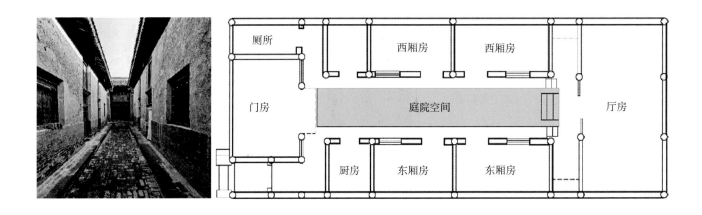

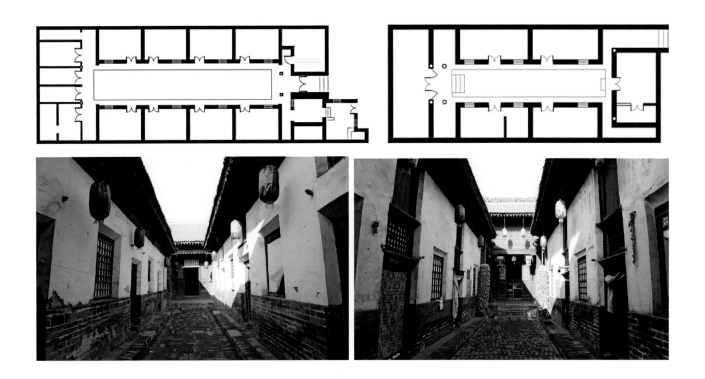

❶ 八间型厢房平面
❷ 四间型厢房平面
❸ 八间型厢房
❹ 四间型厢房

图2-4-21　厢房间数以偶数居多

取奇数，按3、5、7、9依次递增或递减，已成定制，四合院住宅中厢房也不例外。而党家村的厢房间数奇数、偶数均有，且以偶数居多（图2-4-21）。

（4）屋顶

党家村民居中门、厢、厅各房中以楼房居多，占绝大部分，平房相对要少。各房的屋顶形式均为硬山屋顶，悬山屋顶的房屋仅有村中元代所建的戏楼和明代遗构的党生财宅中的厅房两例。陕西关中地区的厢房特点是一面坡，即所谓的"房子半边盖"，党家村则不循此例，多为两坡屋面。厢房还有一独特处理手法，称为"一脊两厦"，两面坡硬山屋面的厢房由屋脊处一分为二，成为两个相邻院落的厢房，这是相当经济实用和简捷的做法。

5. 建筑特色

党家村除了传统合院民居之外，公共性建筑也体现出卓越的建筑特色。节孝碑是一座二丈多高的碑楼，青石基座，楼顶为悬山两面坡式，檐上筒瓦包沟、五脊六兽。脊为透雕，横脊中部有一尊1米高的两层圆雕小阁楼，檐下为仿木砖雕。横额四字："巾帼芳型"，额框由游龙、麒麟、香炉等图案的透雕组成，下面自东向西列有四幅雕刻：喜鹊梅花、鹤立溪水、青云奔鹿、鸭戏莲蓬。再下左右两联，中下方为正碑，一丈多高，上端透雕着三龙捧旨的图案，中嵌"皇清"二字，碑两侧有浮雕花边，远看若有若无，近观八仙如晤，整个碑楼，华美精致，几乎集党家村砖雕之大成（图2-4-22）。

村东南有文星阁，始建于清雍正三年（1725年），高37.5米，共六层，平面六角形，六根铁绳从顶下牵起六角飞檐，飞檐末端各垂一只大铁铃，风摇铃摆，发出叮叮当当的响声。从塔身内部供奉的牌位和塔身外部的砖雕牌匾的内容上看，可以得知党家村人是如何巧妙地借风水塔，寄托"修身治家"的生活理想（图2-4-23）。

图2-4-22　**节孝碑**

图2-4-23　**文星阁**

（图片来源：网络）

宗祠家庙是传统村落中最重要的公共建筑，也是家族最神圣的空间。党家村内共建有祠堂十处，大部分已经残破，目前保存比较完整的只有四处：党家祖祠、贾家祖祠，另外两座祠堂在上寨。

6. 装饰艺术

党家村各式雕饰俱全，主要分为砖雕、木雕和石雕三大类。砖雕多用于屋顶、檐下、照壁，有阴刻、浮雕和立雕；木雕多用于门窗、门楼、家具等；石雕用于接近地面的柱础、门枕、上马石等。

门楼是民居装饰中的重点部分，檐下有卷草纹样的挂落，两侧耳墙有精美的砖雕墀头，更为夺目的是门额题字，或木雕或砖刻，名家书写，相当讲究，

❶ "福"字砖雕
❷ 植物题材砖雕
❸ 动物题材砖雕

图2-4-24　党家村砖雕
（图片来源：网络）

成为书法艺术的展示。门前有上马石，青石踏步，门下有各式各样的抱鼓石或门墩。大门内照墙多为砖雕，主题画面题材多样（图2-4-24），院中家训砖雕，多在厅房歇檐两侧山墙上，内容多为道德修养之类，文化气氛浓厚。

7. 风貌特征总结

党家村地处两塬所夹川道形成的葫芦形沟谷之中，由于其地势平坦，民居紧凑且有秩序地排布其中，形成关中典型的窄院民居。四合院民居采用传统材料修筑，灰瓦砖墙，与周边自然环境有机结合，整体村落风貌统一且具有关中传统村落特色。

2.4.4　秦巴山区陕南山地乡村——安康旬阳双河口村

1. 基本概况

双河口村位于旬阳县城东南方的铜钱关镇境内，铜钱关镇地貌以中山为主，兼有低山、丘陵、河谷地带，平均海拔1000米，最高海拔1792米（铁桶寨顶峰），气候凉爽宜人，年平均气温在13~15℃之间，最低气温零下9℃，最高气温35℃。全年雨量充沛，年降水量在900毫米以上，降雨季节明显。双河口村坐落在山腰处，只有一条4米宽的公路通向该村。村落东西长约500米，南北宽约200米，居民百余户，环境优美，气候宜人。

2. 选址布局

双河口村依山而建，形态自由，与山对面的村庄遥相呼应。村落基本完整地保存了传统村落格局，民居大部分为用传统材料和传统建造技艺建造的"石片房"，村落风貌保存较好（图2-4-25）。村内溪水潺潺，有大片竹林，植物覆盖率较高，空气清新，气候宜人。

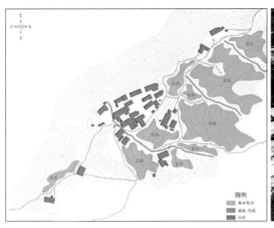

❶ ｜ ❷

❶ 双河口村布局图
❷ 双河口村整体风貌

图2-4-25 双河口村

（1）聚落选址

1）注重防御。陕南地区历史上几经战乱与天灾，安全需求使得村落选址非常注重防御性，双河口村正是在这一主导思想下择址建村的。村落位于山腰处，海拔约880米，较高的地势影响交通的便利，但由于地处山坳处，既利于隐蔽又难于登临，这又使得双河口村有良好的隐蔽性与安全性。

2）耕地。双河口村虽位于山腰处，但周围开垦了大面积的梯田用于耕种，且树木茂盛，水土保持良好，不会造成水土流失，并引山上溪水以供生活及灌溉。这种山水条件及充足的耕地面积使得村落人口得以生存繁衍。

3）背山向阳。村落位于南向山腰，北面山体抵挡冬季寒风，南向有充足的阳光与降水。这种背山向阳的布局使得作物更好地生长，也便于人们在自家庭院晾晒粮食、从事家庭手工业活动。

（2）聚落布局

双河口村村落形态呈团状集中式，处于山腰的地形地势使得民居沿等高线布局，由于平坦地块小、用地面积有限，建筑之间布局紧凑，土地利用率高。道路沿等高线布置，将成排的建筑串联起来，具有山地特色。整个村落北面由山体限定出明显的边界，南面则无明确边界，建筑可在南面向山腰下延伸。

3. 院落空间

双河口村院落类型多样，既有敞院也有合院。宽敞的合院建筑在地势平坦面积较大的地块上修建，一座合院内有多户人家居住，共同在院落内休憩、活动、从事生产，形成私密性较高的内向性院落空间。

敞院是陕南安康地区最常见的一种院落形式，院墙不围合或以矮墙栅栏围合，地势宽敞无遮挡，利于堆放作物、打谷晒场或在院落中从事生产活动。在敞

❶ 院落空间入口
❷ 院落空间
❸ 生产活动

图2-4-26　双河口村院落

院中还可以进行酿酒等生产活动，东侧为酿酒场地，沿房屋南侧墙角存放生产工具、燃料，院落西侧晾晒酒渣，整个院落空间宽敞且利用得当（图2-4-26）。

作为山地聚落，双河口村建筑院落除了沿等高线布置尽量减小高差影响外，还通过方向各异、大小不同的台阶将各院落因地制宜地连接起来，利于交流活动，这些台阶丰富了空间效果，使得建筑参差错落、院落高低穿梭，形成了丰富多变的山地聚落景观。

4. 装饰艺术

灰塑是旬阳县传统建筑细部装饰的特色之一，多用于正脊兽、戗脊兽、门头、门脸、窗楣、屋檐等部位，具有较强的立体感。灰塑分为彩描和灰批两种，彩描是在墙面上绘制人物、动物、植物等图案，灰批是用灰塑造出各种装饰。外檐是彩描运用最多的地方，可将相对较长的彩描分为若干画幅，每一篇有一个主题，一般以山水、历史人物和事件为主。

双河口村单体建筑最具代表性、保存最完好的是门楼。门楼本身造型和形象代表着一个村子的门庭气象，建筑为砖木结构，白墙黛瓦，跷脚飞起或作灰塑动物形象，檐壁有彩绘，装饰精美，两侧的砖墙画上画有清晰的山水画（图2-4-27）。

❶ 门楼
❷ 灰塑

图2-4-27　双河口村门楼及灰塑

2.4.5 秦巴山区陕南山地乡村——安康蜀河古镇

1. 基本概况

蜀河古镇位于安康市旬阳县，北倚秦岭，南傍巴山，地处两省三县交通枢纽，蜀河和汉江两水在此交汇，地理位置十分优越。西达川汉，北上关中，南下鄂西，东进中原，古时成为汉江上游重要的物质集散地、商贾重镇，素有"小汉口"之美称。蜀河镇域面积137平方千米，下辖23个行政村，镇域范围内村落沿川谷河道分布，水系成为连接村落的纽带，而蜀河古镇成为这条纽带上的重要节点（图2-4-28）。

2. 选址布局

蜀河古镇因汉江航运码头而兴起，交通十分发达。由于蜀河镇中心位于蜀河和汉江汇流之处，这里虽然河面宽阔，但水流下切严重，山形陡峻，易于受到洪水的侵袭，因此，聚落早期选址与河道高差较大。后来伴随聚落规模扩大，延伸到蜀河东岸河口处的洪积扇面上，但由于这一侧容易受到水患的侵袭，因此建筑主要分布在高处，且并不密集。

图2-4-28　蜀河古镇航拍图

图2-4-29 蜀河古镇平面图
（图片来源：《秦巴山地乡土聚
落及当代发展研究》）

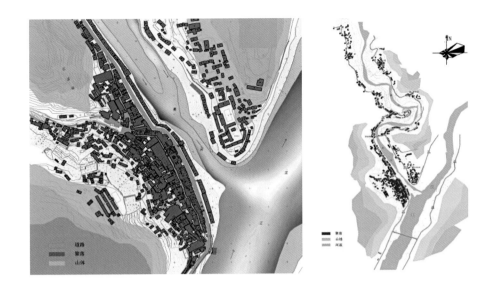

汉江东西横跨，蜀河南北蜿蜒整个蜀河镇域，形成了以汉江为主，以蜀河、小水河等支流为次轴的镇域水系空间格局。古镇主要位于蜀河西岸，紧邻河道布置商业街巷，有利于货物运转，居住建筑位于商业街巷后面，随着山形地势层叠而上，紧凑而集中。由于码头商业街巷沿河道布置在某种意义上决定了聚落的整体形态，再加上对外联系的主要道路往往也沿河岸布置，这样就最终形成了沿蜀河两岸阶梯型分布的带状格局（图2-4-29）。

3. 街巷空间

有机融合、因地制宜是蜀河镇街巷空间的主要特征。由于地势逼仄，用地十分紧张，靠近河道的山脚下一般建设商业街道，而住宅一般位于街道之后，依山而建。建筑顺着河岸逐层向山上推进，一般用片石垒起一块平地或是架空，其上建房。建筑在有限的空间内鳞次栉比，上下错落，形态多变，主街顺着山体的等高线布局，沿山地而上，在不同标高上形成城镇中主要的横向联系道路，在垂直于等高线的方向上也有拾级而上的台阶联系这些横向的道路，街巷狭窄而曲折。各类建筑的入口和朝向并没有完全拘泥于南北方向，更多的是基于地形条件的限制和方便程度来进行建筑布局，由此形成了蜀河有机的街巷空间形态（图2-4-30）。

4. 院落布局

蜀河古镇中居住建筑基本都由院落组成，层叠而上的院落之间不仅竖向高差大，而且在同一院落里也有高差区别。同一进院落从入口开始到厢房、堂屋往往都处于不同的标高。特别是沿街的商铺，兼有商业、居住、储货的功能，往往由下而上延伸几进院子，都随地形变化而位于不同的标高上。据当地人介绍，由于蜀河古镇经常受水涝的危害，当底下的商铺被淹，人们就把货物运到上面，通过最上部堂屋二层阁楼的窗户用船把货物和人运走，阁楼外墙上备有

大的挂环，其作用主要是用于稳定船只。同时院落在平面组织上，也采用不同的围合方式和组合形式达到与地形契合的目的，与街巷地形有机地融合在一起。

图2-4-30　蜀河古镇街巷空间

5. 建筑特色

黄州会馆位于蜀河古镇下街后坡，为清代"黄帮"所建，原名为黄州帝王宫，黄州馆是其俗称。从史料看，其始建不晚于清代乾隆年间，据碑记载，"在蜀贸易之诸君倡举"，"历经数十年"，"几费经营"，"罄数千金"而成。该建筑刻角丹楹，雕琢精巧，超凡脱俗，是陕南规模最大、最具代表性的会馆建筑。该建筑原状从外到里为门楼、乐楼、拜殿和正殿，但目前拜殿与正殿仅大样还在，只有门楼和乐楼保存相对比较完整。门楼实为乐楼的随墙门，门面是三丛披檐。乐楼较为复杂，为重檐顶，下为歇山上为庑殿顶，做工精细，结构严谨又富有创新，令人耳目一新（图2-4-31）。

杨泗庙位于蜀河镇古渡口上崖。坐西向东，北依山坡，据残碑推断，该建筑始建年代不晚于清乾隆年间。实为船帮会馆，因其供奉船工始祖杨泗爷，故取名"杨泗庙"，其建筑组合形式乃至形态特征与黄州馆较为相似，虽为不同人群建造，但反映出的文化现象却是一致的（图2-4-32、图2-4-33）。

在蜀河还有一组建筑保持得最为完整，那就是清真寺。据碑文记载，该建筑始建于明嘉靖年间，扩建于民国4年（1915年），至今已有300余年历史，寺

① 黄州会馆
② 门楣木雕
③ 戏楼檐下雕饰
④ 墙体浮雕

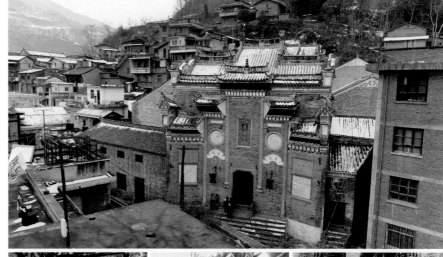

① 明德楼
② 庙宇内部空间

31
32
33

图2-4-31　黄州会馆

图2-4-32　**杨泗庙主体建筑风貌**

图2-4-33　**杨泗庙航拍图**

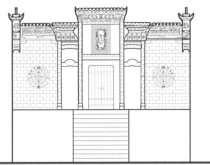

❶ 清真寺
❷ 清真寺立面

图2-4-34　清真寺
（图片来源:《西北民居》）

院共有殿与房舍22间，占地2000多平方米，虽为伊斯兰教建筑，但其风格趋于地方化，与当地的民居、会馆建筑并无二致（图2-4-34）。❶

6. 风貌特征总结

蜀河古镇地处蜀河与汉江两水交汇处，依山傍水，交通便利。古镇主要位于蜀河西岸，紧邻河道布置商业街巷，住宅位于商业街巷之后，顺应山体等高线依山而建，紧凑而集中，形成了沿蜀河两岸阶梯分布的带状格局。民居建筑采取当地传统木材与砖石材料，屋顶形式丰富，融合了不同地区的建筑特色。

2.4.6　新疆绿洲生土乡村——土峪沟乡麻扎村

1. 基本概况

麻扎村隶属于吐鲁番市鄯善县土峪沟乡，位于土峪沟乡火焰山第三道峡谷内。村域面积约1500亩，下设3个村民小组，对应3个相互独立的自然聚落单元，呈"L"形分布，最北侧第3村民小组所对应的单元是一个完整的古农耕聚落，已有2000多年的历史，是麻扎古村落所在。古村落内有保存完好的维吾尔族生土民居以及艾苏哈普凯·赫夫麻扎，并与著名的土峪沟千佛洞毗邻（图2-4-35）。

图2-4-35　麻扎村民居建筑

❶ 王军. 西北民居
［M］. 北京：中国建筑工业出版社，2009.

2. 选址特点

土峪沟大峡谷地貌险峻，麻扎村处于大峡谷的南缘，象形就势，依山而建，且位于冲积扇形绿洲的扇顶部分，获得了较好的小环境。聚落建设充分利用本地富集的生土建材资源，并充分适应了当地的气候资源条件，因而能够长久存在，并且至今仍具活力。

古村落总体上呈南北延伸的带状，主要沿着穿村而过的苏贝希河两岸，随地势及流水方向向南部延伸。溪水将古村落分为东、西两大部分，面积大致相当，由于山地高差和道路组织，村落民居自然而然形成多个组团。在村北河流上游方向，是成片的葡萄园；在村南的河流下游方向，是大片的农田耕地；古村落处在各类林地、农田的中央部分，便于人们以其聚落居住地为中心进行资源开发。

3. 麻扎村聚落形态特征

麻扎村的水平形态特征可以概括为"围寺（水）而居的圈层形态"。这种形态真实地反映出人们对土地的水平使用方式，是以清真寺为中心所形成的多级圈层（图2-4-36）。如果去除地形地貌等自然因素对聚落形态的影响，而是纯粹从聚落土地利用区划的角度分析，会发现构成聚落的各类用地及其对应区域所形成的"同心圆模式"，呈现出以聚落公共中心区为核心，居民住区、生产生活服务区、农田耕作区逐层向外，通过景观防护区与外部自然环境相融合的同心圆模式。

麻扎村的垂直形态表现出"宅高田低，上居下耕"的特点。在南北向的A-A剖面中，能够看到北侧地势较高的部分被密集的聚落占据，而南侧较低的部分分布着广阔的农田和林地；在东西向垂直于河流的B-B剖面中，农田和林地处在最低的中央部分，而两侧较高的坡地则矗立着房屋。麻扎村坐落在冲积扇形绿洲上，A-A剖面中大量农田位于冲积扇型绿洲的地势较低的扇缘部分，是因为较之聚落所处的扇中部分，扇缘具有更肥沃的土壤和水源；B-B剖面中，耕地位于两山之间地势最低洼的谷底，这里不但各种营养物质富集，而且也是水流最充沛的地区，村中唯一的水流从谷底流过（图2-4-37、图2-4-38）。❶

图2-4-36 麻扎村选址布局

❶ 岳邦瑞. 绿洲建筑论地域资源约束下的新疆绿洲聚落营造模式［M］. 上海：同济大学出版社，2011.

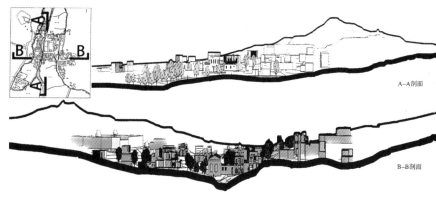

A-A剖面

B-B剖面

总体上看，耕作区始终毗邻水流并顺流向地势低洼的南部延伸而下。反观聚落建设用地，对土地的地势要求没有农田那么苛刻，主要是坡度适宜、相对平坦并且能够"围寺而居"，因而选择在冲积扇绿洲的扇中部分，并依山势向山坡上发展。古村落的这种垂直形态特征，反映出的是农田与聚落对具有不同自然条件特征的土地类型的合理选择。

较之土地资源对聚落水平与垂直形态的整体上的、显见的、主导性的作用，水资源更多表现为局部的和隐形的影响。首先，"川"字水系保障了村落的"围寺（水）而居的圈层形态"的形成。正是由于"川"字水系由北至南贯穿了公共中心区、居民住区、生产生活服务区和农田耕作区等所有区域，从而保证了各个区域能够有水可用；从获取水资源的角度看，这种分布格局使得三者具有同样的均好性，如果没有这种保证各区用水的形态，那么各区分布的"圈层"关系难以形成。❶

其次，从塑造聚落的垂直形态来看，麻扎村北高南低、两侧高中间低的地貌特征正是因为流水冲击山体而形成的冲积扇地貌。河流从北向南穿村而过并位于东西地势的最低处，古村落"宅高田低，上居下耕"的特点，正是因为耕地对水资源的优先选择造成的。总体上看，耕作区始终毗邻水流并顺流向地势低洼的南部延伸而下。如果从麻扎村的西入口入村，顺着台阶下坡即刻看到苏贝希河自北向南日夜流淌，一条蜿蜒的道路平行于河流走向往南延伸。道路两旁白杨参天，绿树成荫，农户掩映在大树下。人们从二塘沟以及苏贝希河修渠引流灌溉庄稼，大片的农田向南部地势较低的冲积扇平原不断延伸（图2-4-39）。❶

4. 风貌特征总结

麻扎村地处土峪沟大峡谷南缘，象形就势，依山而建，且位于冲积扇型绿洲的扇顶部分，获得了较好的小环境。村落沿穿村而过的苏贝希河呈南北延伸

图2-4-37　麻扎村整体风貌

图2-4-38　麻扎村剖面图及垂直形态图分析

（图片来源：《绿洲建筑论》）

❶ 岳邦瑞. 绿洲建筑论地域资源约束下的新疆绿洲聚落营造模式［M］. 上海：同济大学出版社，2011.

图2-4-39 麻扎村聚落形态分析

的带状分布。由于山地高差和道路组织，民居自然形成多个组团。

麻扎村的绿色空间表现出"逐水面绿，随水分布"的特征，从形态上有点状、线状及面状三种类型，其中线状形态的绿化与水系分布完全重合，并形成了三条绿轴。

2.4.7 小结

本节选取了西北地区乡村风貌的六个典型案例，从村落选址布局、自然景观、建筑特色等方面，介绍西北地区乡村的风貌特征，西北地区幅员辽阔，地理环境丰富，同时是多民族聚居的地区，在多重因素影响下，形成了丰富且独特的地域特色乡村风貌。有在高海拔的青藏高原地区，顺应自然地势，适应脆弱生态环境，巧妙利用自然资源，而形成的青藏高原乡村；有在黄土高原梁峁地形中，巧妙借助自然地势，而形成的黄土高原窑洞乡村；有在地势平坦的关中地区，因借良好的地理环境，受耕读文化熏陶而形成的关中平原窄院乡村；有处于多文化交融的陕南地区，在多文化因素的影响下，结合陕南独特的自然气候，而形成的秦巴山区乡村；还有在极其脆弱环境下的新疆绿洲地带，倚靠自身智慧而形成的新疆绿洲乡村。

2.5 本章小结

本章重点探讨西北地区的乡村风貌，首先概要介绍陕西、甘肃、宁夏、青海和新疆五省区的乡村分布与数量。其次根据地形地貌特征将西北地区乡村分为平原型、高原型、山地型、河谷型、绿洲型和草原型乡村景观。同时将乡村景观分为自然景观与人文景观两大类型，并明确乡村景观与自然景观和人文景观三者之间的关系。最后选取了西北地区乡村景观的六个典型案例，从村落选址布局、自然景观、建筑特色等方面解析其风貌特征。

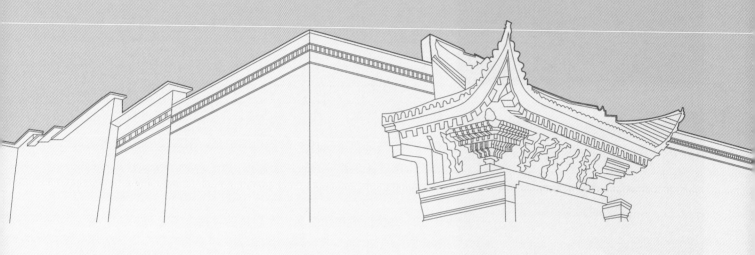

第3章

青藏高原地区乡村风貌特征

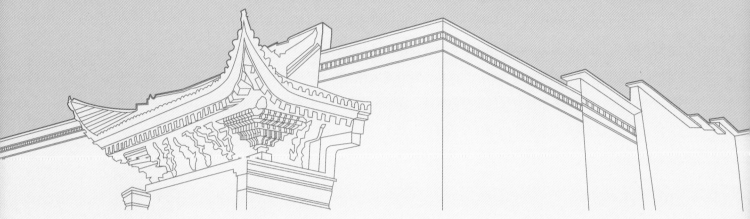

青藏高原是我国"两屏三带"生态安全格局的重要组成部分,该地区的乡村不仅为居民提供生产、生活空间,还担负着对高原脆弱生态环境保护与修复的重要使命。本章重点对青藏高原的自然、人文环境和乡村风貌特征进行概述。首先从自然环境特征和人文环境特征两个方面对青藏高原地区的整体环境进行介绍。以此为背景,进一步描述整个青藏高原地区乡村的分布特征与风貌特征,并将焦点聚集到青海省乡村。尝试结合青海省地理、人文环境背景对青海省进行分区,并对各区的乡村风貌整体描述。在整个青藏高原的背景下研究青海省乡村风貌具有宏观层面的战略意义和生态意义,为深入剖析位于河湟谷地的循化撒拉族自治县乡村风貌特征奠定基础。

3.1 青藏高原的区域范围

青藏高原是中国"三大阶梯"最高的一级,是中国也是世界上最高、最大、最年轻的高原。其范围北起昆仑,南抵喜马拉雅山脉,东自横断山脉,西至喀喇昆仑（图3-1-1）。

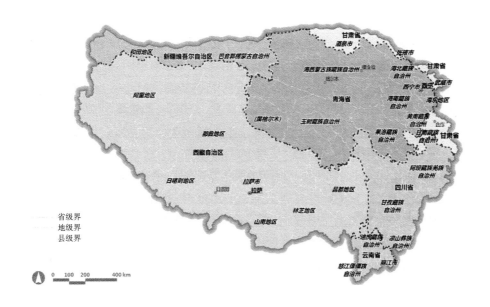

图3-1-1　青藏高原区域范围
（来源:《青藏高原区域生态环境保护战略研究》）

❶ 张惠远，王金南，饶胜. 青藏高原区域生态环境保护战略研究［M］. 北京：中国环境科学出版社，2012.

《青藏高原区域生态环境保护战略研究》一书中将青藏高原区域范围界定为西藏自治区全区，青海全省，四川省阿坝藏族羌族自治州、甘孜藏族自治州、凉山彝族自治州的33个县的全部或部分区域，云南省怒江傈僳族自治州、迪庆藏族自治州和丽江市的9个县的全部或部分区域，甘肃省甘南藏族自治州、武威市、张掖市、酒泉市的12个县（市）的全部或部分区域，新疆维吾尔自治区巴音郭楞蒙古自治州、和田地区的6个县的部分区域。共计6省（区）27个地区（市、州）179个县（市、区、行委），总面积约248万平方千米（表3-1-1）。❶

青藏高原区域范围   表3-1-1

省、自治区	市、地区、自治州	县级市、县、区、行委
西藏自治区	拉萨市	城关区、林周县、达孜县、尼木县、当雄县、曲水县、墨竹工卡县、堆龙德庆县
	那曲地区	那曲县、嘉黎县、申扎县、巴青县、聂荣县、尼玛县、比如县、索县、班戈县、安多县
	昌都地区	昌都县、芒康县、贡觉县、八宿县、左贡县、边坝县、洛隆县、江达县、类乌齐县、丁青县、察雅县
	山南地区	乃东县、琼结县、措美县、加查县、贡嘎县、洛扎县、曲松县、桑日县、扎囊县、错那县、隆子县、浪卡子县
	日喀则地区	日喀则市、定结县、萨迦县、江孜县、拉孜县、定日县、康马县、聂拉木县、吉隆县、亚东县、谢通门县、昂仁县、岗巴县、仲巴县、萨嘎县、仁布县、白朗县、南木林县
	阿里地区	噶尔县、措勤县、普兰县、革吉县、日土县、札达县、改则县
	林芝地区	林芝县、墨脱县、朗县、米林县、察隅县、波密县、工布江达县
青海省	西宁市	城中区、城东区、城西区、城北区、湟源县、湟中县、大通回族土族自治县
	海东地区	平安县、乐都县、民和回族土族自治县、互助土族自治县、化隆回族自治县、循化撒拉族自治县
	海北藏族自治州	海晏县、祁连县、刚察县、门源回族自治县
	黄南藏族自治州	同仁县、泽库县、尖扎县、河南蒙古族自治县
	海南藏族自治州	共和县、同德县、贵德县、兴海县、贵南县
	果洛藏族自治州	玛沁县、班玛县、甘德县、达日县、久治县、玛多县
	玉树藏族自治州	玉树县、杂多县、称多县、治多县、囊谦县、曲麻莱县
	海西蒙古族藏族自治州	德令哈市、格尔木市、乌兰县、天峻县、都兰县、冷湖行委、大柴旦行委、茫崖行委
四川省	阿坝藏族羌族自治州	汶川县、理县、茂县、松潘县、九寨沟县、金川县、小金县、黑水县、马尔康县、壤塘县、阿坝县、若尔盖县、红原县
	甘孜藏族自治州	康定县、泸定县、丹巴县、九龙县、雅江县、道孚县、炉霍县、甘孜县、新龙县、德格县、白玉县、石渠县、色达县、理塘县、巴塘县、乡城县、稻城县、得荣县
	凉山彝族自治州	木里藏族自治县、冕宁县（部分）
云南省	怒江傈僳族自治州	福贡县、兰坪白族普米族自治县、贡山独龙族怒族自治县、泸水县（部分）
	迪庆藏族自治州	香格里拉县、德钦县、维西傈僳族自治县
	丽江市	玉龙纳西族自治县（部分）、宁蒗彝族自治县（部分）
甘肃省	甘南藏族自治州	合作市、临潭县、卓尼县、玛曲县、碌曲县、夏河县、迭部县（部分）、舟曲县（部分）
	武威市	天祝藏族自治县（部分）
	张掖市	肃南裕固族自治县（部分）
	酒泉市	阿克塞哈萨克族自治县（部分）、肃北蒙古族自治县（部分）
新疆维吾尔自治区	巴音郭楞蒙古自治州	若羌县（部分）、且末县（部分）
	和田地区	和田县（部分）、策勒县（部分）、于田县（部分）、民丰县（部分）

（来源：根据《青藏高原区域生态环境保护战略研究》整理）

3.2 青藏高原的自然环境特征

3.2.1 青藏高原地理气候特征概况

青藏高原4/5以上的地面海拔超过3000米，平均海拔超过4000米，拥有世界最高的珠穆朗玛峰。发育于中新世、海拔4500~5000米的主夷平面和形成于上新世的包括雅鲁藏布江、长江上游金沙江与高原大部分内陆湖泊在内的现代河湖水系海拔高度堪称世界之最。

地质特征：第四纪以来，新构造运动强烈。在高原隆起过程中，尤其是受始新世初全球高温极盛期以后的持续波动性降温影响，高原地区经历了由低海拔的热带、亚热带森林转为高寒干旱草原与荒漠的巨大环境变迁。青藏高原抬升运动一直延续至今，在近期高原继续隆升、新构造运动强烈影响下，生态环境处于动荡不定之中，各种自然地理过程仍较年轻而不稳定。❶

气候特征：由于复杂、多样的地理环境，青藏高原的气候类型也复杂多变，该地区含有热带、亚热带、温带、寒温带和寒带等不同环境地带的气候类型，具有气温偏低、降水较少、空气稀薄、日照充足的特点。

河流水系：青藏高原降水丰沛，冰雪广布，这使它成为亚洲主要河流的发源地。高原上河流分外流和内流两大水系，外流水系分为太平洋水系和印度洋水系，内流水系分为藏南、羌塘、柴达木盆地、南疆及祁连山内陆水系。太平洋水系包括长江、黄河和澜沧江上游；印度洋水系包括雅鲁藏布江、怒江、独龙江、印度河的上游。内陆水系中的藏南内流水系主要由玛旁雍错——拉昂错、羊卓雍——普莫雍错、哲古错等流域组成；羌塘水系由藏北羌塘内陆诸河流域、可可西里内陆诸河流域和新疆羌塘内陆诸河流域组成，是高原最大的水系；柴达木盆地水系包括青海湖内陆诸河流域；祁连山水系位于祁连山地，包括黑河、石羊河流域和疏勒河流域的上、中游地区；南疆水系包括塔里木河流域的上、中游地区。

3.2.2 青藏高原各地区自然环境概况

根据青藏高原的地理、气候等特征可将青藏高原大致分为藏北高原、青南高原——三江源保护区、川西高原、柴达木盆地、雅鲁藏布江藏南谷地、河湟谷地等地区（图3-2-1）。

❶ 张惠远，王金南，饶胜. 青藏高原区域生态环境保护战略研究［M］. 北京：中国环境科学出版社，2012.

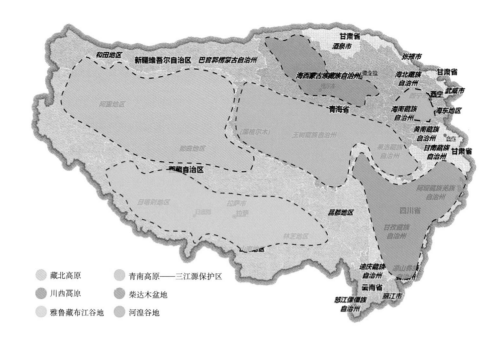

图例：
- 藏北高原
- 川西高原
- 雅鲁藏布江谷地
- 青南高原——三江源保护区
- 柴达木盆地
- 河湟谷地

图3-2-1　青藏高原分区示意图
（图片来源：根据《青藏高原区域
生态环境保护战略研究》改绘）

藏北高原在藏语中被称为"羌塘"。它在唐古拉山脉、念青唐古拉山脉及冈底斯山脉环抱之中（为青藏高原里的羌塘盆地），包括几乎整个那曲地区及阿里地区东北部。这片高原平均海拔4000米以上，世代生息着逐水草而居的藏族游牧民。

青南高原是指青海省昆仑山以南、唐古拉山以北的部分土地，是长江、黄河、澜沧江三江之源。三江源区河流密布，湖泊、沼泽众多，雪山冰川广布，湿地总面积达7.33万平方千米，占保护区总面积的24%，对中国的生态状况及国民经济发展起着重要作用，在西部大开发生态环境的治理保护中担负着重要责任。三江源地区有着丰富的动植物资源，长江源是世界高海拔地区生物多样性特点最显著的地区，被誉为高寒生物自然种质资源库。三江源地区具有独特而典型的高寒生态系统，为中亚高原高寒环境和世界高寒草原的典型代表。

川西高原西北高、东南低，是青藏高原东南方的延伸区域。川西高原总面积23.6万平方千米，其中高山草地占了一半多，草地物种丰富，堪称整个青藏高原上最好的牧场。在这片土地上，雀儿山、大雪山、邛崃山等山脉此起彼伏，金沙江、雅砻江、大渡河等河流纵穿而过，形成了山高谷深的奇景。

柴达木盆地为高原内陆型盆地，全部在青海海西州境内，是一个被昆仑山、阿尔金山、祁连山等山脉环抱的封闭地区，东西长约800千米，南北连接昆仑、祁连山脉，宽约600千米，泛柴达木地区面积30多万平方千米。柴达木素有"聚宝盆"的美称，这里涵盖冰川、雪山、崖壁、峡谷、雅丹、丹霞、高山草甸、湿地、内陆河流、咸水湖、淡水湖、沙漠、戈壁、草原等地貌，且富集而迥异，动植物资源丰富多样。由于多属于无人区或无居住区，这里有很多不为人知的绮丽美妙自然景观资源。

河谷地带是青藏高原最富有生机的地方，是高原人民世代代繁衍生息的主要居住地。河谷地带的面积在高原所占的比重虽然较小，但青藏高原的政治、经济、文化中心都集中于此。可以说，河谷地带的治理开发和生产经营的成败直接决定着青藏高原的现代化进程。青藏高原主要的河谷地带有两条：雅鲁藏布江藏南谷地、河湟谷地。

藏南谷地在冈底斯和念青山唐古拉山以南、喜马拉雅山以北，是指雅鲁藏布江流域中部谷地，东西长达1200千米，南北宽约300千米。藏南谷地地面宽阔平坦、河道迂回曲折、湖塘沼泽广布、气候温和、水源充足、土地肥沃、宜耕宜牧、适合亚热带作物生长，曾有"西藏的江南"之称。这里为西藏的市镇村落密集分布的地区，西藏自治区政治、经济、文化中心拉萨市就在该谷地。

河湟谷地是指黄河上游及其支流湟水、大通河流域谷地，是湟水谷地与黄河谷地的合称。河湟谷地处于黄土高原向青藏高原的过渡区，海拔2500米左右，西南高、东北低，是青藏高原地势最低的地区。河湟谷地比较适宜栽种小麦、青稞等农作物及蔬菜、瓜果等，这里聚集着众多民族的传统村落，是青海省的农业基地，也是省会西宁的所在地。

3.3 青藏高原的人文环境特征

3.3.1 多元文化交融

1. 青藏高原民族特征

青藏高原面积约占全国的26.04%，人口却不足全国的1%。青藏高原区域少数民族人口比例高，民族构成稳定。该地区经过历史的积淀和长期的人口迁移流动，形成了以藏民族为主体、多民族共同居住的格局。作为青藏高原的主体，青海省少数民族人口占46.32%，其中藏族占21.96%（图3-3-1）。多年来，青藏高原的各族人口总数处于不断增长之中，民族构成更加多样化，各民族之间的沟通和融合也明显加强。

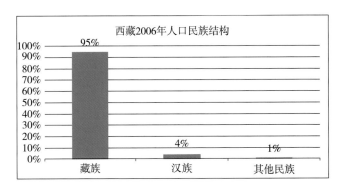

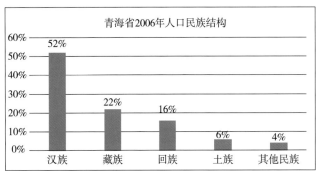

❶ | ❷

❶ 西藏各民族人口比例柱状图
❷ 青海各民族人口比例柱状图

图3-3-1 青海、西藏各民族人口
比例

2. 宗教文化

在青藏高原地区，最重要的人文特征便是宗教信仰。宗教生活构成了该地区世居少数民族社会生活的基本形式。青藏高原地区的藏族、蒙古族和土族信仰藏传佛教，而回族和撒拉族信仰伊斯兰教（表3-3-1）。

青藏高原地区主要少数民族概况　　　　　表3-3-1

少数民族	人口（万人）	主要宗教信仰	主要分布区域
藏族	542	藏传佛教、苯教	集中分布在除青藏高原北部和东南部外的广大地区
回族	90	伊斯兰教	主要分布在青藏高原东北部的西宁、海北、海南、甘南和高原东部的甘孜、阿坝、新疆南部等地区
傈僳族	35	原始宗教、自然崇拜。有的也信仰基督教、天主教	集中分布在青藏高原东南部的怒江和迪庆地区
土族	24	藏传佛教	主要分布在青藏高原东北部的海南、海西、甘南和西宁等地
羌族	16	自然崇拜和藏传佛教	集中分布在青藏高原东部的阿坝地区
蒙古族	10	佛教、藏传佛教、萨满教	主要分布在青藏高原北部和东北部的海西、肃北、海北、海南、西宁等地
撒拉族	9.3	伊斯兰教	主要分布在青藏高原东北部的海南、海西、甘南和西宁等地
裕固族	1.2	藏传佛教	主要分布在青藏高原北部的肃南地区
哈萨克族	0.4	伊斯兰教	主要分布在青藏高原北部的阿克塞地区

注：人口数据根据西藏、青海、甘孜、阿坝、甘南、迪庆、怒江等地的地方志和年鉴整理，统计时间为2007年。
（来源：根据《青藏高原区域生态环境保护战略研究》整理）

寺院作为宗教文化的载体和宗教活动中心，在宗教与信教群众之间发挥着不可替代的纽带或桥梁作用，在整个村落的空间格局中起着引领村落空间秩序

的作用。信仰伊斯兰教的乡村一般呈现"围寺而居"的空间格局（图3-3-2），信仰藏传佛教的乡村一般呈现"上寺下村"的空间格局（图3-3-3）。

以藏传佛教为例，就寺院自身所具有的社会功能而言，它主要通过平时的宗教仪式和特定的宗教节日等宗教文化功能来有效维护藏传佛教的宗教神圣性，并对广大信教群众提供宗教上的周密服务，从而在宗教与藏区居民之间营造一种互动互利的和谐社会或文化交流氛围；❶白塔作为一种象征宝物，供信徒顶礼膜拜，同时又是具有威慑力量能够压制一切邪恶力量的神圣之物，供藏族信徒们祈祷求助；嘛呢房、五彩经幡等也是乡村聚落里重要的宗教空间（图3-3-4）。

祭祀活动是宗教信仰的非物质形式。其中藏族螭鼓舞便是其一，2008年6月，青海省循化撒拉族自治县申报的"藏族螭鼓舞"经国务院批准列入第二批国家级非物质文化遗产名录。螭鼓舞有一定的祭祀流程：神山煨桑——宗教空间煨桑——广场舞蹈表演——设宴招待（图3-3-5），整个祭祀活动流程在乡村聚落中的路径组织如图3-3-6所示。

青藏高原的宗教文化同时也塑造着高原的景观风貌。在青海玉树藏族自治州通天河畔，藏族群众会在结了冰的通天河河面上以沙为墨、以冰为纸，书写巨大的"六字真言"（图3-3-7），细沙和冰面融为一体，形成漂亮壮观的冰沙嘛呢，以此祈福新的一年里国泰民安、生态安全、五谷丰登、六畜兴旺。除了冬天的"冰沙嘛呢"，藏民们还会在高原山石上书写"山嘛呢"和"石嘛呢"，它们共同构成了青藏高原上独特的宗教人文景观（图3-3-8）。

2	3
	4
	5

图3-3-2　青海平安县洪水泉村清真寺与村落格局

图3-3-3　循化县拉代村藏传佛教寺庙与村落格局

图3-3-4　村落宗教空间分布——循化县文都乡牙训村

图3-3-5　螭鼓舞祭祀仪式流程图

❶ 尕藏加. 藏传佛教寺院宗教文化的功能及特性［J］. 学习与实践，2006.

安多吉祥宝塔

嘛呢房

神山煨桑 ⟹ 宗教空间煨桑 ⟹ 广场舞蹈表演 ⟹ 设宴招待

蝻鼓舞路径组织

安多吉祥宝塔

蝻鼓舞表演广场

嘛呢房

N

图例

---· 蝻鼓舞路径

路径等级及尺度

图例

━━ 一级路径（4米）

━━ 二级路径（2.5米）

图3-3-6　循化县文都乡牙训村蝻
　　　　鼓舞路径组织、等级及
　　　　尺度

图3-3-7　藏民在通天河畔书写
　　　　"冰沙嘛呢"

（图片来源：玉树旅游局）

❶　　　❷

❶ 藏民在冰面上绘制冰沙嘛呢
❷ 绘制好的冰沙嘛呢

❶ 冰沙嘛呢
❷ 山嘛呢
❸ 石嘛呢

图3-3-8　宗教信仰带来的景观
风貌
（图片来源：玉树旅游局）

❶ 苏雪芹. 青藏地
区生态文化建设研究
［M］. 北京：中国社
会科学出版社，2014.

❷ 丹真多杰，旦正
加. 浅谈藏族神山崇拜
与生态保护［J］. 甘肃
民族研究，2010，（1）.

3.3.2　生态人文理念

在青藏高原地区长期的人类栖息和资源开发利用过程中，青藏高原区域的
人民逐步形成了与自然和谐相处的生产生活方式、民族文化和生活习惯。尊重
自然、敬畏自然、尊重万物生灵的观念在很多民族的文化和观念中根深蒂固，
是当前青藏高原区域开展生态保护、发展生态文明的有力支撑。宗教信仰与自
然相结合，形成了具有宗教意识形态的独特民族生态文化，是生态保护的重要
方面。在宗教和特殊的自然环境的影响下，青藏高原少数民族的生产、生活中
也无不体现着这种宗教信仰与生态文化相结合的特征。

1. 宗教信仰与生态思想

良好的生态环境是人类生存和发展的必要条件，而宗教文化也较多涉及这
一问题。

藏族原始宗教——苯教中就包含有神山崇拜和人与自然和谐共处的朦胧意
识，佛教传入后，佛教的行善、不杀生、因果轮回等观念，与藏族的原始宗教
信仰相结合，就形成了以神山崇拜为核心的生态保护文化。❶藏区的山都被神
化，并建立了一个遍及安多、卫、康三大藏区错综复杂而庞大的神山体系，每
个地区、部落及村庄都有各自的神山，同样每个山都有其神圣来历的远古传
说。佛教慈悲观、苯教万物有灵观主导下的神山崇拜的禁忌范围被爱屋及乌般
地无限扩大，延伸到神山上的动植物、神山下的草原以及由神山发源的河流
等，神山崇拜的禁忌范围、功能被扩大、强化，为青藏高原的环保在文化机制
和人文意识方面起到了极其强大的作用。❷

伊斯兰教的生态伦理思想主要表现为仁爱万物。伊斯兰教坚持人类与自然
生态应该相互协调、互相依存，主张用"人类与自然生态和睦相处、共存共
荣"代替"人类是自然生态主宰"的观点，进一步确定了人类与自然生态平等

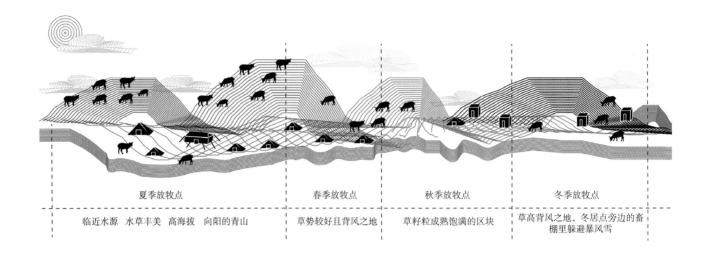

夏季放牧点	春季放牧点	秋季放牧点	冬季放牧点
临近水源 水草丰美 高海拔 向阳的青山	草势较好且背风之地	草籽粒成熟饱满的区块	草高背风之地，冬居点旁边的畜棚里躲避暴风雪

图3-3-9 青海牧区四季轮牧牧场示意图
（图片来源：闫展珊 绘制）

相待的道德关系。❶伊斯兰教相信人都要经历生和后世。相信后世、主张"两世兼顾"的思想使得人们合理开发自然。在欲望和理智之间，伊斯兰教主张要用理智战胜欲望，确立了伊斯兰教的生存道德观。对资源的消费要求有所节制，禁止浪费，认为浪费是犯罪。❶

2. 生产方式与生态思想

（1）"轮牧制"的生产方式

青藏地区的牧民一般都过着"逐水草而居"的游牧生活，其"轮牧制"的生产方式对草原生态的平衡十分有益，牧民们在自然形成的一定的草场范围内，按季节不同和牧场好坏，有组织、有规律地在不同的放牧点之间循环式来回移动。牧民的游牧方式可分为三种类型：一是"逐水草而居"的大范围游牧。牧民没有永久性的安居点，一年四季都在较广阔的草场内流动，在一个放牧点居住的时间不超过两个月，短则几天移动一次，有的牧户一年搬迁达三四十次，流动性较大；二是半定居的小范围游牧。因牧场有限，只能以一个常年固定的草场为中心，向四周有限度地移动；三是季节性游牧。此种方式严格按照季节的变化，从一个牧点迁到另一个牧点，一年内少则搬迁两次，多则四次，但冬季总是回到原来的住所，牧场示意如图3-3-9所示。

这种周期性的轮牧，较好地解决了草场使用与牧草再生的问题，使一些牧场在轮休期内得以恢复，很好地保护了高寒草原的生态；藏族游牧方式是对自然环境的谨慎适应和合理利用。这种方式限制了家畜数量的增长，使其不超出草原牧草生产力的限度。❶

（2）农商并重的生产方式

青藏地区回族、撒拉族信仰的伊斯兰教一直有着经商的习俗，《古兰经》说："一部分人旅行在大地上，寻求真主的恩惠，另一部分人为主道而战。"穆圣强调

❶ 苏雪芹. 青藏地区生态文化建设研究[M]. 北京：中国社会科学出版社，2014.

图3-3-10　作为燃料的牛粪

说："商人犹如世界上的信使，是真主在大地上可信赖的仆人"。所以在伊斯兰教里，勤奋劳作、合法经营、自食其力、以商养家、以商致富和以商养教，促进教门的传播与发展，这样的商人是受到真主的喜悦和穆圣的赞扬的。[1]因此回族、撒拉族有着半农半牧、农牧相依、农牧工（手工业）商相互依存的复合经济形态。

在农业活动中，为了促进与自然环境的良性互动，回族在耕作方式上采取了许多积极措施，譬如实行倒茬、歇地、换种、轮种、套种、歇种等方式；强调农作物生长的"物种多样性"的协调机制；撒拉族先民定居循化县，宜农则农，宜牧则牧，宜商则商。有助于缓解人口增长与土地资源稀缺之间的矛盾，有助于在降低对自然环境破坏程度的条件下改善人们的生活。[2]

3. 生活习俗与生态思想

除了宗教文化的影响之外，青藏高原区域居民的饮食习惯、居住方式、能源消费、丧葬等生活习俗通过对资源利用的影响，会对区域生态环境产生一定的影响。

《古兰经》等宗教经典中对穆斯林饮食可食之物与不可食之物有较为明确的界定，一般禁食猪、驴、骡、狗等家畜和狮、虎、狼、豹等野生动物；可食的动物有牛、羊、鸡、鸭、鹅等，其中以牛、羊为主。可食之物一般处于食物链的较低等级，数量多；不可食之物多处于食物链的较高等级，数量少，是需要加以保护的珍稀动物、植物，这逐渐形成了他们的禁忌习俗。[2]可以说这样的饮食习俗在客观上对维护生态平衡起到了一定的作用。

在生活燃料获取方面，广大藏族居民通过他们特有的方式——利用家畜粪便，很好地解决了生活燃料获取的问题，减缓了因燃料污染问题而给当地生态环境造成的压力（图3-3-10）。

3.4 青藏高原地区乡村特征

3.4.1 人口与产业情况

1. 青藏高原人口分布背景

青藏高原人口稀疏，空间上分布不均衡，总体上东部人口较为稠密，西部

[1] 谢金城. 伊斯兰教经典中的经商致富思想[J]. 华夏地理，2014.

[2] 苏雪芹. 青藏地区生态文化建设研究[M]. 北京：中国社会科学出版社，2014.

稀疏。青藏高原区域人口相对集中分布于自然条件较好的城镇和河谷地带。河湟谷地、柴达木盆地、藏南谷地和川滇藏接壤地区四个区域集中了高原80%以上的人口和90%以上的经济总量。而其行政地域面积只占高原的1/3左右（如按居民主要活动面积计算，约有15%~20%）。西藏总人口中80%的人口分布在雅鲁藏布江流域和藏东三江流域；青海省人口相对集中分布于湟水和黄河谷地，河湟地区人口占青藏高原的42%，人口密度较高，达到206人/平方千米（表3-4-1、图3-4-1）。❶

青藏高原各省区人口和面积　　　　表3-4-1

省区名称	面积（万平方千米）	人口（万人）
西藏	121.0	284.0
青海	72.0	552.0
四川	25.0	229.0
甘肃	9.5	56.9
云南	5.1	110.4
新疆	15.0	7.0
青藏高原	247.6	1238.9

注：面积数据来源于统计年鉴或根据GIS数据进行估算。人口数据来源于各省区统计年鉴（2008年），并根据面积进行了估算。新疆的人口数据采用新疆的山区人口密度进行估算。
（来源：根据《青藏高原区域生态环境保护战略研究》整理）

图3-4-1　青藏高原人口密度示意图
（图片来源：根据《青藏高原区域生态环境保护战略研究》改绘）

人口密度（人/平方千米）
0-2
2-100
100以上

❶ 张惠远，王金南，饶胜. 青藏高原区域生态环境保护战略研究［M］. 北京：中国环境科学出版社，2012.

图3-4-2　青藏高原农牧分布
（图片来源：《青藏高原区域生态
环境保护战略研究》）

2. 青藏高原农、牧业背景

青藏高原是我国五大牧区之一，是我国纯牧业和半牧业县集中分布区，纯牧业县为57个，主要分布在青南、藏北、祁连山、柴达木地区。农业县为63个，主要分布在"一江四河"、藏东南、滇西北、河湟谷地地区。半牧业县为50个，主要分布在西藏西部、藏东川西地区（图3-4-2）。

畜牧业是青藏高原区域的基础产业，对维护牧区稳定、提供畜牧产品、保护地方文化都具有重要意义。环境管理分区要在保护生态安全的前提下，划分出一定的区域，支持畜牧业发展，提供畜牧产品。划分畜牧产品提供区的主要依据是畜牧业发展条件，其中理论载畜能力是畜牧业发展条件的标志性指标。基于中国草地资源数据，青藏高原区域理论载畜能力为8428万只绵羊单位，草地载畜能力较高的地区主要分布在青藏高原东部的草甸草原和森林草原地带，包括祁连山、青海湖、甘南、果洛地区，阿坝和甘孜的西部地区，拉萨、日喀则、山南和河谷地区等。❶

3.4.2　乡村分布与类型

结合地理气候条件、农牧制度、人口分布情况、人文宗教信仰，将青藏高原的乡村聚落分为三种类型：农耕型乡村、半农半牧型乡村和游牧型乡村。

1. 农耕型乡村

青藏高原上的农耕型乡村大多分布在河道两岸狭窄的河漫滩平原上以及山脚缓坡地带，形态为明显的条带状。因为这里海拔相对较低，热量较充足，而

❶ 张惠远，王金南，饶胜. 青藏高原区域生态环境保护战略研究［M］. 北京：中国环境科学出版社，2012.

且土壤肥沃，水源充足，农作物长势良好，适宜聚落的发展。农耕聚落主要以西藏的雅鲁藏布江河谷的藏南谷地和青海省东部的河湟谷地为主。河谷地带农耕村庄以自给自足的生活方式常年营建着自己的家园，形成了特色鲜明的传统村落，以青海河湟谷地最为突出（图3-4-3）。

❶ 化隆县尕吾塘村
❷ 化隆县尕吾塘村

图3-4-3　农耕型乡村——青海省
海东市化隆县尕吾塘村

青海河湟谷地处于黄土高原向青藏高原的过渡区，西南高、东北低，呈倾斜状，是青藏高原地势最低的地区，除个别山峰外，现代冰川与积雪比较少见。青海东部河湟地区为青海四大区中面积最小、多元民族最为集中的地区。各民族共同面对河湟地区特殊的自然气候环境，形成"庄廓"传统民居建筑类型，成为西北乡土民居建筑类型中独具特色的高原民居。河湟谷地农耕村落人口密集，可耕地有限，村落结构紧凑，院落面积较小，村落呈现出组团密集型风貌特征。

2. 游牧型乡村

传统的畜牧业是最古老、最基本的经济形式，其最大优势是在极端气候条件下为藏族牧民提供层次低、稳定性高的生活及生产资料。小规模、大迁徙构成了游牧文化的基本特征，因此也形成了"大分散、小聚合"的聚居模式。

牧民对民居聚落的营建反映出其对自然和文化的独特认知，成为传统聚落主要的景观意象之一。"逐水草而居"的生活下，牧民营造出"帐篷"和"冬居点"这两种特殊的传统聚落民居形式，也因此形成了移动性强的帐篷聚落（图3-4-4）和冬季使用率高的冬居点聚落（图3-4-5）。

3. 半农半牧型乡村

半农半牧型乡村一般位于由平原、丘陵向高原、山区，或由半湿润、半干旱地区向干旱地区的过渡地带，位于农区与牧区的中间接壤地带。在过渡带

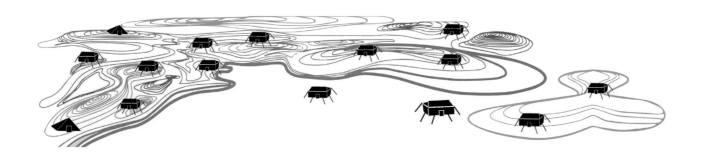

4

5

图3-4-4 青海牧区帐篷景观意象
（图片来源：闫展珊 绘制）

图3-4-5 青海牧区冬居点景观意象
（图片来源：闫展珊 绘制）

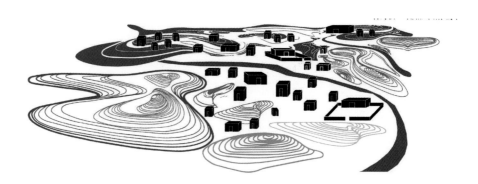

内，种植业和草地畜牧业在空间上交错分布，在时间上相互重叠，一种生产经营方式逐步与另一种生产经营方式混合交替。这种生产方式致使村落空间松散、民居与牲畜圈舍混合，呈现出居住与生产性空间协同共生的风貌特征。

青海省果洛州玛可河流域乡村聚落为青藏高原典型的半农半牧型乡村（图3-4-6）。多以小型聚落出现，或零散稀疏，或疏密有致，或紧密相连。村落选址有些位于河谷处，有些位于山腰，有些则处于山顶。按聚落空间划分，可分为离散型聚落和聚合型聚落两类。离散型聚落主要分布在地势较高的山腰或山顶上，体现出较强的防御性，一般建造年代较早；聚合型聚落主要分布在地势较低的河谷或平坦的山腰处。该地区的民居主要为石砌碉房，竖向层数多为2~3层，外墙由片石砌筑且有收分，部分碉房石墙有外围木构围廊，具有突出的地域特征（图3-4-7）。

图3-4-6　半农半牧型乡村——青海省果洛州王柔村

图3-4-7　玛可河流域碉房

（图片来源：余晓辉 绘制）

3.4.3 青藏高原地区传统村落

1. 数量及分布

青藏高原地区包括青海省、西藏自治区、四川省西部的阿坝州及甘孜州、新疆维吾尔自治区南部边缘地区、甘肃西南部的甘南藏族自治州、云南省的迪庆藏族自治州及怒江傈僳族自治州。根据对第一批至第五批中国传统村落名录的统计，青藏高原地区的传统村落数量以青海省和四川省最多，其中青海省123个，四川省119个，新疆最少，仅有1个。青藏高原传统村落分布柱状图如图3-4-8所示。

2. 传统村落典型案例

（1）青海省玉树藏族自治州称多县尕朵乡吾云达村

吾云达村位于通天河边的河谷地带，背山面水，地势崎岖复杂，平均海拔在3700米以上，山地面积约占80%。吾云达村因其完好保存的传统藏族风貌和碉房民居群而入选了第四批"中国传统村落名录"。

1）村落选址特征

吾云达村位于山腰的缓坡处（图3-4-9），藏民们选择地势较崎岖的山腰处建房，村落中的碉房沿着山腰呈阶梯状分布，山腰下地势较为平坦的冲积平原等留作农田或者牧场；村落在选址时首先考虑山的阳面，这种布置能够使村落和民居获得更多的阳光照射。村落中的碉房在整体布局上呈高低错落的形式，尽可能避免碉房之间的相互遮挡，可以获得更多的日照时长；吾云达村所在的地区降水稀少，水资源对于村落来说至关重要，村落用水大部分靠

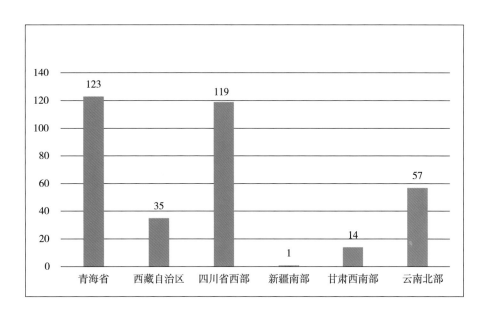

图3-4-8　**青藏高原传统村落分布柱状图**

图3-4-9　吾云达村航拍图

高原积雪融水形成的河流提供。便捷的水资源对以农牧业为主要生产方式的村落来说显得十分重要，因此其选址近水源；宗教信仰的影响首先体现在村落中宗教建筑至高无上的地位上，帮夏寺作为供奉祭拜的重要寺庙建在背靠神山的高处，起到了统领全村的作用，这样的布局也充分体现了宗教在藏民心中的地位。

2）村落布局特征

吾云达村位于两座山中间的山谷地带，从山谷中流出的吾曲河与通天河在此交汇，形成了大片的冲积平原，提供了充足的农田耕地，通天河和吾曲河提供了充足的水资源，而周边的山体提供了良好的牧场。村落的布局充分体现了村落会选择两种不同资源交汇的地方进行布局的特点，这样的布局方式能够满足藏民们对物质条件的需求。

3）民居建筑特征

吾云达村的民居建筑以碉房为主。受到自然与地理环境、历史与人文条件以及宗教信仰等因素的影响，碉房民居具有以石砌为主、平面布局紧凑、立面布局简单且细部装饰较少等特点。吾云达村碉房主要的朝向明显受到了两侧山体的影响，由于东西向的阳光基本被山体遮挡，因此村落中的碉房多为了争取南向的阳光而选择南向布置。

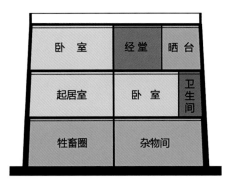

图3-4-10 碉房空间功能布局示
意图
（图片来源：王嘉运 绘制）

❶ | ❷

❶ 碉房内典型起居室现状图
❷ 碉房内典型起居室现状平面图

图3-4-11 起居室的布局
（图片来源：王嘉运 拍摄、绘制）

吾云达碉房民居多为二到三层，三层的碉房，一层布置牲畜圈和杂物间，二、三层是人主要的活动场所，功能要素包括起居室、经堂、卧室、晒台、卫生间和杂物间等，经堂和晒台布置在三层；两层的碉房，除了一层是牲畜圈外，会集中把其他剩余的空间功能均布置在二层。碉房空间功能布局如图3-4-10所示。

经堂作为藏民生活中最神圣的精神空间，布置既要私密，使得外人不能轻易靠近，又要位于外观上重要的位置，多布置于二层或者三层，同藏民的主要居住使用空间的起居室和卧室布置在一起，方便进行祭拜和供奉；每个碉房民居中都分布有多个卧室，这些卧室分布于二层和三层，并与起居室有着密切的联系。卧室的面积均较小，多在8~15平方米之间，开间进深都较小，室内的布局比较简单；碉房的起居室是民居内最重要的活动用房，既可住人，又可作为厨房，还能招待客人，如今碉房起居室的布置中，由于起居空间跨度较大，因此会在房间正中设置一根粗柱用来支撑整个空间，柱子旁边会布置牛粪炉，牛粪炉除了用来冬季取暖之外，还承担了做饭炒菜的作用。除了柱子旁边布置的牛粪炉之外，在起居室的四周会布置一些藏床和储物柜（图3-4-11）。卧室、起居室、经堂的布局简图如图3-4-12所示。

以吾云达村某"L"形平面布局碉房民居为例，其平面与现状如图3-4-13所示，可以看出民居院落不规则，这与地形有着密切的关系。碉房院落共有两个入口，主入口在村落东西向主路旁，

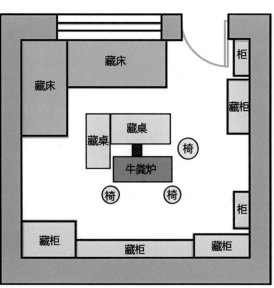

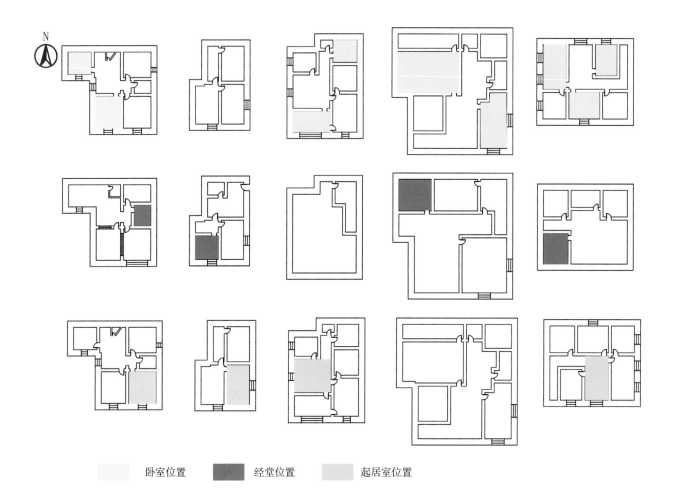

卧室位置   经堂位置   起居室位置

次入口位于地形最低处，主要为了方便院落中牲畜棚的使用。碉房主体入口位于一层西侧，一层功能以牲畜圈及其配套的杂物间构成，杂物间主要放置草料及作为燃料的牛粪。沿着北侧的楼梯间上到二层，首先是一个水平交通空间。通向三楼的楼梯间位于二层楼梯间的一侧，两楼梯间之间是狭小的卫生间。楼梯间旁一侧是卧室，另一侧是储物间和库房。从楼梯间上到三层，正对的是晒台，旁边有一较大的卫生间，晒台旁边是卧室、杂物间和经堂。从现状照片来看，碉房二层层高较小，光照条件比一层好，但光线较暗，给人一种压抑的感觉。三层由于晒台的存在，空间开敞且光线充足。

（2）西藏林芝地区错高村

错高古村位于西藏自治区林芝地区工布江达县错高乡，地处巴松错湖北岸，距离拉萨市378.7千米。村域面积30平方千米，全村共63户，286人，是工布地区唯一完整地保持了藏族传统村落布局、民居建筑风格、习俗、文化和信仰的村落，2012年错高村入选第一批"中国传统村落名录"。

图3-4-12 **藏族碉房卧室、经堂、起居室布局示意图**

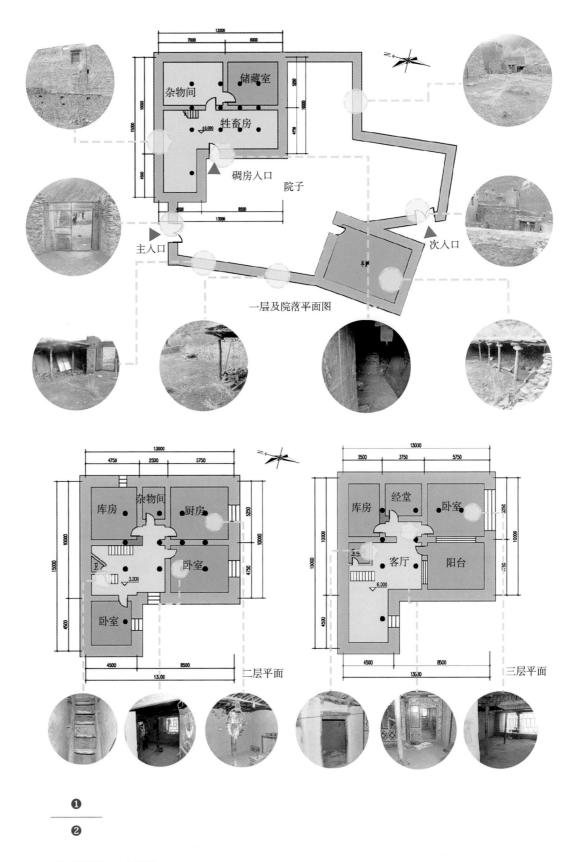

一层及院落平面图

二层平面

三层平面

❶

❷

❶ 首层平面及现状图
❷ 二、三层平面及现状图

图3-4-13　平面布局及现状图

（图片来源：王嘉运 绘制）

山体

错高湖

错高村选址

山体

山体

1) 村落选址特征

错高村前面对巴松错湖（又名错高湖），背靠念青唐古拉雪山，三面环山，气候温润多雨，境内大片原始森林，风光秀丽，物种丰富。错高村位于错高湖上游尽端，错高在藏语中意思为湖的头部，直接说明村落与巴松错湖的关系（图3-4-14）。

2) 村落布局特征

村落围绕湖岸呈弯月状展开，在村庄藏居住房内推开窗户即可看到清澈的湖水和远山，视线开阔，是错高湖岸边重要的观景台。村内散落着60余户民居院落，构成几条小巷，院落内堆放的木柴就是围墙，形成小巷的界面。

3) 民居建筑特征

错高村有数百年的建村史，村内现存最早的建筑修建于四百年前的明末时期。村内建筑为典型林芝地区特色（图3-4-15）。民居以木柴叠成围墙，院内有居住生活主宅和堆放谷草的简易棚。所有建筑均以二层为主，首层用以隔潮。明清时期重要建筑以石头围合，内部为木结构，门窗狭小，防御性很强。民居中门口小，甚至与窗相近，进入时必须弯腰低头，是以表示对主人的尊重，表现了独有的民族文化特色。近代建筑只在首层以石头围合，二层全部木构，通常还设有一座晒台。由于雨水丰富，林芝地区民居均为坡顶，除简易草棚为单坡，主要居住建筑均为人字形双坡顶，顶部以木板为瓦，每隔两三年就要翻动

图3-4-14　错高村选址

（图片来源：课题组根据谷歌地图绘制）

一次，避免长期单侧淋雨腐烂。首层、二层乃至屋顶的结构都是独立叠落的，柱顶为单向梁，上托次梁、屋板，首层木柱通常和二层柱子不能对位，会带来结构不稳、首层柱子倾斜的问题。建筑形式朴实，墙体自下至上有收分，装饰不多，传统石头围护的建筑在窗口上部、门楣以及屋檐下侧才有椽子伸出，略加装饰。石墙部分通刷白色，二层的木结构均保持了木材本身的特色。❶

（3）四川甘孜藏族自治州丹巴县梭坡乡莫洛村

莫洛村位于四川省甘孜藏族自治州丹巴县梭坡乡境内，是梭坡乡现存最早的、最具有代表性的嘉绒藏族传统村落，在2012年列入第一批"中国传统村落名录"。

1）莫洛村的空间结构

莫洛村是典型的山地寨堡式村落，但又是富有浓厚民族生活风情的山村，由特殊的地理环境和嘉绒藏民的生活习性两者结合所致（图3-4-16）。在大渡河对岸，就能被那高耸的碉楼所吸引，进入村内，又被它那空间环境的自由变化、民居的粗犷和神秘奇异的风貌感动。从莫洛村宏观空间的角度看有以下几个特点：

雄伟高大的碉楼成为全村的构图中心。莫洛村内碉楼多为石砌，砌筑技术高超，有的高达数十米，平面有方形、六角、八角等形式，收分明显，造型各异，是村内最醒目的建筑。每座碉楼旁均有民居围绕而建，高低错落，犹如山地城堡，在空间上成为全村的构图中心。

❶ 李志新. 寻找中国村镇之美：云中的村落——错高村［J］. 小城镇建设，2016，（6）.

图3-4-16　**梭坡乡莫洛村藏寨**
（图片来源：李军环　摄）

复杂曲折多变的街巷空间纵横贯穿全村，狭长幽深。莫洛村内部空间除了民居建筑之间的邻里空间外，村内的地形变化多样，街道竖向联系尤为丰富，大小曲直交织相连，街巷空间也极具特色。

自由灵活、高低错落的民居。莫洛村的民居建筑，从由少到多，由小到大逐渐发展起来。事先并无统一的规划，只是与地势自然结合，自由灵活，随机生长，自发形成。但在看似杂乱无章的背后，实则有一种客观规律使村落形态同所处的自然环境达成一种和谐与融洽。

2）民居建筑特征

莫洛村典型的民居即碉楼民居，这些民居由地面碉房、半开敞的地下畜圈结合石砌矮墙围合的院落组成，特点鲜明，自由生长于山地中，穿插于树林、山坡、耕地之间，既利于生产、生活，又便于军事防御（图3-4-17）。

（4）甘肃甘南州临潭县流顺乡红堡子村

红堡子村位于甘南藏族自治州临潭县。红堡子村坐落在沟川地带，南北狭长，东西窄，最宽处不到一千米，地势西高东低，流顺河从北向南流过。临潭

图3-4-17 **梭坡乡莫洛村格鲁土司宅**
（图片来源：李军环 摄）

县流顺乡红堡子村作为甘肃省屯堡型传统村落的典型代表，2016年入选第四批"中国传统村落名录"。

1）红堡子村村落格局

红堡子村最初是为抵御外敌而建立的军事堡寨，所以选址于交通要地与险要之地。最终形成"一夫当关，万夫莫开"的防御格局，有利防御是其价值，有利防御的格局则是其特色。

红堡子村坐落于朵山的一条由西南向东北呈袋状的山谷中段，发源于北部高山的桌逊沟溪，顺川而下形成的流顺河从村东环绕而过，形成红堡子村依山傍水的村落布局。北以朵山玉笋为龙脉，后靠象山鼻梁，左有牛头山，右有老虎山、猪山围绕，前有山坡堡山、营盘山对景，流顺河穿村而过，入水口平缓顺直，出水口曲折蜿蜒，并有水沟溪把口，由龙、砂、水包围的明堂定位着红堡子的穴基，呈癸山丁向，村落布局坐北朝南，地势西高东低，形成红堡子村前景开阔、田园阡陌、风景如画、天人合一的人居环境。

因为临潭西南地区多河流多高山，地形地势较为复杂，当地村落往往沿着其地形向两侧延伸，或者顺着道路干线布局。红堡子村靠山、临河，布局形态呈曲带形。

2）民居建筑特征

红堡子村内的建筑在保留江淮建筑特色的基础上吸收藏族传统文化，形成了具有汉藏结合特征的洮州平顶民居建筑。红堡子村仅堡内有明代民居一处，是明代大将军刘贵的住宅。其他均为保留的乡土建筑，包括大量砖木建筑及少

图3-4-18　红堡子村民居风貌

数生土建筑。这些民居都以居住为主要功能。

红堡子村传统民居建筑的屋顶材料是红黏土，墙身材料以夯土、红砖、夯土砖为主，建筑的基础部分多使用红砖砌筑、水泥外包与毛石堆叠而成，因而基础光滑平整。建筑门窗安装具有防风保暖功能的玻璃，门窗木材颜色以亮黄色为主（图3-4-18）。

3.4.4　青藏高原地区乡村现状问题

1. 生态安全屏障

近年来青藏高原的人居建设带来许多生态挑战。由于地处高寒缺氧地带，生态环境脆弱，自然灾害频繁，长期以来本地区自我发展能力不强，经济相对落后，区域产业结构不尽合理，城镇建设的现代化进程相对滞后。近年来更是受全球气候变化、人口增长、超载放牧等因素影响，致使青藏高原生态环境趋于恶化，国家生态安全屏障面临严峻挑战。

（1）生态地理区划

中国生态地理区域研究拟定了中国生态地理区域框架体系，将全国划分为11个温度带、21个干湿地区和49个自然区，将青藏高原划分为3个温度带、7个干湿地区和11个自然区（图3-4-19）。

（2）青藏高原区域环境功能分区

《青藏高原区域生态环境保护战略研究》一书中将青藏高原划分为生态安全保育区、城镇环境安全维护区、农牧业环境安全保障区和其他地区四类环境政策区（图3-4-20、表3-4-2）。

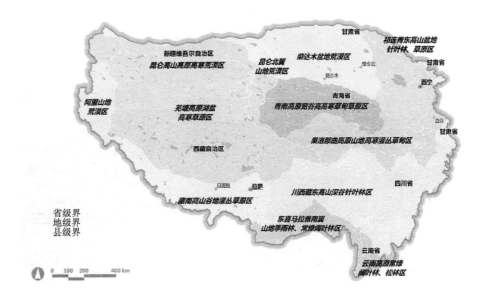

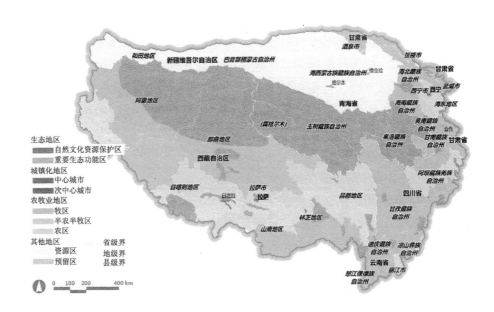

图3-4-19　**青藏高原生态地理分区**
（图片来源：《青藏高原区域生
态环境保护战略研究》）

图3-4-20　**青藏高原环境管理分区
方案**
（图片来源：《青藏高原区域生
态环境保护战略研究》）

青藏高原环境管理分区　　　　　　　　　　　　　　表3-4-2

环境功能类型区	主要范围
生态安全保育区	三江源、羌塘、可可西里、祁连山、甘南、若尔盖、岷山-邛崃、横断山区珠峰、雅江源等地区
农牧业环境安全保障区	河湟谷地、环青海湖、"一江四河"等地区
城镇环境安全维护区	西宁、格尔木、德令哈、拉萨、日喀则、林芝、山南、康定、马尔康
其他地区	柴达木地区、高寒荒漠区

（来源：根据《青藏高原区域生态环境保护战略研究》整理）

（3）区域生态安全体系

基于区域重要与敏感生态区分布，考虑人类活动与自然生态系统的空间协调，构建了"一区一环六带多点"的区域生态安全体系作为青藏高原生态保护的基础框架（图3-4-21）。具体为：

一区：以三江源、可可西里、羌塘自然保护区为核心的青南藏北高原生态区，是青藏高原国家生态屏障的核心，基于三大自然保护区，维护青藏高原水源涵养、生物多样性保护的核心功能。

一环：以祁连山、甘南湿地、若尔盖湿地、川滇森林、滇西北、藏东南、珠峰等为支撑的环青藏高原的重要生态功能区，重点需要限制大规模的资源开发和城镇建设活动，建设重要生态功能区。

六带：雅鲁藏布江、怒江、澜沧江、金沙江、雅砻江、岷江——大渡河、黄河上游等主要河流沿岸的生态防护带建设，因地制宜地建设林灌草结合的生态防护体系。

多点：以青海湖、纳木错、色林错、羊卓雍错等为主的大型湿地，基于现有的自然保护区建设，维护青藏高原精华的湿地安全。

2. 村镇建设

然而在这空前规模的聚落转型时期，指导青藏高原农村牧区村镇建设的理论研究严重滞后。在近几年已实施的"千村建设、百村示范"、"党政军企联合建村"、"生态移民"、"游牧民定居"、"灾后重建"、"高原美丽乡村"、"传统村落保护"等项目中，青藏高原的乡村得到了一定的发展与保护，收到了一定的成效，但同时还存在着一定的问题：如传统的聚落建造优势丢弃，地域特

图3-4-21　**青藏高原生态安全格局**
（图片来源：《青藏高原区域生态环境保护战略研究》）

省级界
地级界
县级界

一区：以三江源、可可西里、羌塘自然保护区为核心的青南藏北高原生态区
一环：以祁连山、甘南湿地、若尔盖湿地、川滇森林、滇西北、藏东南、珠峰等为支撑的环青藏高原的重要生态功能区
六带：雅鲁藏布江、怒江、澜沧江、长江上游等主要河流沿岸的生态防护带
多点：以青海湖、纳木错、色林错、羊卓雍错等为主的大型湿地

0　100　200　　400 km

色消失，乡村风貌城市化、同质化现象出现；为保护国家生态安全而推进的大规模乡村建设，由于缺乏相应的理论与技术指导，村庄布局与定居后牧民生计、养殖设施不匹配，生产、生活、生态的空间分离；新村建设缺乏科学的指导，规划滞后，导致了有些地方出现建设性破坏，土地使用不合理，出现兵营式布局，导致"有新房无新村"现象；"新"材料与"旧"的建造方式并存，建筑风格不统一，传统的乡土景观消失。

3.5 青海省分区与乡村风貌

3.5.1 青海省分区

青海省位于中华人民共和国版图的西北内陆，地处"世界屋脊"青藏高原的东部前缘，全省东西长约1200千米，南北宽约800千米，总面积71.75万平方千米。全省平均海拔3000多米，属高原大陆性气候。基本气候特征是干燥、少雨、寒冷、多风、缺氧、日温差大，冬季长、夏季短，四季不分明，气候地域差异大，垂直变化明显。青海省位于长江、黄河上游地区，是我国最重要的"流域生态园区"，是国家重要的绿色生态屏障。

青海省属于国内外重要的多民族宗教文化区，独特的地域环境和民族发展史使青海省具有包括藏、羌、回、蒙古、土、撒拉、保安、东乡、汉等多民族在内的民族区域特色，形成了多民族文化地域综合体；青海省草原辽阔、山地雄奇、河谷丰饶，在不同的地区有着不同的生产生活方式，形成了各地独特的人文特征。

根据地理环境与人文条件，可以将青海省分为四部分：高寒缺氧的青南三江源地区、地质复杂的聚宝盆——柴达木盆地地区、水草丰美的环青海湖地区、东部河湟谷地区（图3-5-1）。

1. 青南三江源地区

2013年，三江源地区国土面积36.3万平方千米，占全省国土总面积的50.36%；总人口82.65万人，占全省总人口的14.6%；生产总值125.24亿元，占全省生产总值的6.2%；该行政区域涉及玉树藏族自治州6县，果洛藏族自治州6县，海南州兴海县、同德县，黄南州泽库县、河南县，海西州格尔木市唐古拉山镇。三江源地区经济社会发展条件差，基础薄弱。该区产业结构单一，城乡居民收入水平低，贫困面大，公共产品供给不足。

三江源地区位于青海省南部，是世界屋脊——青藏高原的腹地，是长江、黄河、澜沧江的发源地，是全国重要的生态功能区，是全球大江大河、冰川、雪山及高原生物多样性

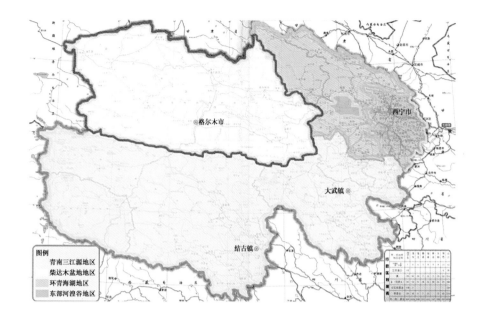

图3-5-1 青海省分区示意图
（图片来源：课题组改绘）

最集中的地区，其径流、冰川、冻土、湖泊等构成的整个生态环境对全球气候变化有巨大的影响，生态地位十分重要。

三江源地区藏族歌舞、牧民的游牧生活构成了生动的人文场景。三江源地区的自然环境和人文环境表明，历代先民沿江河谷地和高原草地发展畜牧业以求生存的漫长历程中，不同的历史时期建立在一定的物质文明基础之上的精神文明化进程及其成果是别具高原风貌和地域文化特色的。

三江源地区村庄规模较小、相对分散、分布密度低。该地区现有村庄673个，占全省村庄总数的16.21%，每万平方千米约18.5个村庄，村庄分布密度比柴达木地区略高，低于其他两区。其中同德、泽库和玉树村庄数量最多，密度最大的是同德和囊谦。境内河流众多，大多村庄都临近河流，村民主要从事农业，村庄规模都比较小，并相对集中在生存条件较好的地方（图3-5-2、图3-5-3）。

2. 柴达木盆地地区

柴达木地区包括海西州格尔木市、德令哈市、乌兰县、都兰县、天峻县和冷湖、茫崖、大柴旦行委，其位于青藏高原北部、青海省西北部，主体为举世闻名的柴达木盆地。2013年，柴达木地区国土面积23.83万平方千米，占全省国土总面积的33.21%；总人口38.12万人，占全省总人口的6.7%；GDP为501.37亿元，占全省总GDP的24.6%。该地区现有2市、15个镇，占全省城镇总数的11.11%；7个乡，占全省城乡总数的3.13%；235个村庄，占全省村庄总数的5.66%。整体上柴达木地区城镇稀疏，城镇聚集度高。

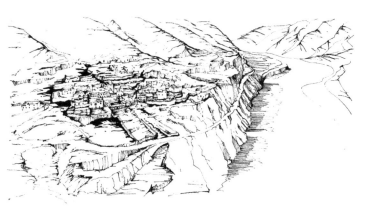

```
        ❶
  ❷         ❸
```

❶ 称多县卓木其村
❷ 玉树县拉吾村
  （图片来源：余晓辉 绘制）
❸ 玉树县美僧社
  （图片来源：余晓辉 绘制）

图3-5-2　三江源地区通天河畔的
　　　　　乡村风貌
　　　　（图片来源：余晓辉 绘制）

柴达木地区在20世纪50年代前是荒无人烟的戈壁沙滩，环境条件恶劣不适宜居住，自然形成的村庄数量极少。50年代后为了响应国家号召，曾经南征北战，在枪林弹雨中为祖国立下战功的解放军战士，脱下戎装，响应号召来到青海的柴达木。这些老战士、干部仍发扬解放军的革命英雄主义光荣传统，雄姿勃勃，他们开发柴达木，在此开荒、修渠、建房、生产、开垦绿洲，从而形成了军垦农场。后来外来移民接手了农场，柴达木地区便逐渐形成了移民新

图3-5-3 三江源地区民居更新设计意向图

村（图3-5-4、图3-5-5）。柴达木地区村庄数量少、规模小，且分散、密度低。该地区现有村庄235个，占全省比例低，每万平方千米约9.9个村庄，村庄分布密度低。都兰县数量最多，三个行委数量最少。区域内部分地区生态恶劣，人口密度小，一些地方都是高寒无人区，村庄中从事牧业的牧委会比例很大。同时本区资源丰富的一些独立工矿点也形成了村庄。

3. 环青海湖地区

环青海湖地区包括海北藏族自治州祁连县、刚察县、海晏县、门源县以及海南州共和县、海西州天峻县。环湖地区旅游资源特色突出，知名度高，煤炭、有色金属、石棉等矿产资源丰富，区域内草原辽阔，水草丰美，是青海牧区自然条件较好、畜牧业较为发达的地区。2013年，环湖地区国土面积8.58万平方千米，占全省国土总面积的12.4%；总人口52.51万人，占全省总人口的9.3%；生产总值216.53亿元，占全省总生产总值的19.6%。

环湖地区城镇化水平较低。区内没有大的中心城市，主要城镇均有道路连接，但相距较远，城镇体系处于工业水平初期的均质阶段，区域间协作较少。城乡空间动态联系不足。区内多数城镇多沿道路发展，联系较为方便，但区域内没有中心城市，各个县城之间产业联系较少。同时该区农业人口比重大，从事农业牧业人口多，城镇发展动力不足，草地退化、退耕还草之后，农村剩余人口转移不足。

环湖地区村庄数量较少，规模小，且相对分散，分布密度低。该地区现有

❶ ｜ ❷
❶ 二层定居点
❷ 单层定居点

4
—
5

图3-5-4 柴达木地区乡村风貌

图3-5-5 柴达木地区民居更新设
计意向图

村庄450个，占全省村庄总数的10.84%，每万平方千米约52.4个村庄，村庄分
布密度位居全省第二位（图3-5-6、图3-5-7）。

4. 东部河湟谷地区

青海东部地区河湟谷地泛指青藏高原大坂山与积石山之间，黄河与湟水
流域肥沃的三角地带，其位于青海省东部农业区，由东往西依次为湟水流域
的民和县、乐都县、平安县、互助县、西宁市、大通县、湟中县、湟源县、
海晏县，以及黄河流域的循化县、化隆县、尖扎县、贵德县，面积3.04万平方
千米。2013年，东部地区面积3.04万平方千米，占全省国土总面积的4.2%；总
人口392.27万人，占全省总人口的69.4%；GDP1192.4亿元，占全省总GDP的
58.6%。

❶	❷	❸
❹	❺	❻

❶ 牦牛帐篷　　❹ 单层独立式
❷ 白帐篷　　　❺ 院落式
❸ 花帐篷　　　❻ 行列式

6
――
7

图3-5-6　环湖地区乡村风貌

图3-5-7　环湖地区民居更新设计
　　　　　意向图

　　自古以来，青海东部农业区形成了农耕文化走廊和草原文化走廊交汇之
地。青海东部河湟谷地自古以来是历代先民们从事耕牧相间的地方，各民族人
民群众之间互相学习，取长补短，创造了丰硕的文化成果。青海东部农业区因
海拔高度不同，各民族农民的耕作环境分为垴山、浅山、川水地带，各具特
色。垴山，海拔在2700~3000米之间，气候冷凉，农民种植油菜、豌豆、马铃
薯、青稞等农作物，那里耕地较宽阔；浅山，海拔在2200~2600米之间，由于

历代先民在这一地区开荒种地，植被受到破坏，浅山多受干旱困扰，农民靠天吃饭，生活尤显艰辛；川水地，能灌溉的河湟谷地，海拔在1800~2100米之间，这一地区气候温暖，林木繁茂，自古以来农耕文化比较发达。根据河湟谷地川水、浅山、脑山阶梯式地形特点，历代先民宜耕则耕，宜牧则牧，农业和畜牧业相得益彰，维持着一代又一代人的生计。❶

各种宗教在各自长期的发展过程中，都要带上地域文化的印记，从而在适应社会生活的过程中拥有各自的信仰民众。青海自元代以来形成六大世居民族的格局，这些世居民族生活在72万平方千米的土地上，其中36万平方千米为三江源高寒缺氧地带，游牧民族在长期的"逐水草而居"的生产生活方式中，在与自然环境相适应的过程中形成了崇拜神山、圣水的宗教观念，同时，部落时代的社会组织中，大的部落头人建立土房寺院或帐房寺院，供养出家僧侣，尤其在近代社会，佛教的传播占据了青海南部高原的信仰主导地位。

东部河湟谷地区村庄数量多，规模大，相对集中，密度大。该地区现有村庄2795个，占全省村庄总数的67.30%，占全省比例高，每万平方千米约919个村庄，村庄分布密度居全省之首（图3-5-8、图3-5-9）。

❶ 谢佐. 中国地域
文化通鉴（青海卷）
[M]. 北京：中华书
局，2014.

图3-5-9　东部地区民居更新设计
意向图

3.5.2　青海省乡村特征小结

根据青海省的地理环境和人文条件，将青海省划分为东部地区、柴达木地区、环湖地区和三江源地区四个区域。从整体上来看，青海省乡村呈现出东部地区集聚度高、村庄密集，柴达木地区、环湖地区和三江源地区村庄稀少、集聚度低的特征。具体特点总结如下。

1. 村庄空间分布不均衡

青海省东部地区村庄规模较大，分布密度高，聚集了青海省75%的人口，共有村庄2795个，占全省村庄总数的67.3%，其中海东、西宁各县乡村数最多，黄南的同仁、尖扎相对较少；柴达木地区，共有村庄235个；环湖地区共有村庄450个；三江源地区共有村庄673个，其特点为村庄规模较小，居住分散，分布密度低。

2. 村庄形态地域差异大

东部地区和柴达木地区的村庄以集聚型为主，行政村一般由若干个自然村组成；环湖地区和三江源地区的村庄分为三种类型，一种为游牧的分散居住型，无村落定居形态；一种为实施生态移民及游牧民定居后形成的集中定居型；一种是半农半牧或纯农业集聚型。

3. 民居类型丰富，各具特色

青海省地域宽广，不同的农业生产方式逐渐演化成类型丰富、各具特色的民居形态。东部地区沿湟水和黄河一带的湟中、湟源、大通、互助、西宁、乐都、民和、化隆、循化、门源等县市的传统民居以庄廓民居为主；柴达木地区和环湖地区传统民居以"帐篷、毡房"为主；三江源地区传统民居以"碉房、碉楼、帐篷、毡房"为主。

3.6 本章小结

青藏高原地理环境复杂多样，气候类型复杂多变。主要有汉、藏、回、蒙古、土、撒拉等民族，世居少数民族中宗教信仰具有普遍性，藏族、蒙古族和土族信仰藏传佛教，而回族和撒拉族信仰伊斯兰教。在宗教信仰的影响下，他们有着对自然独特的认识，信仰、生产、生活、生态融为一体。时至今日，青藏高原的村庄聚落依然担负着对自然生态空间整体保护、修复和改善自己家园的历史使命，为国家生态安全屏障的巩固而保留乡村景观特色、保护自然和人文环境、重构美好家园的历史重担。

青海省地处"世界屋脊"青藏高原的东部前缘，可以分为四部分：高寒缺氧的青南三江源地区、地质复杂的聚宝盆——柴达木盆地地区、水草丰美的环青海湖地区、东部河湟谷地地区。乡村风貌整体表现为东部地区村庄数量多，规模大，相对集中，村庄分布密度居全省之首；环湖地区村庄数量少，规模小，且相对分散，分布密度低，村庄分布密度位居全省第二位；三江源地区境内河流众多，大多村庄都临近河流，主要从事农业，村庄规模都比较小，并相对集中在生存条件较好的地方。村庄规模小，相对分散，村庄分布密度比柴达木地区略高，低于其他两区；柴达木地区区域内部分地区生态恶劣，一些地方都是高寒无人区，村庄数量少，规模小，且分散，密度低，村庄中从事牧业的牧委会比例很大。同时本区资源丰富的一些独立工矿点也形成了村庄。

河湟谷地指黄河上游、湟水流域、大通河流域构成的"三河间"地区，是青藏高原最重要的地理单元之一，是青藏高原与黄土高原的交错地带，是中原地区与边远少数民族地区的过渡地带，也是游牧与农耕的过渡地区，该地区生态环境脆弱，多民族文化共存，人与资源矛盾突出。河湟谷地的生态安全对于构建"两屏三带"生态安全战略格局非常重要。长期以来，过度放牧和传统农业粗放式的生产方式使得原本脆弱的生态环境更加脆弱。在当前社会经济转型期，以及新型城镇化建设和乡村振兴战略背景下，人口密集的河湟谷地乡村聚落的发展研究意义重大。因此，下章选取河湟谷地的循化撒拉族自治县作为典型案例，深入剖析其乡村聚落，将其分为三个风貌分区，从村落风貌、院落风貌、建筑风貌、景观风貌四个方面研究循化县乡村风貌特征，并通过研究对三个分区进行风貌引导。

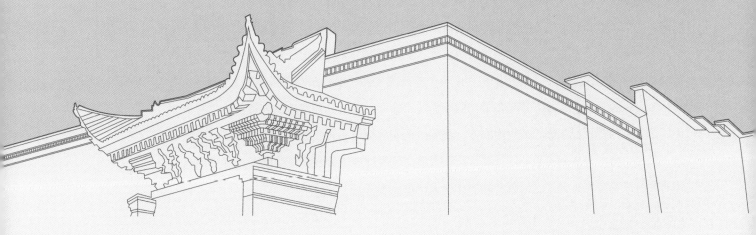

第4章

青海省循化县乡村风貌研究

04

2013年12月，习近平主席在中央城镇化工作会议时提出："要体现尊重自然、顺应自然、天人合一的理念，依托现有山水脉络等独特风光，让城市融入大自然，让居民望得见山、看得见水、记得住乡愁"。2016年8月22日至24日，中共中央总书记、国家主席、中央军委主席习近平在青海调研考察时说："青海最大的价值在生态、最大的责任在生态、最大的潜力也在生态"。

青海多民族聚居地区的乡村因其独特的地理环境与人文环境，具有不同于中原与江南地区乡村的风貌特色，青海省循化撒拉族自治县作为全国唯一的撒拉族自治县，境内居住着15个民族。本章节首先从循化县的历史沿革、民族概况、乡村概况、自然风貌以及文化风貌特色等进行基本介绍，并依据中共中央国务院印发的《乡村振兴战略规划》，将循化县县域乡村分为特色保护、集聚提升和搬迁撤并三大类。基于其独特的民族特色、自然条件、产业结构等形成了撒拉族川水农业、藏族山地农牧交错和藏族高山牧业三类乡村风貌区。同时，每一类乡村风貌分区按照这三种类型，针对性地进行乡村风貌研究，并提出具体的乡村风貌导则，对乡村风貌的发展具有理论指导意义。

4.1　循化县域乡村概况

循化县位于青海省东部，祁连山支脉拉鸡山东端。地理位置介于东经102° 04′ ~102° 49′，北纬35° 25′ ~35° 56′ 之间。东西长68千米，南北宽57千米，总面积2100平方千米，平均海拔2300米。东与甘肃省积石山保安族东乡族撒拉族自治县和临夏县接壤，南临甘肃省夏河县和青海省同仁县，西靠尖扎县，北同化隆回族自治县为邻，东北与民和回族土族自治县相连。《循化志》曰："白石峙丁东南，黄河环其西北，前则漓水如带，后则积石为屏，蔽障河、兰，牵制鄯、廓，诚西陲之要地也（图4-1-1）。"

图4-1-1　循化县黄河、积石山自然景观风貌

4.1.1 民族概况

　　循化县是一个少数民族聚居的地区，县域境内居住着撒拉、藏、回、汉、土、保安等15个民族。据《循化志》记载，先秦至今，循化的地域文化发展经历了起源、形成及发展、成熟三个阶段（图4-1-2）。第一阶段为先秦至秦，又被称作文明起源阶段。秦以前循化为旧时的雍州地，是古羌族人活动区域，秦一统全国之后，雍州则归属于秦之塞外，人烟稀少。第二阶段为西汉至明，又被称作文化形成阶段，该时期内河湟地区成为了重要的军事发展地，循化积石地区亦成为重兵驻守的军事要塞，人烟开始变多。循化地区也先后经历了"州"、"所"制度的变迁。约13世纪（1271~1368年），撒拉族先民尕勒莽和阿合莽两兄弟带领族人东迁至循化街子地区定居。自此，撒拉族文化开始在循化地区生根发芽。第三阶段为清代至今，又被称作地域文化的发展成熟阶段。雍正八年（1730年），清朝政府立循化为营，先前的循化撒拉族土司制度管理被改制为清驻军镇直接管理统治。军兵驻扎于此地，开荒垦地以解决兵粮问题，根据村庄及田地的数目，清政府将撒拉族聚居区划分为十二"工"，这种特殊的撒拉族社会组织单元"工"由此诞生。雍正九年（1731年），循化旧城池竣工，雍正赐名"循化"，少数民族集聚的循化地区开始归属于集权的封建统治。乾隆二十七年（1762年），循化改制为循化厅，隶属于兰州府。道光三年（1823年），循化厅改属西宁府。1954年，国务院正式批准成立循化撒拉族自治县。

　　撒拉族的先民是西突厥葛逻禄部所归属的乌古斯部的后代。其先民先后活动于撒马尔罕、布哈拉及其周边地区的锡尔河、阿姆河流域，后从中亚撒马尔罕一带迁徙而来，几经辗转落居于今青海循化地区。撒拉族先民生活于循化地区，以撒鲁尔人为主体，以伊斯兰文化为纽带，接受中华文化熏陶，吸收周边多民族成分从而形成了人口虽少却极富凝聚力、生命力的新民族——撒拉族（图4-1-3）。

　　撒拉族在特殊的地域环境中，形成了自己独特的社会组织结构。由小到大包括了启木仓、阿格乃、孔木散、阿格勒及工五个层次。启木仓就是家庭的意思，每个家庭都独居一院，庭院多为方形，称为庄廓院，是撒拉族聚落形态和社会组织的基本单位；阿格乃是兄弟的意思，指父系近亲家族，通过兄弟分家后的几个小家庭组成的近亲组织，户数由2~20户不等，阿格乃一般居住在同一地区，在生产生活上相互帮助，关系密切；孔木散是"一个根子"，由若干个阿格乃组成的远亲的血缘组织，远亲的血缘组织性质逐渐发展为地缘组织的

图4-1-2　撒拉族历史文脉图

（图片来源：根据《循化县治》自绘）

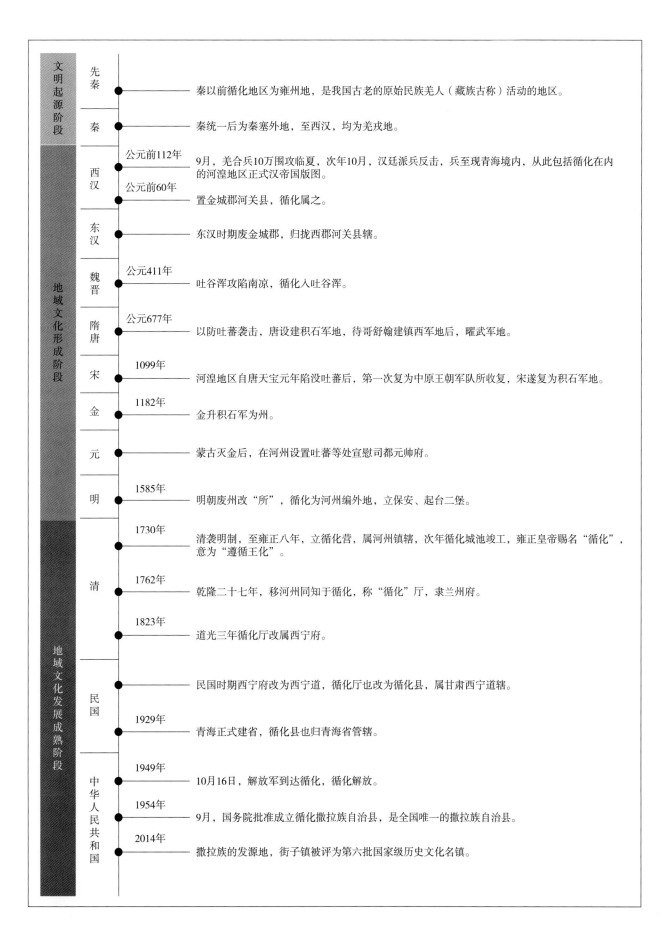

文明起源阶段	先秦		秦以前循化地区为雍州地，是我国古老的原始民族羌人（藏族古称）活动的地区。
	秦		秦统一后为秦塞外地，至西汉，均为羌戎地。
地域文化形成阶段	西汉	公元前112年	9月，羌合兵10万围攻临夏，次年10月，汉廷派兵反击，兵至现青海境内，从此包括循化在内的河湟地区正式汉帝国版图。
		公元前60年	置金城郡河关县，循化属之。
	东汉		东汉时期废金城郡，归拢西郡河关县辖。
	魏晋	公元411年	吐谷浑攻陷南凉，循化入吐谷浑。
	隋唐	公元677年	以防吐蕃袭击，唐设建积石军地，待哥舒翰建镇西军地后，曜武军地。
	宋	1099年	河湟地区自唐天宝元年陷没吐蕃后，第一次复为中原王朝军队所收复，宋遂复为积石军地。
	金	1182年	金升积石军为州。
	元		蒙古灭金后，在河州设置吐蕃等处宣慰司都元帅府。
	明	1585年	明朝废州改"所"，循化为河州编外地，立保安、起台二堡。
地域文化发展成熟阶段	清	1730年	清袭明制，至雍正八年，立循化营，属河州镇辖，次年循化城池竣工，雍正皇帝赐名"循化"，意为"遵循王化"。
		1762年	乾隆二十七年，移河州同知于循化，称"循化"厅，隶兰州府。
		1823年	道光三年循化厅改属西宁府。
	民国		民国时期西宁府改为西宁道，循化厅也改为循化县，属甘肃西宁道辖。
		1929年	青海正式建省，循化县也归青海省管辖。
	中华人民共和国	1949年	10月16日，解放军到达循化，循化解放。
		1954年	9月，国务院批准成立循化撒拉族自治县，是全国唯一的撒拉族自治县。
		2014年	撒拉族的发源地，街子镇被评为第六批国家级历史文化名镇。

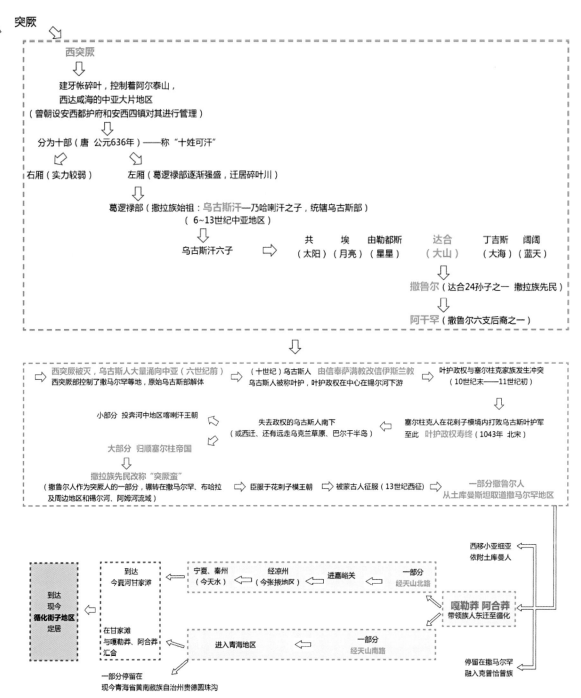

性质；阿格勒是村庄之意，由若干个孔木散组成，最突出的特征是每个阿格勒都有一座清真寺、公共山林、公地及牧场；工是由同一地区的若干个村庄组成，相当于乡的概念。撒拉族这种社会组织具有极为重要的作用，这也是在多民居聚居地的环境下，历经数百年的发展，保持自己的民族特征未被其他民族同化的重要原因（图4-1-4、表4-1-1）。

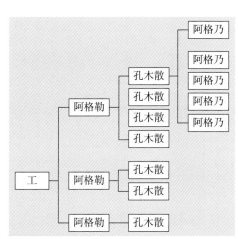

一代	二代	三代	四代	五代	六代	七代	八代	九代	十代
韩宝	韩撒都喇	韩贵	韩琦	韩恺	韩清	韩通	韩勇	韩增	韩进忠
明洪武六年（1373年）奥玛尔得都尼子	明洪武十八年（1385年）韩宝子	明永乐二十二年（1424年）韩撒都喇子	明正统十四年（1449年）韩贵弟	明成化五年（1469年）韩琦子	明弘治十一年（1498年）韩恺子	明正德十一年（1516年）韩清孙	明万历十九年（1591年）韩通弟	明万历二十三年（1615年）韩勇子	明天启三年（1623年）韩增子

撒拉族社会结构组织表　　　　　　　　　　表4-1-1

层级	含义	构成内容	构成元素	生活模式	管理者
启木仓	家庭（血缘关系为基础）	每个家庭为一个启木仓	庄廓院	人们的日常生活仍以各自家庭为单元独立的经济个体	家长
阿格乃	兄弟（血缘关系为基础）	2~20个启木仓组成	庄廓院、道路、树木	农耕由亲戚们协助完成	族中男性长辈
孔木散	一个根子（血缘关系为基础）	一个姓氏的族群单位	公共土地	婚丧嫁娶打桩盖房	哈尔（长者或才者）
阿格勒	村子（有血缘/无血缘关系）	若干个孔木散组成自然村	公共山林公地、牧场小寺	宗教活动单位	无
工	乡（无血缘关系）	由若干个阿格勒组成	大寺、田地公地、牧场	大型水利工程建桥修路宗教统治	土司（官方任职）

（信息来源：根据《循化县治》自绘）

土司制有着悠久的历史，它是封建王朝对少数民族的一种特殊的统治方式，通过对少数民族上层的收买和利用，委以官职，借土司对少数民族民众进行间接统治。土司制度的特点是部落酋长与封建官僚制相结合。自从元朝时期撒拉族迁入循化地区至民国前，循化撒拉族经历了元、明、清三朝的统治和制度变化，撒拉族土司共传了十世（图4-1-5）。

4.1.2　乡村分布

循化县辖三镇六乡，即积石镇、街子镇、白庄镇、清水乡、查汗都斯乡、文都乡、道帏乡、孟楞乡、岗察乡（图4-1-6）。

循化县村镇等级由中心城区、中心镇、一般镇组成。中心城区包括积石

图4-1-3　撒拉族民族迁徙简史图
（图片来源：根据《循化县治》自绘）

图4-1-4　撒拉族社会结构组织图
（图片来源：根据《循化县治》自绘）

图4-1-5　撒拉族土司世袭图
（图片来源：根据《循化县治》自绘）

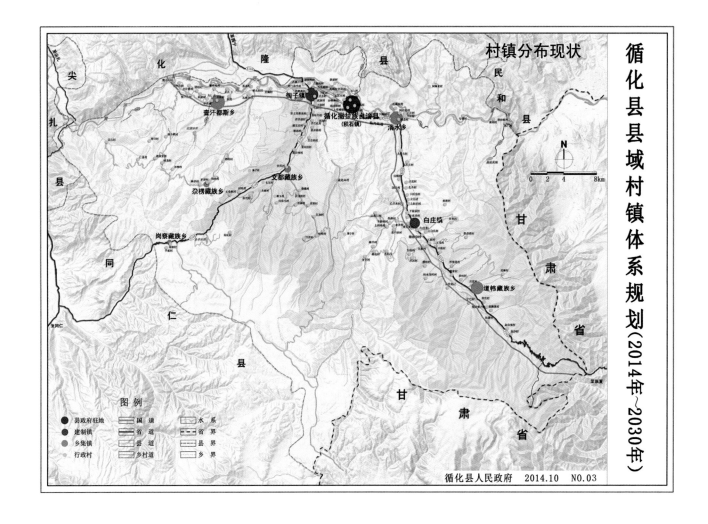

图4-1-6　循化县县域村镇分布现状图（2014年）
（图片来源：循化县住房和城乡建设局）

镇和街子镇镇区；中心镇包括白庄镇、查汗都斯镇、文都藏族镇、道帏藏族镇；一般镇（乡）包括清水乡、孟楞藏族乡、岗察藏族乡。

循化县现状村镇体系由三镇六乡组成共154个行政村。其中包括1个中心城区：积石镇；2个建制镇：街子镇、白庄镇；6个乡政府所在集镇：清水乡、查汗都斯乡、文都乡、道帏乡、孟楞乡、岗察乡（表4-1-2）。

4.1.3　乡村人口

2010年，循化县总人口为14.09万人。各乡镇中，积石镇人口最多，达到32968人；其次为白庄镇，为25330人；街子乡人口数居各乡镇第三，为21931人；岗察乡人口最少，仅为1961人。各乡镇中，非农人口数最多的为积石镇，为11706人；其次为街子乡、道帏乡、查汗都斯乡、白庄镇；非农业人口数最少的仍为岗察镇，仅为39人（表4-1-3）。

2014年循化县村镇体系统计表　　　　　　表4-1-2

镇、乡、民族乡	面积（平方千米）	个数	村庄名称
积石镇	142.45	17	东街、西街、上草滩坝、下草滩坝、瓦匠庄、托坝、线尕拉、沙坝塘、西沟、石头坡、丁匠、大别列、尕别列、乙麻目、新建、河北、加入
白庄镇	148.05	27	塘洛尕、上白庄、下白庄、白庄、上张尕、下张尕、立庄、上拉边、下拉边、扎木、昌克、团结、山根、乙日亥、朱格、米牙海、条井、上科哇、下科哇、苏呼沙、麻日、牙日、格达、来塘、吾科、江布日、强宁
街子镇	80.94	19	三兰巴海、托隆都、团结、三立坊、洋苦浪、洋巴扎、上房、沈家、马家、孟达山、波拉海、果河拉、果什滩、波立及、古及来、塘坊、苏哇什、吾土贝那亥、牙门曲乎
道帏乡	516.62	27	张沙、起台堡、夕冲、贺龙堡塘、贺庄、宁巴、古雷、多哇、多什则、俄家、立伦、旦麻、克麻、牙木、加仑、吾曼、铁尕楞、吾曼道、王家、比隆、拉木龙哇、循哇、木洪、贺隆堡、拉科、德曼、三木仓
清水乡	260.93	17	下滩、阿什江、阿麻岔、乙麻亥、上庄、下庄、红庄、大寺古、瓦匠庄、塘塞、石巷、田盖、大庄、专塘、木场、塔沙坡、索同
岗察藏族乡	467.81	3	刚察、卡索、苏化
查汗都斯乡	103.71	17	阿河滩、牙藏、哈大亥、苏志、乙麻亥、新村、下庄、中庄、大庄、新建、团结、古什群、赞上庄、赞中庄、赞下庄、繁殖场、白庄村
文都藏族乡	208.53	16	拉兄村、相玉村、白草毛村、拉代村、旦麻村、毛玉村、河哇村、王仓麻村、抽子村、拉龙哇村、修藏村、公麻村、牙训村、江加村、日茫村、哇库村
尕楞藏族乡	170.96	11	牙尕、麻尕、相沙、洛哇、比塘、建设堂、曲卜藏、仁务、宗占、秀日、哇龙
合计（19）个	2100		154

（信息来源：循化县人民政府官网）

2010年循化县域分镇（乡）户籍人口数　　　　　　表4-1-3

（单位：户、人）

各乡镇街道	年末总户数	年末人口数	非农业人口	出生	死亡	迁入	迁出
积石镇	10193	32968	11706	1205	134	793	860
街子镇	5092	21931	821	766	151	240	211
查汗都斯乡	3890	15011	470	659	118	280	77
清水乡	4135	15916	414	719	100	179	150
道帏藏族乡	3449	13672	515	557	124	447	67
文都藏族乡	1903	8514	416	177	110	84	91
尕楞藏族乡	1298	5577	193	128	70	147	116
白庄镇	6312	25330	457	718	214	307	218
岗察藏族乡	446	1961	39	32	15	7	13
合计	36718	140880	15031	4961	1036	2484	1803

（信息来源：循化县统计局）

2010年，循化县域平均人口密度为82.05人/平方千米。从人口分布情况来看，户籍人口分布呈北部密集、南部稀疏的特征（表4-1-4）。

2010年，循化县中撒拉族、藏族、回族、汉族人口比重较大，撒拉族为95027人，占比为67.45%，藏族为29349人，占比为20.83%。撒拉族主要分布于积石镇、街子镇、白庄镇、清水乡、查汗都斯乡；藏族主要分布于积石镇、文都藏族乡、孕楞藏族乡、道帏藏族乡、岗察藏族乡，其中，岗察藏族乡全部人口均为藏族（表4-1-5、图4-1-7）。

2010年循化各乡镇人口密度一览表　　　　　　　　表4-1-4

人口密度	街道、乡、镇（人口密度：人/平方千米）
>100人/平方千米	积石镇（287）、白庄（244）、街子（364）、查汗都斯乡（167）
50~100人/平方千米	清水乡（58）
<50人/平方千米	道帏藏族乡（38）、文都乡（49）、孕楞（36）、岗察（5）

（信息来源：循化县统计局）

2010年循化县域分镇（乡）少数民族人口数　　　　　　表4-1-5

（单位：人）

乡镇		积石镇	街子镇	白庄镇	清水乡	文都藏族乡	孕楞藏族乡	查汗都斯乡	道帏藏族乡	岗察藏族乡
汉族	小计	4230	16	388	542	32	8	66	686	—
藏族	小计	1072	—	1655	622	8482	5569	—	9988	1961
回族	小计	8376	106	66	144	—	—	1092	501	—
撒拉族	小计	19077	21800	23221	14589	—	—	13843	2497	—
土族	小计	144	3	—	19	—	—	1	—	—
蒙古族	小计	14	—	—	—	—	—	9	—	—
保安族	小计	21	6	—	—	—	—	—	—	—
东乡族	小计	20	—	—	—	—	—	—	—	—
彝族	小计	3	—	—	—	—	—	—	—	—
哈萨克族	小计	1	—	—	—	—	—	—	—	—
满族	小计	6	—	—	—	—	—	—	—	—
苗族	小计	1	—	—	—	—	—	—	—	—
维吾尔族	小计	1	—	—	—	—	—	—	—	—
土家族	小计	2	—	—	—	—	—	—	—	—
总人口	合计	32968	21931	25330	15916	8514	5577	15011	13672	1961

（信息来源：循化县统计局）

图4-1-7 2010年循化县域少数民族人口统计图

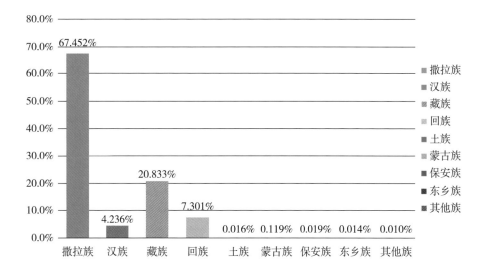

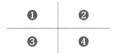

① 道帏乡——张沙村自然环境现状
② 清水乡——塔沙坡村自然环境现状
③ 尕楞乡——秀日村自然环境现状
④ 街子镇——塘坊村自然环境现状

图4-1-8 循化县乡村自然环境现状

4.1.4 乡村风貌特色

1. 自然风貌要素

乡村风貌自然要素特征包括气候特征、地形地貌、自然资源三个方面，循化县乡村受其所处环境的气候、地形、自然等因素影响，形成了各具特色的乡村风貌（图4-1-8）。

（1）气候特征

循化县属高原大陆性气候，气候温和、夏无酷暑、冬少严寒，年平均气温8.5℃。日照时间长，太阳辐射强，昼夜温差悬殊。降雨量少，蒸发量大，年平均降雨量264.4毫米，南北差异大，分布不匀，主要降水量集中在6~8月。春季十年九旱，多东南风，夏季雷暴、冰雹频繁。从黄河沿岸到南部山区，海拔逐渐升高，随之光、热、水垂直变化也很明显。

（2）地形地貌

循化县地处青藏高原东部边缘地带，四面环山，山谷相间，南高北低，海拔1780米（孟达乡关门黄河岸边）~4635米（达里加山），相对高差2855米，县境地貌系中海拔山地。北部为黄河川道，中部与东北部为低山丘陵，南部为中高山区。黄河宽谷地带向南海拔逐渐升高，垂直差异明显，根据地表形态特征，由低到高可分河谷、中东部中低山、中西部中高山、南部高山四种地貌类型。

河谷地区俗称川水地区，包括黄河两岸和清水河、街子河段的低位平坦地带，海拔1840~2200米，是河道不断下切后形成的河漫滩，由一级阶地和二级阶地组成。地势较平坦，土地有灌溉条件，土质肥沃，气候温和，是粮食和水果蔬菜主要产区；中东部中低山俗称浅山地区，包括道帏乡娘藏山、北山、加仓山、白庄镇来塘山、尕拉山、清水乡唐塞山、街子镇孟达山、吾土司山，文都乡抽子山等地及中间沟谷和缓坡地带，占全县总面积的40.2%，海拔2200~3200米之间，土壤多系栗钙土和灰钙土。多为耕地，干旱少雨，植被稀疏，水土流失严重；中西部中高山俗称脑山地区，包括起台沟、白庄镇夕昌沟、文都乡中库沟、相玉沟、毛玉沟、尕楞乡尕楞沟、比塘沟、建设堂沟的高位地区。占全县总面积的23.1%，海拔2200~4100米之间。是天然次生林区，有乔灌混交、针阔叶混交和纯灌木林，土壤为山地黑钙土及森林灰褐土，适宜种植耐旱作物，植被较好，有利于发展农牧业；南部高山位于县境东南部的高山地带，包括岗察乡卡索、苏化、岗察地区，地形山峦起伏，海拔3600~4635米之间，占全县总面积的19.2%。区域内岗察乡游牧区有一定的草山面积，适宜于发展畜牧业生产。

（3）自然资源

乾隆四十九年（1784年）循化同知达桑阿禀称"循地土脉沙碱，不宜种植桑棉。至区田之法，循化多系山田，水地不及十分之一，渠水亦甚微细，俱难办理。"据《循化志》记载："番民以畜牧为主，耕种者不及半。惟撒拉回民及起台、边都二沟番民，颇有水田，得灌溉之利，然皆鲁莽特甚。"至民国23年（1934年），全县有可耕地260442亩，约占全县总面积的8%；已耕地101869亩，占可耕地面积的39.11%；未耕地158573亩，占可耕地面积的60.89%。全县种植业分为三大类型区，即北部黄河河谷粮、果、菜复种区，中部低山丘陵粮、油生产区和南部山地麦、杂、油、草轮作区。

循化县森林资源较为丰富，据清代龚景瀚所著《循化志》记载："树则白羊、沙柳、榆树为多，杨柳槐亦有之。隆务（即下隆务）、比塘诸山有松树、柏树、桦树、青冈木。隆务以西有宗吾山，极高大、去河（即黄河）二十里，树木甚多，今循化城所烧薪木皆自山运至河，编筏顺流而下，木极坚实，围四、五寸，长丈余，价不过四、五文钱也，有大工营建木料亦取资于彼。"循化县土地总面积1832333公顷，其中林地面积120638.91公顷，占全县土地总面积的65.84%；非林地面积62594.09公顷，占34.16%。全县森林覆盖率47.06%，林木绿化率47.36%。

全县天然草原面积142367公顷，占全县土地总面积的67.8%，其中可利用草地面积135700公顷，占全县草地面积的95.3%。另有种植业区的零星草滩草坡与田间地埂等附带草地24927公顷，其中可利用面积23680公顷。境内草山类型根据地势特点和光热水条件的不同，分为山地干草原草地、山地荒漠草地、高寒草甸草地、附带草地和森林及灌溉丛草地五种类型。

2009年循化县土地总面积为181521.07公顷，其中农用地面积174241公顷，建设用地面积为3336.78公顷，其他土地面积3943.29公顷，分别占全县土地面积的95.99%、1.84%、2.17%。

循化县属黄河流域，黄河干流从县境北部流过。黄河干流在循化县境内过境流长79千米，分西、中、东三段。西段从隆务河口至赞卜户村，称公伯峡，长18千米，河道比降2.9‰，断面呈"V"形，河槽宽30~80米，谷顶高出河面300~650米，出口段基岩高出河面不足百米，两岸不对称。中段从古石群峡口至马儿坡，系宽谷，俗称黄河川道，长41千米，河道比降1.73‰。东段从马儿坡至积石峡东口孟达自然保护区关门林业检查站，称积石峡，长20千米，河道比降1.8‰，上游弯曲较宽，流至"野狐跳"处，枯水期水面仅宽15米，中段呈"V"形和"U"形，下游河谷逐渐开阔。

2. 文化风貌要素

循化地区的主要民族有撒拉族、回族、藏族和汉族。其中撒拉族和回族信仰伊斯兰教，藏族信仰藏传佛教。

伊斯兰教最权威的一部经典著作就是《古兰经》，这是穆斯林精神生活和物质生活的准则。穆斯林教徒信仰"安拉"，信天使，信经典，信使者，信后世，信前定。这六大信仰是所有伊斯兰教的共同信仰和宗教特征。在民俗文化方面，有撒拉族婚俗、撒拉族篱笆楼营造技艺、撒拉族服饰等国家级非物质文化遗产，以及撒拉族谚语和歇后语、撒拉族寺院古建筑技艺、撒拉族羊皮筏子等省级非物质文化遗产。传统节日有开斋节、古尔邦节、圣纪节等。

藏传佛教教义特征为：大小乘兼学，显密双修，见行并重，并吸收了苯教的某些特点。传承各异、仪轨复杂，是藏传佛教有别于汉地佛教的一个显著特点。民俗文化活动有蟒鼓舞、锅庄舞、藏戏、插箭、转塔等，当地的藏餐也极具民族特色。民族文化与民俗活动构成了乡村风貌的活性特征（图4-1-9）。

3. 产业风貌要素

依据青海省循化县城市总体规划，将循化县产业布局分为三大区：沿黄工业旅游综合发展区、中部农牧业综合发展区、西南牧业发展区（图4-1-10）。循化县县域特色产业主要有青稞农业、辣椒农业、小麦农业、养殖牧业等（图4-1-11）。

❶ 撒拉族女性服饰
❷ 撒拉族刺绣
❸ 社火节日奏鼓
❹ 藏族蟒鼓舞

图4-1-9　循化县乡村民俗文化

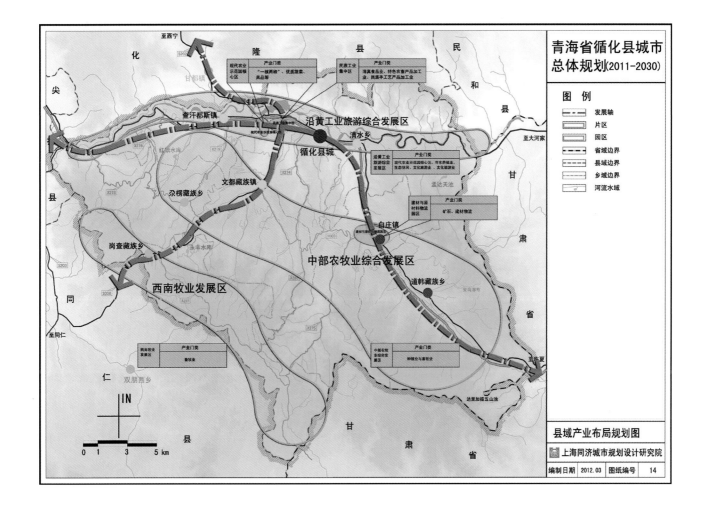

图4-1-10 **循化县县域产业布局规划图**
  （图片来源：循化县住房和城乡建设局）

图4-1-11 **循化县县域特色产业**

❶ | ❷ | ❸

❶ 道帏乡青稞农业
❷ 查汗都斯乡辣椒农业
❸ 西沟村牧业

❶ ❷
—————
❸ ❹ ❺

❶ 牙木寺庙
❷ 藏族白塔
❸ 牙木寺庙
❹ 张沙寺
❺ 合然寺

图4-1-12 循化县乡村宗教建筑风貌

4. 建筑风貌要素

　　循化县乡村建筑风貌类型包括宗教建筑与民居建筑两大类。建筑风貌内容包括建筑的平面形制、立面形态与结构装饰等。撒拉族清真寺与藏族佛寺是乡村风貌中具有标志性符号特征的要素，也是构成乡村景观中天际轮廓线的重要因素（图4-1-12、图4-1-13）。

❶ | ❷

❶ 藏族庄廓民居外观
❷ 藏族庄廓民居鸟瞰

图4-1-13 循化县乡村民居建筑风貌

4.2 循化县域乡村分类与风貌分区

4.2.1 乡村分类

中共中央国务院印发的《乡村振兴战略规划（2018–2022年）》中提出应分类推进乡村发展。顺应村庄发展规律和演变趋势，根据不同村庄的发展现状、区位条件、资源禀赋等，按照集聚提升、融入城镇、特色保护、搬迁撤并的思路，分类推进乡村振兴。

城郊融合类乡村为城市近郊区以及县城城关镇所在地的村庄，在循化县域乡村数量中占比少，可将此类乡村归到乡镇部分进行讨论，因此循化县域乡村风貌可分为：特色保护、集聚提升和搬迁撤并三大类。

1. 特色保护类村落

历史文化名村、传统村落、少数民族特色村寨、红色文化旅游名村等自然历史文化特色资源丰富的村庄，是彰显和传承中华优秀传统文化的重要载体。统筹保护、利用与发展的关系，努力保持村庄的完整性、真实性和延续性。切实保护村庄的传统选址、格局、风貌以及自然和田园景观等整体空间形态与环境，全面保护文物古迹、历史建筑、传统民居等传统建筑。尊重原住居民生活形态和传统习惯，加快改善村庄基础设施和公共环境，合理利用村庄特色资源，发展乡村旅游和特色产业，形成特色资源保护与村庄发展的良性互促机制。特色保护类村落因其深深扎根于地域文化，是村落生活、生产、生存的基本载体，是传统观念、习俗、社会与家庭等多元文化孕育而生的地域文化，是一部拥有千姿百态、异彩纷呈、文化厚重的史书，是乡土文化之根，因此具有重大的保护意义。

在前四批国家级传统村落中，青海省共有79个传统村落，其中循化县13个，在刚刚公布的第五批国家级传统村落中，青海省共有44个传统村落，循化县22个（表4-2-1）。循化县35个国家级传统村落主要分布在黄河流域、清水河流域和街子河流域（图4-2-1）。应将已经列入国家级传统村落名录的村落列入特色保护类村落，未列入国家传统村落名录但同样具有传统风貌特色的村落，也应列入其中。

通过对此类村落的调研，提出以下保护导则：保护传统村落的整体风貌、结构肌理、历史要素、文物建筑、历史民居、民族文化、古树名木，村庄内基础设施建设应体现本土化与现代化的结合（图4-2-2）。

循化撒拉族自治县传统村落一览表

表4-2-1

序号	乡镇	村落	主要民族	批次
1	街子镇	孟达山村	撒拉族	第一批
2	街子镇	三兰巴海村	撒拉族	第三批
3	街子镇	团结村	撒拉族	第三批
4	积石镇	瓦匠庄村	回族	第四批
5	积石镇	西沟村	撒拉族	第四批
6	白庄镇	下张尕村	撒拉族	第四批
7	白庄镇	上科哇村	撒拉族	第四批
8	查汗都斯乡	苏志村	撒拉族	第四批
9	文都藏族乡	牙循村	藏族	第四批
10	文都藏族乡	毛玉村	藏族	第四批
11	尕楞藏族乡	合然村	藏族	第四批
12	道帏藏族乡	比隆村	藏族	第四批
13	道帏藏族乡	张沙村	藏族	第四批
14	街子镇	波立吉村	撒拉族	第五批
15	街子镇	古吉来村	撒拉族	第五批
16	街子镇	塘坊村	撒拉族	第五批
17	街子镇	洋苦浪村	撒拉族	第五批
18	街子镇	马家村	撒拉族	第五批
19	白庄镇	朱格村	撒拉族	第五批
20	白庄镇	立庄村	撒拉族	第五批
21	清水乡	阿什江村	撒拉族	第五批
22	清水乡	乙麻亥村	撒拉族	第五批
23	清水乡	专堂村	藏族	第五批
24	清水乡	下庄村	撒拉族	第五批
25	清水乡	塔沙坡村	撒拉族	第五批
26	查汗都斯乡	大庄村	撒拉族	第五批
27	文都藏族乡	拉代村	藏族	第五批
28	尕楞藏族乡	比塘村	藏族	第五批
29	尕楞藏族乡	秀日村	藏族	第五批
30	道帏藏族乡	旦麻村	藏族	第五批
31	道帏藏族乡	古雷村	藏族	第五批
32	道帏藏族乡	贺庄村	藏族	第五批
33	道帏藏族乡	牙木村	藏族	第五批
34	道帏藏族乡	宁巴村	藏族	第五批
35	道帏藏族乡	起台堡村	汉族	第五批

（来源：根据传统村落名录整理）

○ 第一批传统村落
● 第三批传统村落
● 第四批传统村落
● 第五批传统村落

图4-2-1 循化撒拉族自治县传统
村落分布图

图4-2-2 特色保护类村落风貌引
导图

2. 集聚提升类村落

现有规模较大的中心村和其他仍将存续的一般村庄，占乡村类型的大多数，是乡村振兴的重点。科学确定村庄发展方向，在原有规模基础上有序推进改造提升，激活产业、优化环境、提振人气、增添活力，保护保留乡村风貌，建设宜居宜业的美丽村庄。鼓励发挥自身比较优势，强化主导产业支撑，支持农业、工贸、休闲服务等专业化村庄发展。此类型村落主要是对其进行外观的修缮与美化，对其村容村貌进行整治，使其整体风貌仍然保持高原美丽乡村特色。经过对集聚提升类村落的现状及发展的分析与论证，确立了其核心任务是：保持高原美丽乡村的乡土风貌、改造不和谐因素。这个任务是通过乡村的整体风貌、院落特色、民居风貌、景观要素以及在村中居住的村民共同构成（图4-2-3），所以从以下几点进行村落风貌的整治与重建：

（1）整体风貌中主要维持新旧建筑风貌的协调性；宗教寺庙风貌的标识性要突出；控制街巷界面及尺度以保证街巷风貌的文化传承特性。

（2）保持院落各界面（底界面：地面铺装；侧界面：房屋的外立面和庄墙内侧立面）风貌的传统地域性，院落内部构件的色彩、形式以及高度要协调，保证院落风貌的统一性。

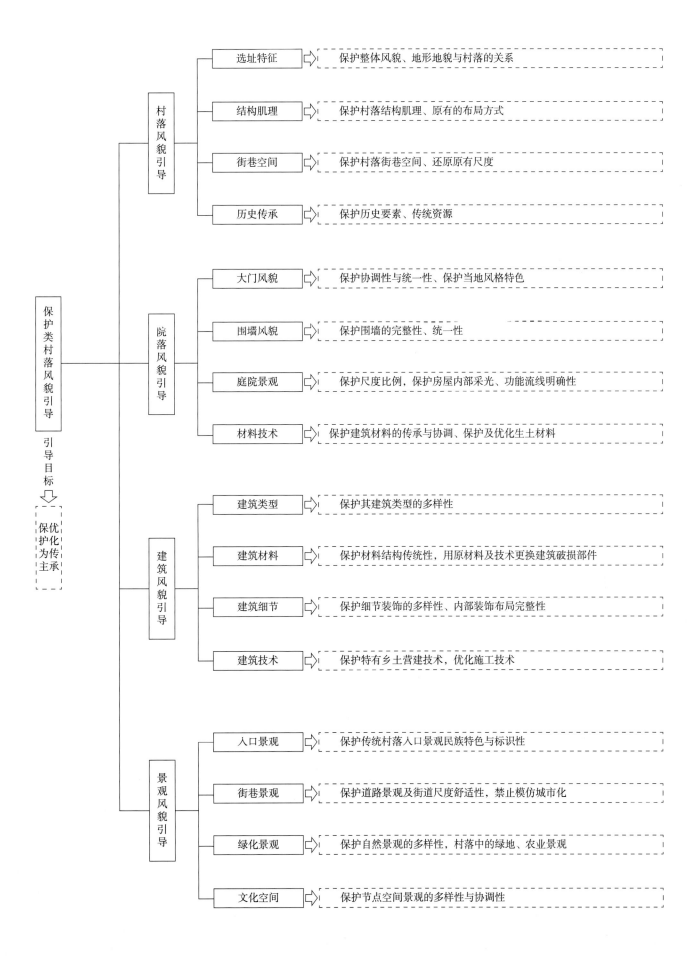

		选址特征 ⇨	保护整体风貌、地形地貌与村落的关系
	村落风貌引导	结构肌理 ⇨	保护村落结构肌理、原有的布局方式
		街巷空间 ⇨	保护村落街巷空间、还原原有尺度
		历史传承 ⇨	保护历史要素、传统资源
保护类村落风貌引导	院落风貌引导	大门风貌 ⇨	保护协调性与统一性、保护当地风格特色
		围墙风貌 ⇨	保护围墙的完整性、统一性
		庭院景观 ⇨	保护尺度比例，保护房屋内部采光、功能流线明确性
		材料技术 ⇨	保护建筑材料的传承与协调、保护及优化生土材料
引导目标 ⇨ 保护为主 优化传承	建筑风貌引导	建筑类型 ⇨	保护其建筑类型的多样性
		建筑材料 ⇨	保护材料结构传统性，用原材料及技术更换建筑破损部件
		建筑细节 ⇨	保护细节装饰的多样性、内部装饰布局完整性
		建筑技术 ⇨	保护特有乡土营建技术，优化施工技术
	景观风貌引导	入口景观 ⇨	保护传统村落入口景观民族特色与标识性
		街巷景观 ⇨	保护道路景观及街道尺度舒适性，禁止模仿城市化
		绿化景观 ⇨	保护自然景观的多样性，村落中的绿地、农业景观
		文化空间 ⇨	保护节点空间景观的多样性与协调性

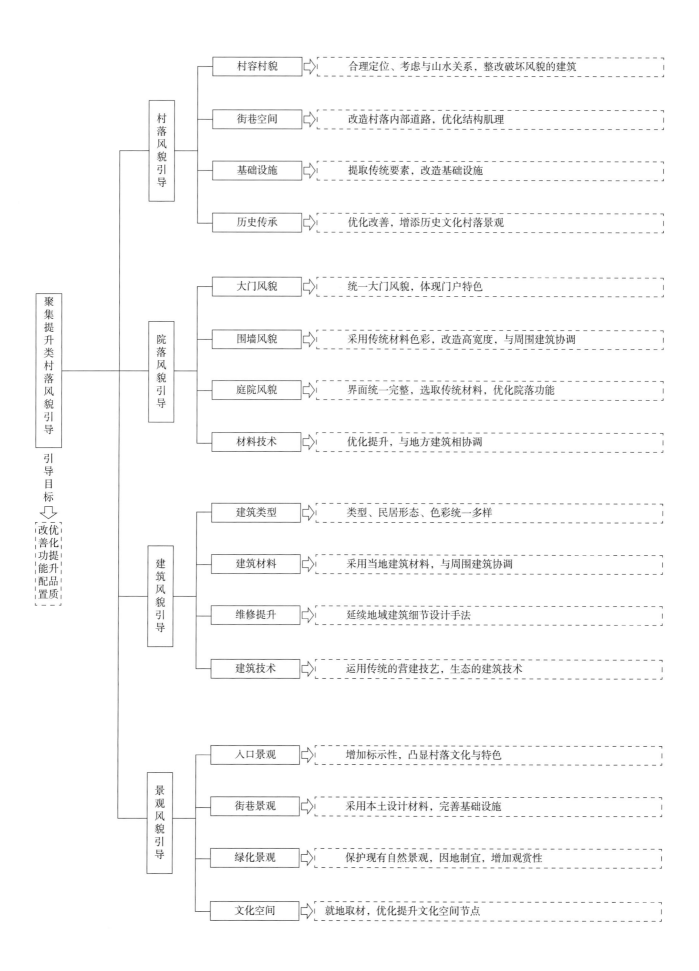

聚集提升类村落风貌引导

引导目标

改善功能配置
优化提升品质

村落风貌引导
- 村容村貌 ⇒ 合理定位、考虑与山水关系，整改破坏风貌的建筑
- 街巷空间 ⇒ 改造村落内部道路，优化结构肌理
- 基础设施 ⇒ 提取传统要素，改造基础设施
- 历史传承 ⇒ 优化改善，增添历史文化村落景观

院落风貌引导
- 大门风貌 ⇒ 统一大门风貌，体现门户特色
- 围墙风貌 ⇒ 采用传统材料色彩，改造高宽度，与周围建筑协调
- 庭院风貌 ⇒ 界面统一完整，选取传统材料，优化院落功能
- 材料技术 ⇒ 优化提升，与地方建筑相协调

建筑风貌引导
- 建筑类型 ⇒ 类型、民居形态、色彩统一多样
- 建筑材料 ⇒ 采用当地建筑材料，与周围建筑协调
- 维修提升 ⇒ 延续地域建筑细节设计手法
- 建筑技术 ⇒ 运用传统的营建技艺，生态的建筑技术

景观风貌引导
- 入口景观 ⇒ 增加标示性，凸显村落文化与特色
- 街巷景观 ⇒ 采用本土设计材料，完善基础设施
- 绿化景观 ⇒ 保护现有自然景观，因地制宜，增加观赏性
- 文化空间 ⇒ 就地取材，优化提升文化空间节点

图4-2-3　集聚提升类村落风貌引
导图

（3）结合村落文化，保持不同建筑类型材料、色彩、高度等要素风貌的协调性；保持民居的装饰素材（砖雕、木雕、石雕）以保证装饰风貌的统一性；对建筑造型风貌进行引导，保证其与山水环境的融合性。

（4）入口景观要具备明显特征的识别性。

3. 搬迁撤并类村落

对位于生存条件恶劣、生态环境脆弱、自然灾害频发等地区的村庄，因重大项目建设需要搬迁的村庄，以及人口流失特别严重的村庄，可通过易地扶贫搬迁、生态宜居搬迁、农村集聚发展搬迁等方式，实施村庄搬迁撤并，统筹解决村民生计、生态保护等问题。拟搬迁撤并的村庄，严格限制新建、扩建活动，统筹考虑拟迁入或新建村庄的基础设施和公共服务设施建设。坚持村庄搬迁撤并与新型城镇化、农业现代化相结合，依托适宜区域进行安置，避免新建孤立的村落式移民社区。搬迁撤并后的村庄原址，因地制宜复垦或还绿，增加乡村生产生态空间。农村居民点迁建和村庄撤并，必须尊重农民意愿并经村民会议同意，不得强制农民搬迁和集中上楼。对于此类村落应该尊重其原来村落的历史文脉与文化基因，在新建村落时旨在保持其原有文化内涵的基础上进行适合的风貌传承。尤其提倡现代形式及功能的本土转化运用的方式，而非直接套用（图4-2-4）。针对循化县现有村落的特征与元素提炼，搬迁撤并类村落风貌引导内容应该包括：

（1）风格形式：建筑的总体风格应以传统篱笆楼及庄廓元素符号为主，学校、医疗、企事业单位建筑可灵活多变，增加地域建筑的丰富性。同时应注重与原有的传统建筑风格相协调。

（2）体量尺度：坚持以人为本的原则，以符合人的需求为准则，适当舒展开阔，注重主体建筑与辅助偏房的体量对比协调，保持总体风貌上的完整、连续、统一。

（3）建筑材料：建筑材料以当地的乡土材料，如生土、篱笆、石材、木材等为主，逐步引进新技术、新工艺，突出地域现代乡村建筑的本土特色。

（4）建筑色彩按照不同民族的色彩偏好，延续传统乡村建筑的主要色彩搭配：以黄、绿、蓝、白等为主。依据周边天空、地面、树木等环境色的特点，分片区提取确定主导色彩，并以此引导未来的村庄建设。

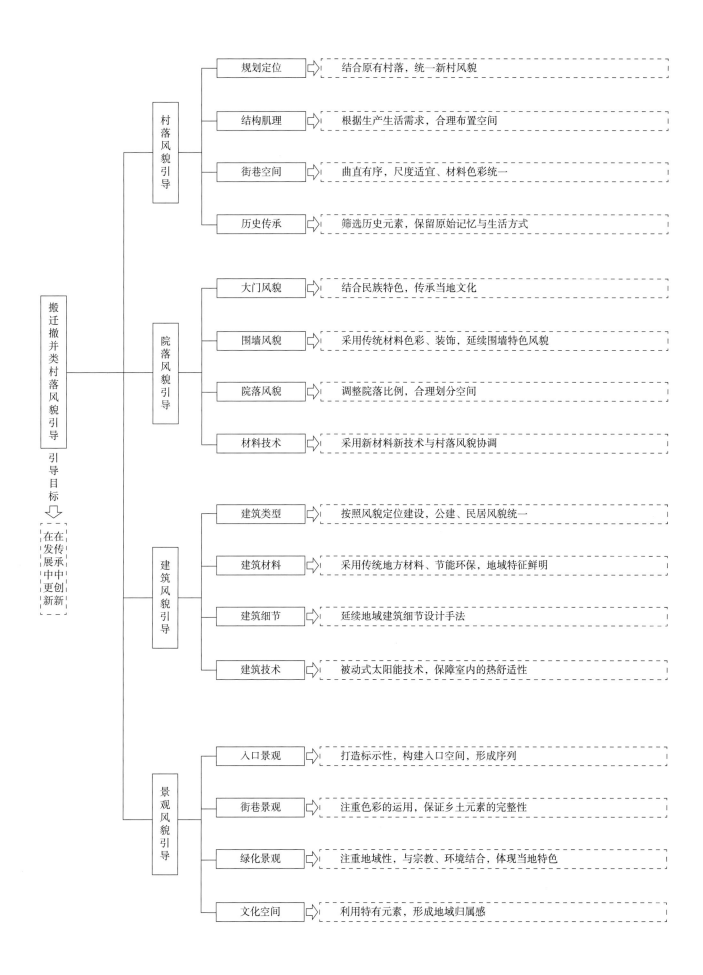

搬迁撤并类村落风貌引导

引导目标 ⇨ 在发展中创新 在传承中更新

村落风貌引导

规划定位	⇨	结合原有村落，统一新村风貌
结构肌理	⇨	根据生产生活需求，合理布置空间
街巷空间	⇨	曲直有序、尺度适宜、材料色彩统一
历史传承	⇨	筛选历史元素，保留原始记忆与生活方式

院落风貌引导

大门风貌	⇨	结合民族特色，传承当地文化
围墙风貌	⇨	采用传统材料色彩、装饰，延续围墙特色风貌
院落风貌	⇨	调整院落比例，合理划分空间
材料技术	⇨	采用新材料新技术与村落风貌协调

建筑风貌引导

建筑类型	⇨	按照风貌定位建设，公建、民居风貌统一
建筑材料	⇨	采用传统地方材料、节能环保，地域特征鲜明
建筑细节	⇨	延续地域建筑细节设计手法
建筑技术	⇨	被动式太阳能技术，保障室内的热舒适性

景观风貌引导

入口景观	⇨	打造标示性，构建入口空间，形成序列
街巷景观	⇨	注重色彩的运用，保证乡土元素的完整性
绿化景观	⇨	注重地域性，与宗教、环境结合，体现当地特色
文化空间	⇨	利用特有元素，形成地域归属感

4.2.2 乡村风貌分区

1. 分区依据

对循化县县域产业结构、地形地貌、民族、行政规划、水资源等进行规划分区（表4-2-2），并依据乡村村落分布特征进行风貌分区规划，将循化县县域乡村分为撒拉族川水型乡村风貌区、藏族山地型乡村风貌区、藏族高山牧业型乡村风貌区三大类。

循化县县域乡村风貌分区依据　　　　　　　表4-2-2

产业结构分区	沿黄河工业旅游综合发展区、中部农业综合发展区、西南牧业发展区
地貌分区	北部河谷区、中部丘陵区、南部山地区
民族分布分区	撒拉族聚集地、藏族集聚地
行政规划分区	乡、镇
水资源分区	境内水域属黄河水系，全县主要河流有17条

（信息来源：课题组自绘）

（1）依据产业结构分区

第一产业以农业、牧业为主；第二产业主要以资源加工型行业为主；第三产业为交通运输、仓储和邮政业、批发零售和住宿餐饮业、房地产业、信息传输、计算机服务和软件业、金融保险业，重点产业为商贸业和旅游业（图4-2-5）。

4　|　5

图4-2-4　集聚提升类村落风貌引导图

图4-2-5　循化县产业结构分区示意图

（2）依据地貌分区

循化地处青藏高原东部边缘地带，祁连山支脉拉鸡山东端，四面环山，山谷相间，南高北低，海拔1780米（孟达乡关门黄河岸边）~4635米（达利加山），相对高差2855米，县境地貌系中海拔山地。北部为黄河川道，中部与东北部低山丘，南部为中高山区（图4-2-6）。

（3）依据民族分布分区

循化县中撒拉族、藏族、回族、汉族人口比重较大，彝族、哈萨克族、满族、苗族、维吾尔族、土家族人口最少。撒拉族主要分布于积石镇、街子镇、白庄镇、清水乡、查汗都斯乡；藏族主要分布于积石镇、文都藏族乡、尕楞藏族乡、道帏藏族乡、岗察藏族乡，其中，岗察藏族乡全部人口均为藏族（图4-2-7）。

（4）依据行政规划分区

循化县是我国唯一的撒拉族自治县，下辖3镇6乡，即积石镇、街子镇、白庄镇、查汗都斯乡、清水乡、文都藏族乡、尕楞藏族乡、岗察藏族乡和道帏藏族乡（图4-2-8）。

（5）依据水资源分区

循化县境内水域属黄河水系，全县主要河流有17条。循化县河川径流以降

图4-2-6　**青海省循化县地貌分区示意图**

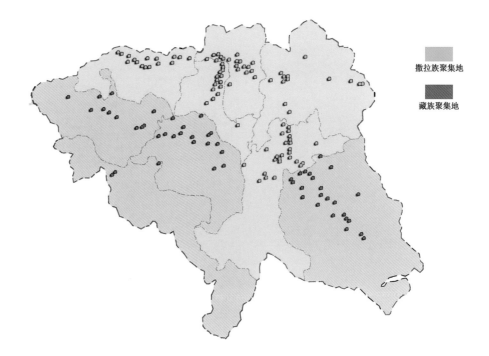

图4-2-7 青海省循化县民族分布
　　　 分区示意图

图4-2-8 青海省循化县行政规划
　　　 分区图

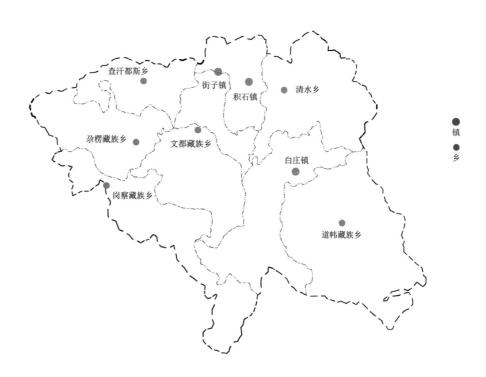

水补给为主，多年平均河川径流量2.641×10亿立方米（不包括黄河干流过境
水量），径流深125.8毫米。径流深的变化从东南向西北呈递减的趋势，变化范
围在100~255毫米之间。高值区为东南部起台沟河源区、卧龙沟一带，年径流
深225毫米左右；低值区为黄河河谷，径流深在100毫米左右，中部丘陵浅山地

河流

图4-2-9 青海省循化县水资源分区图

区径流深在125毫米左右（图4-2-9）。

（6）风貌分区示意图

按乡村的分布特征分区对循化县进行风貌分区规划，可将其分为三类风貌区（图4-2-10）：①黄河谷地：撒拉族川水型农业乡村风貌区。②街子河流域—清水河流域：藏族山地型乡村农牧交错风貌区。③高原牧区：岗察藏族高山型藏族牧业风貌区。

2. 风貌分区与风貌定位（图4-2-11）

3. 传统建筑原型分析与基因提取

为了对循化县乡村风貌建设进行引导，从循化县传统民居建筑与公共建筑中进行原型分析与基因提取，分别从其立面、色彩与材质三方面进行解析（图4-2-12、图4-2-13）。

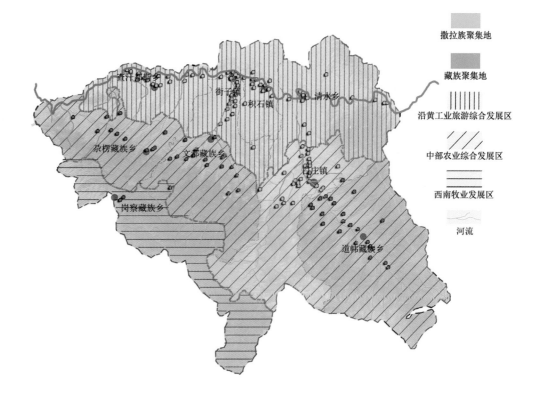

图例说明（右上角）：
撒拉族聚集地
藏族聚集地
沿黄工业旅游综合发展区
中部农业综合发展区
西南牧业发展区
河流

地图标注：查汗都斯乡、街子镇、积石镇、清水乡、尕楞藏族乡、文都藏族乡、岗察藏族乡、白庄镇、道帏藏族乡

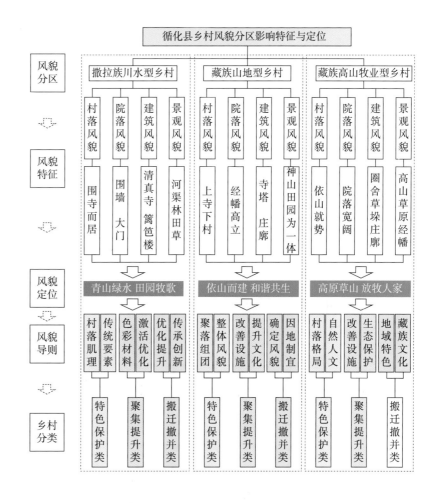

循化县乡村风貌分区影响特征与定位

风貌分区	撒拉族川水型乡村	藏族山地型乡村	藏族高山牧业型乡村

风貌分区：
- 撒拉族川水型乡村：村落风貌、院落风貌、建筑风貌、景观风貌
- 藏族山地型乡村：村落风貌、院落风貌、建筑风貌、景观风貌
- 藏族高山牧业型乡村：村落风貌、院落风貌、建筑风貌、景观风貌

风貌特征：
- 撒拉族川水型乡村：围寺而居、围墙 大门、清真寺 篱笆楼、河渠林田草
- 藏族山地型乡村：上寺下村、经幡高立、寺塔 庄廊、神山田园为一体
- 藏族高山牧业型乡村：依山就势、院落宽阔、圈舍草垛庄廊、高山草原经幡

风貌定位：
- 青山绿水 田园牧歌
- 依山而建 和谐共生
- 高原草山 放牧人家

风貌导则：
- 撒拉族川水型乡村：村落肌理、传统要素、色彩材料、激活提升、优化提升、传承创新
- 藏族山地型乡村：聚落组团、整体风貌、改善设施、提升文化、确定风貌、因地制宜
- 藏族高山牧业型乡村：村落格局、自然人文、改善设施、生态保护、地域特色、藏族文化

乡村分类：
- 撒拉族川水型乡村：特色保护类、聚集提升类、搬迁撤并类
- 藏族山地型乡村：特色保护类、聚集提升类、搬迁撤并类
- 藏族高山牧业型乡村：特色保护类、聚集提升类、搬迁撤并类

10
——
11

图4-2-10　青海省循化县乡村风貌
　　　　　分区示意图

图4-2-11　循化县乡村风貌分区与
　　　　　风貌定位图

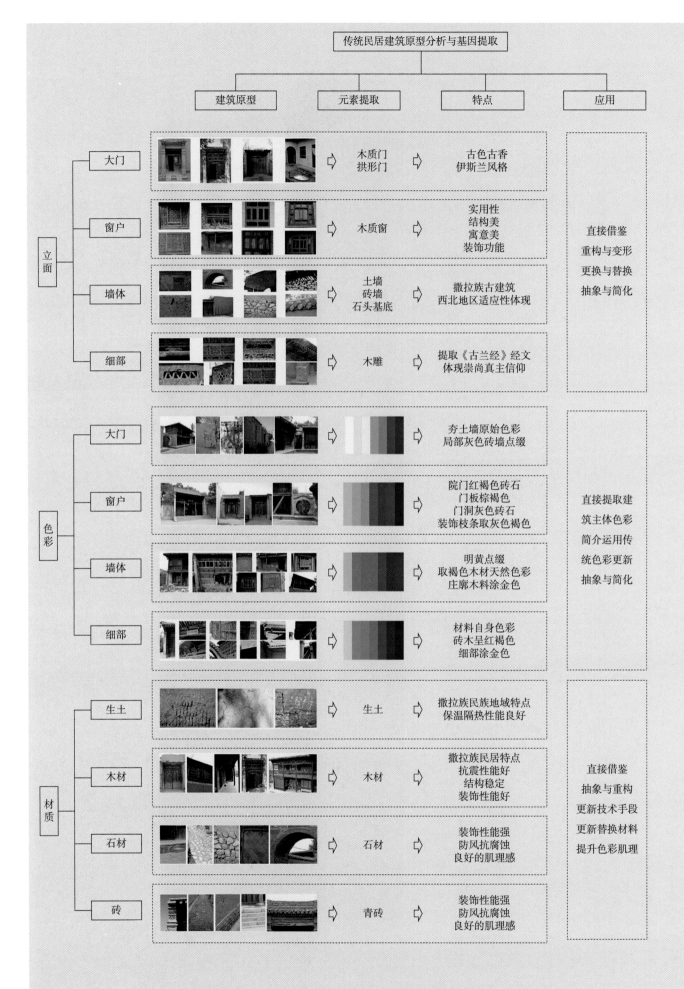

图4-2-12 传统民居建筑原型分析与基因提取示意图

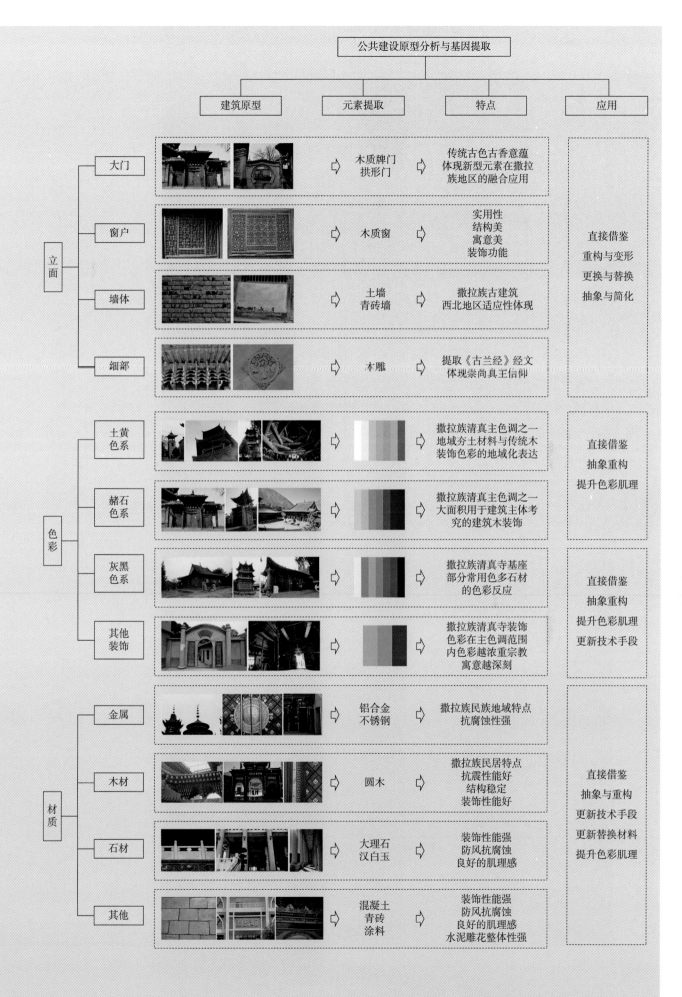

图4-2-13　公共建筑原型分析与基因提取示意图

4.3 撒拉族川水型乡村风貌区

4.3.1 撒拉族川水型乡村风貌现状

1. 村落风貌特征

撒拉族川水型乡村主要分布于循化县白庄镇、察汗都斯乡及清水乡，其分布范围：位于河台"半岛"川地，东起河沟山林，南依山麓台阶，西北濒临黄河及黄河支流两岸平坦地域（图4-3-1）。

川水型乡村风貌区内有著名的骆驼泉、狐跳峡等自然景观资源（图4-3-2）。

撒拉族川水型乡村民族文化特征鲜明，村中建有清真寺，庄廓民居围寺而居，整体生土风貌统一，寺庙与周围民居的关系呈现出从中心向周围、由密集到稀疏的空间结构关系（图4-3-3）。村中巷道两侧为庄廓院墙或民居建筑的侧墙，其侧墙与巷道的高宽比D/H约在0.8~1.6范围内，尺度适宜。民居多沿村道两侧分布，呈串联式线性布局，乡土气息浓郁（图4-3-4）。

图4-3-1　撒拉族川水型乡村整体风貌图

❶ ❷

❶ 狐跳峡
❷ 骆驼泉

图4-3-2 撒拉族川水型乡村景观
风貌图

$\dfrac{2}{3}$

❶
❷

❶ 苏志村围寺而局
❷ 塘坊清真寺与周围民居的关系

图4-3-3 撒拉族川水型乡村风貌图

密 ◀—— 疏 ——▶ 密

2. 院落风貌特征

撒拉族川水型村落基地环境较为平坦，乡村中的院落以正房为中心，两侧是辅助用房，主要用作厢房、养殖、储物。庭院中间做花坛，是撒拉族庭院特色，院落比例一般为 D/H≤1，有利于房屋内部采光（图4-3-5）。

围墙风貌包括：夯土墙、夯土墙与篱笆结合、砖墙。

院落大门风貌包括：普通单扇门、松木大门、砖石门柱、松木大门。

建造材料多使用木材、泥、砖、石、水泥、篱笆等。

建造技术包括：夯土技术、砌石技术、篱笆编织技术、木雕及砖雕技术等。

撒拉族的民居院落整洁，种植四季花草以大门及正房木雕显示着传统文化及美好生活的祈盼（图4-3-6）。

3. 建筑风貌特征

撒拉族川水型乡村建筑类型主要分为宗教建筑和民居建筑。其中宗教建筑主要是清真寺，包括宣礼楼、礼拜殿、拱北（图4-3-7、图4-3-8）；民居院落为庄廓院落，民居建筑单体主要为篱笆楼和松木大房（图4-3-9）。建筑材料包括石材、木材、土材等。建筑细节的特色主

图4-3-4 撒拉族川水型乡村街巷
风貌图

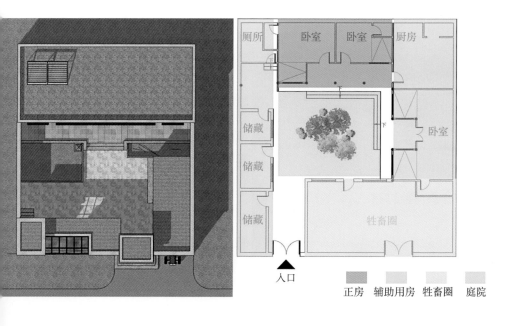

入口

正房　辅助用房　牲畜圈　庭院

❶ 撒拉族院落总平面
❷ 撒拉族院落功能分区

图4-3-5 撒拉族川水型乡村院落
平面布局示意图

厕所　卧室　卧室　厨房

储藏

储藏

储藏

卧室

牲畜圈

6   图4-3-6　撒拉族川水型乡村院落风貌图

7   图4-3-7　撒拉族川水型乡村清真寺风貌图

要体现在篱笆楼、大门、木窗以及檐廊上。建筑建造技术包括夯土技术、木结构技术、篱笆编制技术等。川水地区撒拉族清真寺及篱笆楼特色最为突出，也是这一地区乡村风貌的主旋律。

4. 景观风貌特征

撒拉族川水型乡村的景观特征，以孟达大庄村为例，其村域周边环境优美，山水相映，不同的季节性景观由当季农作物所形成，景观四季分明。村落文化景观包括打麦场和坟园。村中篱笆楼街巷空间尺度适宜，与古树形成多处景观节点空间。但其自然景观层次不够丰富，村入口位于省道与村道交汇的十字路口，入口处无特殊标志，导向性不明显，缺乏具有独特地域性的入口景观节点（图4-3-10）。

图4-3-8　撒拉族川水型乡村宣礼楼风貌图

松木大房

松木大房

篱笆楼

篱笆楼

图4-3-9　撒拉族川水型乡村民居
　　　　　建筑风貌图

图4-3-10　撒拉族川水型乡村景
　　　　　观风貌图

街巷空间

古树

古树与水渠

黄河支流

湿地

4.3.2 撒拉族川水型乡村风貌定位

撒拉族川水型乡村风貌区海拔1800~2000米，形成了撒拉族-河谷-耕地-篱笆楼-撒拉农家等的多元乡村风貌区（图4-3-11）。

乡村风貌定位为：青山绿水环抱，水渠穿村环绕，田园牧歌式宜居家园，立足清真寺、篱笆楼、土庄廓的乡土特色，承载田园乡愁，体现现代文明的少数民族乡村（图4-3-12）。

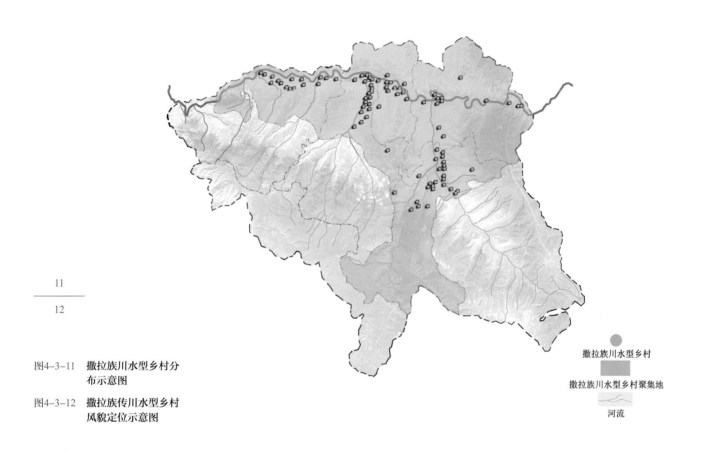

$\dfrac{11}{12}$

图4-3-11 撒拉族川水型乡村分
布示意图

图4-3-12 撒拉族传川水型乡村
风貌定位示意图

● 撒拉族川水型乡村

撒拉族川水型乡村聚集地

〰 河流

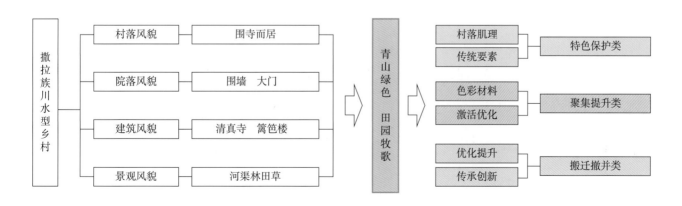

4.3.3 撒拉族川水型风貌引导

1. 特色保护类村落风貌引导

（1）村落风貌引导

特色保护类村落风貌引导应从保护村落整体风貌、结构肌理、街巷空间、历史要素四个方面进行风貌引导。

在保护撒拉族川水型村落整体风貌以及地形地貌与村落的关系时，应注重保护撒拉族聚落组团形式、整体风貌以及村落周边自然环境等（图4-3-13）。对于破坏村落整体风貌的建筑或构筑物应予以拆除，对破坏村落整体风貌周边环境的建设给予整治。

在保护川水型撒拉族乡村传统肌理风貌时，首先应保护原有村落肌理，同时保护村落原有的布局方式，提升公共空间功能，提炼风貌特征，强化风貌特色。对于破坏村落格局的片区应重新规划，严格保持村落结构肌理。其次应保护村落的传统历史要素，如围寺而居的村落布局及周边环境、穿绕街巷的水渠古树、院落围墙大门的传统风貌特征。对于破坏村落历史要素的行为应该明令禁止，并对已被破坏的要素进行复原、抢救，保持传统资源的丰富性，保持与自然环境相融合。

在保护川水型撒拉族乡村街巷空间时，首先应注重保护村落街巷空间，还原原有街巷尺度。其次应保护道路丰富的层级关系，提取传统村落格局、传统街巷肌理、传统庄廓

保护撒拉族
聚落组团形式

保护撒拉族
聚落整体风貌

保护撒拉族
村周边自然环境

民居等风貌要素。对于破坏村落街巷空间的加建建筑和受损墙面应该拆除与恢复，还原原有村落街巷尺度，保证较为舒适的街巷空间。保护传统街巷的空间尺度、界面、比例、铺地材质等历史特征，保持公共空间良好的尺度、围合界面的地域和民族特色（图4-3-14）。

（2）院落风貌引导

特色保护类村落院落风貌导引应从保护村落院落大门风貌、围墙风貌、院落风貌、材料技术四个方面进行风貌引导。

撒拉族川水型乡村院落大门是构成村内重要的景观风貌要素，首先应注重保护撒拉族传统松木大门的材质、门楼的形式、砖雕门柱与木雕装饰结合的特征（图4-3-15）。其次保护撒拉族传统的木雕、木窗、木门、木构架以及屋顶形式（图4-3-16）。同时保护院落大门风貌协调性与统一性，保护当地院落松木大门与夯土围墙组合的风格特色，保护院落木雕大门与粗犷土墙对比的协调效果。

图4-3-13　撒拉族川水型乡村聚落保护示意图

图4-3-14　川水型特色保护类村落街巷空间

保护撒拉族传统木雕　　　　保护松木大门门楼形式　　　　保护撒拉族传统砖雕

保护屋顶形式

保护撒拉族传统木构架

保护撒拉族传统木门

保护撒拉族传统木雕

保护撒拉族传统木窗

保护庭院立面层次

保护当地庭院植物

保护庭院景观形式

保护庭院地面铺装

围墙与大门共同构成村落街巷空间的风貌特征，应保护围墙风貌的完整性和统一性，保护院落围墙的民族特色。应注重保护庭院立面层次、景观形式、当地庭院植物以及庭院地面铺装（图4-3-17）。保护围墙的完整性，对已损坏的围墙应采用原有材料，严格按照传统技术进行修复。保护围墙的统一性，不能破坏围墙结构与色彩风格的统一性。保护围合院落布局，保持原有民族特色（图4-3-18）。

保护院落风貌应保护院落风貌的尺度比例，保证人们的生产生活需求得到满足。院落尺度不能过大或过小，严格按照原有适宜尺度营建，保证房屋内部采光。民居院落将居住空间与养殖空间隔开，保证功能流线的明确性，对于功能混乱的院落应按传统格局进行复原，保持原有的封闭性、内向性和秩序性。

保护建筑材料技术的传承与协调，对于新建院落与建筑应采用当地的传统材料、原有的营建技艺，例如夯土技术、砌石技术，以及改良土坯技术等。保护及优化生土材料，保护材料技术协调统一的风格，科学合理地使传统松木材料与夯土墙体牢固连接。

图4-3-18 川水型特色保护类村落院落围墙现状图

（3）建筑风貌引导

特色保护类村落建筑风貌引导应从保护村落建筑类型、建筑材料、建筑细节、建筑技术四个方面进行风貌引导。

在川水型乡村建筑风貌引导中，首先应保护其建筑类型的多样性，保护清真寺、礼拜殿、宣礼楼、篱笆楼（图4-3-19）。

地方材料与传统工艺最能体现乡村的风貌特征，对于材料结构应保护其传统性，保护砖、石结构，保护夯土墙结构，保护木头门结构，保护松木大房结构。对于破坏部件，要用原有材料及技术进行补救（图4-3-20）。

建筑装饰细部是体现对乡村文化品质及对美好生活向往的精神追求，细部装饰往往是风貌特色的点睛之笔。应保护细节装饰的多样性，如篱笆墙、砌石夯土墙、大门门头木雕、瓦当与滴

❶ 撒拉族篱笆楼
❷ 撒拉族礼拜楼
❸ 撒拉族庄廓院内院
❹ 上科哇清真寺宣礼楼

图4-3-19 撒拉族建筑类型图

图4-3-20 川水型特色保护类村
落建筑材料图

树木枝条

砖石

夯土

石材

木材

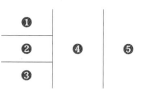

❶ 树木枝条
❷ 砖石
❸ 木材
❹ 夯土
❺ 石材

水、木窗、檐廊。对于与传统不协调的、模式化的新样式应采用原有丰富的装饰风格样式与技艺，保持装饰风格丰富多样性，保护内部装饰布局完整性，显示民族文化特色。保护传统村落中特有的乡土营建技术，如夯土技术、土坯砖技术、砌石技术。在对传统村落的建筑营建技术进行提升、优化时不能破坏其技术的乡土性（图4-3-21）。

（4）景观风貌引导

特色保护类村落景观风貌引导应从保护村落入口景观、道路景观、自然景观、文化空间四个方面进行风貌引导。

保护传统村落入口景观，保护入口景观的民族特色与标识性。对于没有入口景观的村落应在入口空间采用具有民族特色的标识作为道路引导。撒拉族可采取利用道路作引导，在入口空间设置明显标注牌（图4-3-22）。

图4-3-21 川水型特色保护类村落建筑细部示意图

图4-3-22 川水型特色保护类村落入口景观图

篱笆墙截扇

篱笆墙

建筑细部门头木雕

孟达大庄村入口

塔沙坡村村落入口

| 保护街道尺度舒适性 | 采用土、木、石传统材质 | 保护地域植物点缀 | 保护空间开敞流线自然 |

❶ ❷ ❸ ❹

23
———
24

❶ 村落道路景观
❷ 村落道路景观
❸ 寺门巷
❹ 村落道路景观

保护道路景观，保护传统街道尺度、特色构筑物、传统材料、装饰方式。保护街道尺度的舒适性，街道界面应采用传统材质，并采用地域性植物进行点缀，保持空间开敞、流线自然。铺装、路灯等采用乡土化材料，如砖材、石材、木材、泥土等进行建设，禁止模仿城市化做法破坏道路景观乡土性（图4-3-23）。

保护村落周边自然景观的多样性，保护村落中的树木、水渠、池塘、宅旁绿地，保护村落周边的田园、梯田等农业景观。严格控制生产建设对自然景观的影响。强化地域性自然景观，在不破坏原风貌的基础上进行适度旅游开发（图4-3-24）。

❶ ❷ ❸

❶ 自然景观
❷ 道路景观
❸ 孟达天池

图4-3-23　特色保护类村落道路景观图

图4-3-24　特色保护类村落自然景观图

| 保护村落中的自然景观 | 保护村落中的道路绿地 | 保护村落周边的自然景观 |

传统村落在历史的演进中结合自然地形构成了具有景观特点的节点空间，保护节点空间景观的多样性与协调性。对于每一个节点景观应进行有效的保护和利用，增加节点景观的多样性。例如适当增设公厕、停车位等必要的公共设施，保持材料、造型与当地建筑环境相协调。

2. 集聚提升类村落风貌引导

（1）村落风貌引导

集聚提升类村落风貌引导应从村落整体风貌、结构肌理、街巷空间、历史要素四个方面进行风貌引导。

改造之初，需对村落进行合理的风貌定位，根据整体风貌定位进行风貌引导。在撒拉族川水型乡村风貌区内，大多数村落为"集聚提升类"村落，此类村落风貌特征现状不突出，村容村貌亟待整治与提升，应在原有规模基础上有序推进改造提升，激活产业优化环境。如果以现代型社区风貌为主，则其他所有建筑均不能破坏此风貌。后期村落发展中应考虑村落与山水环境的整体关系，对破坏整体地势格局的村落布局进行调整改造。对破坏整体风貌的建筑进行整改，包括民居、清真寺、佛教寺庙等。对破坏整体风貌环境的道路、基础设施、民居外观等要素进行改造（图4-3-25），将村落中原有的砖墙面进行生土抹面处理，使整体风貌统一。

优化村落结构肌理，将点、线、面型空间进行序列性以及丰富性改造，保持重要节点的周边空间肌理。例如在村庄入口空间、中心功能空间强化乡土材料、地域文化标志。在整村风貌打造中应强调乡土色彩、乡土建筑材料的协调统一。村中公共设施、民居屋顶色彩应统一，墙体涂料应体现乡土特点，以体现撒拉族民居特色风貌。传承乡村文化，留住乡聚记忆。

❶ 将石砌基础修补加固
❷ 外露的红砖墙面饰以夯土质感涂料或草泥抹面
❸ 二层用新编制的篱笆墙替换、修补加固
❹ 屋顶防水排水处理

侧界面材料置换为生土抹面

铺装置换为当地石材或青砖

图4-3-25　集聚提升类村落整体
　　　　　风貌图

图4-3-26　川水型集聚提升类村
　　　　　落街巷图

　　改造街巷空间的界面，保证其统一性，并体现出整体风貌特色。根据功能
以及使用者的感受对街巷空间的比例尺度进行改造，保证街巷尺度的适宜性。
应使街巷D/H比值界于0.7~2之间。街巷D/H比值大于2，空间感受压抑，应降
低独立院墙的高度或增加街巷道路宽度；街巷D/H比值小于0.7，空间围合感
弱，应增加独立院墙的高度或缩短街巷道路宽度。例如街巷侧界面材料为瓷砖
贴面或水泥抹面，与整体街巷色彩不统一，应置换侧界面材料为生土抹面；街
巷底界面硬化，未能体现乡村特色，应将水泥硬化铺装改为当地石材或青砖铺
地（图4-3-26）。

　　在保护历史要素的基础上对其周边环境进行优化改善，增添具有历史意义
或体现历史文化的村落景观，对历史建筑进行合理的修缮保护。村落古树保存
较好，但其周围空间局促，未能有效利用历史要素，应将古树周边民居进行拆
除搬迁，结合古树对清真寺门前空间进行优化（图4-3-27）。

　　（2）院落风貌引导

　　集聚提升类村落院落风貌引导应从院落大门风貌、围墙风貌、院落风貌、
材料技术四个方面进行风貌引导。

　　在提升村庄院落大门风貌时，改造大门的风貌应完整统一，注重改造大门
传统造型及围墙的装饰色彩，修复残缺的夯土围墙，并在院落大门两侧增设景
观节点。并体现出建筑的门户风貌特色。大门材料的改造应就地取材，选取当

应合理利用历史要素
对空间进行优化

白庄镇科哇村

清水乡塔沙坡村广场

❶

❷

❸

❶ 院落围墙顶部做红砖压檐，修复红砖与夯土结合的风貌
❷ 将院落夯土围墙平整，修复院落围墙面貌
❸ 院落大门两侧种植花卉，体现撒拉族民居特色风貌

地传统材料，并根据不同的民族文化特色采用不同的风格（图4-3-28）。

　　改善围墙的风貌应延续当地传统建筑围墙的风貌特色，采用当地的材料、运用当地传统色彩。改造围墙的高度、宽度，使其符合村民生活习惯，并与其所处的建筑相互协调。围墙改造应采用当地的传统材料，并在施工工艺上进行提升，使得改造后不仅外观"修旧如旧"，而且更加美观、舒适，更符合村民生活的需求（图4-3-29）。

　　改造院落侧界面使其达到统一完整，并体现出整体建筑风貌特色。院落铺装材质应就地取材，选取当地土、石等传统材料。优化院落空间的功能性，可通过适当的景观营造进行空间的分隔。例如将水泥抹面置换为木板饰面，采用当地石材进行局部硬化铺装，增添植物景观，美化院落环境（图4-3-30）。

图4-3-27　川水型集聚提升类村落
　　　　　历史要素图

图4-3-28　川水型集聚提升类乡村
　　　　　传统门楼改造示意图

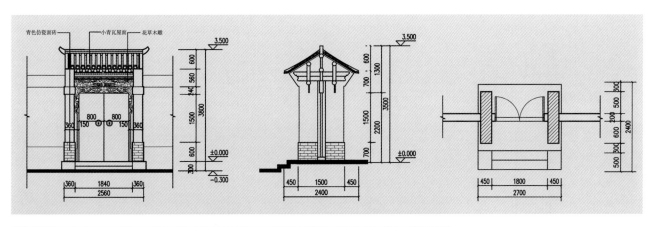

青色仿瓷面砖　小青瓦屋面　花草木雕

使用当地材料

增添植物景观美化院落环境

当地石材铺装

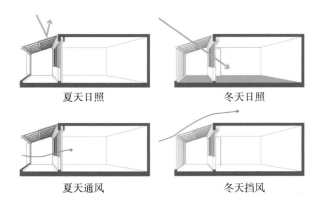

夏天日照　　　　　　冬天日照

夏天通风　　　　　　冬天挡风

保持新技术与传统建筑的协调，使新技术能更好地运用于建筑，服务于当地居民，同时针对传统技术、材料进行优化提升。根据建筑的特点，可以采用被动式太阳能、玻璃暖廊等新技术，通过新材料的运用达到资源利用的最大化（图4-3-31）。

（3）建筑风貌引导

集聚提升类村落建筑风貌导引应从村落建筑类型、建筑材料、建筑细节、建筑技术四个方面进行风貌引导。

尽可能保证村落中建筑风貌的统一性，尤其是公共建筑与传统民居的融合，应使不同年代、不同材料的民居，其形态、色彩等风貌能够尽可能地统一融合。村落的建筑类型应尽可能保证多样性，满足村民的功能需求。根据不同的建筑类型和形式，重点从建筑材料、建筑色彩等方面进行改造。

在改造村落建筑时，应当根据清真寺、民居、村委会、公共卫生间、卫生所、公共汽车站、小卖部共七种建筑类型进行完善和补充，应注重增加风貌小品，庭院中心种植花卉形成景观节点，提高村民的生活水平和质量。不同的建筑类型应遵循不同的改造手法，但原则是在保证统一性和协调性的基础上，增加其多样性，满足广大村民的生活生产需求。

建筑材料宜选用当地的传统建造材料，如生土、石材、木材、砖等，每种材料的用途和使用方法应与传统建筑相一致。在使用水泥、钢筋混凝土等现代材料进行民居改造时，应注意保持与周围建筑的协调性。改造建筑的外立面应采用当地建筑材料，使其与整个村落的建筑风貌相互协调，保证村落建筑风貌的完整性、统一性（图4-3-32）。

建筑细节应保留和传承当地元素及色彩，并在此基础上进行合理的改造和优化，例如材料的优化、色彩的提升、元素的提炼等，最终在建筑细节风貌上延续当地特色。建筑立面细节，包括门窗、墙面、色彩、材质等在进行改造时，均要以保护和还原为主，优化地域传统内容。在建筑细节的改造中应尽可能多的运用当地传统的设计元素、符号、材料、造型等，使村落建筑风貌尽可能多的展现出当地特色。例如在院落大门上增加当地特色装饰，体现当地文化（图4-3-33）。

运用传统乡土建筑营造技艺，同时加入一些生态的建筑技术，比如被动式阳光庭院等，改善居住、生活环境。应因地制宜，将绿色建筑技术与传统营造技艺结合，在保持传承传统风貌的前提下，提升其安全性、舒适性。

图4-3-32　川水型集聚提升类村落建筑材料图

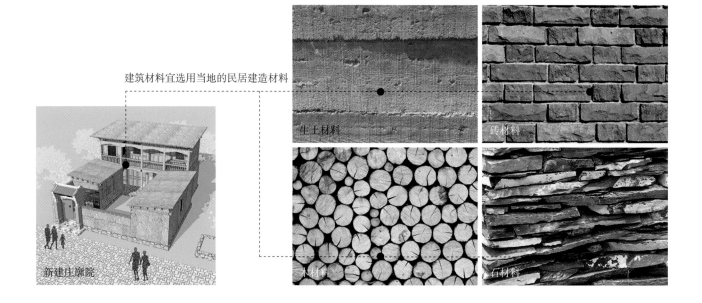

建筑材料宜选用当地的民居建造材料

生土材料

砖材料

木材料

石材料

新建庄廓院

撒拉族石雕

撒拉族石雕

撒拉族木雕

主入口

（4）景观风貌引导

集聚提升类村落景观风貌引导应从村落入口景观、道路景观、自然景观、文化空间四个方面进行风貌引导。

景观入口处应增加标志性和辨识度，使其能够在起到引导作用的同时，凸显村落的文化及特色。入口景观空间的优化和改善，应使其具有标志性、观赏性、停留性。根据不同村落的特色，对村落的入口进行针对性改造。

在改造中要保证道路景观的整洁性，打造适于人居的优美环境。在道路景观的设计中应尽可能地采用本土材料，包括传统建筑材料和当地树种植被。完善垃圾处理、污水排放等景观基础建设，切实提高村民的生活质量。根据不同的道路景观空间，进行不同的景观设计，应当从材料、植物、空间营造等多个方面进行完善，打造出宜居、美丽的新乡村景观风貌（图4-3-34）。

保护现有自然景观，包括农田、山川、河流等，禁止人为破坏。在保护自然景观的基础上，因地制宜地增加其观赏性，例如可适当增加农牧业观光设施等（图4-3-35）。

图4-3-33　川水型集聚提升类村落建筑细节图

图4-3-34　川水型集聚提升类村落文化空间示意图

保护自然景观的基础上，因地制宜地增加其观赏性，可适当增加农业观光设施

文化空间的营造应注重材料的就地取材，选择当地材料进行空间的搭建。应善于借助现有的景观要素，如古树、特色建筑等进行改造，营造文化空间节点。增加可观赏性的当地植物、符合当地文化、村落风貌的休息设施、娱乐设施、地面铺砖等。

3. 搬迁撤并类村落风貌引导

（1）村落风貌引导

搬迁撤并类村落风貌引导应从村落整体风貌、结构肌理、街巷空间、历史要素四个方面进行风貌引导。

在撒拉族川水区域内还有少数的搬迁撤并类村落。此类村落主要由于原村落位于水库淹没区需要整体搬迁，还有山区规模较小不适宜居住的自然村需要撤并重建。而村落的整体风貌应在规划设计阶段进行合理论证，根据该地区原有或者周边村落的风貌进行规划设计，严格按照规划中的风貌定位实施，以防止过大的差异而导致风貌不统一。

村落的结构肌理应当按照风貌规划定位，在满足村落生产、生活、生态各方位的功能要求下，应将乡村风貌定位为撒拉族文化产业。并根据村民的生活、生产需求进行合理的实施，其布置应疏密有秩，避免风貌混乱及空间浪费。村落平面规划设计：根据基地的地形以及环境影响——风向、日照等因素，对村落整体布局进行规划设计；根据基地周边原有村落的结构肌理对基地进行规划设计，使得新建村落在生活构架与结构肌理上与原有村落能够相互呼应。

搬迁撤并类村落的街巷空间风貌应当保持统一多样的效果，商业空间应注重两侧界面风貌的统一，注重对人流的引入及导向作用。居住空间应注重尺

❶ 自然景观现状
❷ 自然景观改造示意

图4-3-35　川水型集聚提升类村落自然景观示意图

❶ ❷

❶ 篱笆楼商业区街道透视
❷ 广场

图4-3-36 川水型搬迁撤并类村落街巷示意图

图4-3-37 川水型搬迁撤并类乡村新建民居院落围墙风貌示意图

度、材料及色彩的风貌控制，营造出怡人的街巷空间（图4-3-36）。

根据村落风貌定位，发展搬迁撤并类村落应对基地内的历史元素进行适当的筛选与保留，不能一概拆除，对撒拉族传统元素优化提升，做到在传承中有所创新。注意保留原始村民的传统记忆与生活方式。

（2）院落风貌引导

搬迁撤并类村落院落风貌引导应从院落大门风貌、围墙风貌、院落风貌、材料技术四个方面进行风貌引导。

不同民族区域的新建村落应根据风貌引导原则，将民居大门风格按照当地的民族特色进行设计，分清不同民族风格的差异，从而充分维持文化特色。

新建民居其围墙应当采用当地传统材料、传统色彩，尊重各少数民族特有的色彩、装饰及材料喜好，延续当地民居围墙的特色风貌。例如撒拉族以土黄色和青色为主（图4-3-37）。

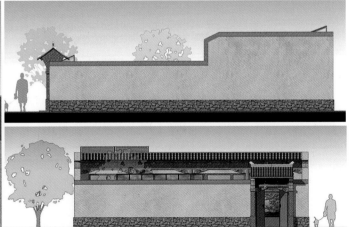

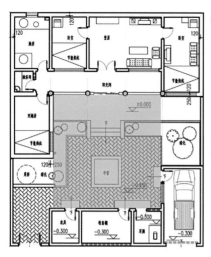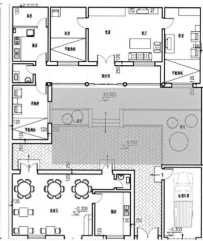

新建院落应采用合理的院落比例，促进院落采光。新建院落风貌要依据村民生活与精神的需求，合理安排空间划分并进行风貌控制（图4-3-38）。

（3）建筑风貌引导

搬迁撤并类村落建筑风貌引导应从村落建筑类型、建筑材料、建筑细节、建筑技术四个方面进行风貌引导。

新建村落中不得出现外来不协调的因素，应合理配置公共服务设施，引导适宜的生活空间尺度。建筑类型要严格按照规划中的风貌定位进行建设，包括庄廓民居以及篱笆楼等。不宜在乡土风貌区建设非传统建筑。庄廓院采用传统独院式布局，平面功能在保留传统功能的同时应加入新功能，便于平时生活的使用。建筑的细节设计应在门楣、屋脊、窗花等部位保留地域建筑的相关细节和设计手法（图4-3-39）。

新建川水型撒拉族乡村建筑技术引导，主要包括新型夯土技术、太阳能利用技术、阳光暖房及阳光庭院等。例如传统庄廓民居多采用传统夯土材料，厚度多达到600~1000毫米，这种材料在节能环保基础上可以保证室内温度的稳

❶ 院落开间进深比1：1
❷ 院落开间进深比1.5：1
❸ 院落开间进深比2：1

图4-3-38　搬迁撤并类村落院落尺度图

❶ 庄廓民居
❷ 篱笆楼

图4-3-39　川水型搬迁撤并类村落建筑类型示意图

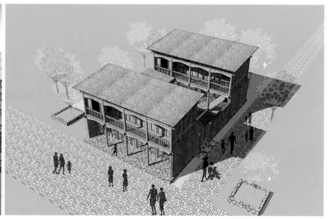

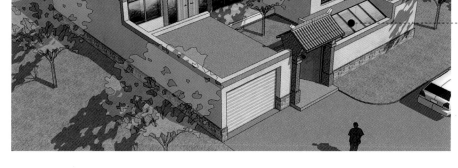

太阳能集热技术

阳光间、集热墙

阳光房

图4-3-40　川水型搬迁撤并类乡村
　　　　　建筑技术示意图

定。新建庄廓院主要采用新型夯土技术，以保证建筑的稳定性与保温性，使其更加节能环保。而在技术上可以采用被动式太阳能技术，从而在冬季持续给室内供热，保证室内的舒适性（图4-3-40）。这是传统文化元素与现代化生活设施相结合、传统营造技术与现代绿色建筑技术相融合的成果。

（4）景观风貌引导

搬迁撤并类村落景观风貌引导应从村落入口景观、道路景观、自然景观、文化空间四个方面进行风貌引导。

搬迁撤并类村落风貌中入口景观应具有强烈的标示性。可在入口处放置景石，营造入口气氛，扩大入口空间，加强空间流线，引导形成开敞的空间序列等方式。

景观应当注重其地域性，可与宗教建筑相结合，充分体现当地民族特色。充分利用当地地形（山地、川水等），在尊重当地环境的基础上使其风貌与地貌特色相结合，形成特色景观。在保留撒拉族乡村景观特色时，注重融入时代感、现代性。

4.3.4　撒拉族川水型特色保护类乡村风貌引导案例——孟达大庄村

1. 清水孟达大庄村基本概况

（1）地理区位与概况

孟达大庄村地处青海省循化撒拉族自治县东部积石峡谷深处的黄河臂弯里，地理坐标东经89°20′~103°05′，北纬39°40′~39°15′，呈"长方形"分布，居住的区域东西长约2千米，南北宽约3千米，总面积约6平方千米，东与汉平村接壤，南临孟达国家级自然保

护区，西边紧邻黄河，北同隔河相望的专堂藏族村相邻。

（2）聚落风貌特征

孟达大庄村是典型的依山傍水式村落，聚落形态北低南高，从较低处仰望形成了高低错落的肌理感，依山就势，色彩和材质与环境融为一体，毗邻黄河水，也属川水缓坡地的村落。从纵向空间来看，孟达大庄村与周边环境要素结合形成"山—水—桥—村"的空间结构。从水平空间来看，空间形态上体现了"山体—坟园—民居—清真寺—民居—黄河"的"枕山环水"的空间格局。

村落北半部分除与道路接壤部分，其余面环黄河水湾。南半部分三分之一座靠大庄山，三分之一与道路接壤，三分之一环黄河水。作为村落核心主体，南部村庄包括宗教空间以及公共墓园和牧园。聚落最初是以孟达大庄清真寺为中心，进行圆形扩散，由启木仓环绕，再扩散到阿格乃，最后形成了孔木散格局，以庄廓、篱笆楼院落为主体的八大巷道空间，墓园布局在村落最高处。村落整体风貌即有川水河谷地带的水乡灵气，又有缓坡山地的叠层肌理，夯土墙、篱笆楼掩藏在树丛中。清真寺形成村落风貌焦点（图4-3-41）。

（3）建筑风貌特征

大庄村最具有风貌特征的建筑应属清真寺与篱笆楼民居。清真寺邦克楼的木结构、盝顶三层阁楼式形成村庄天际轮廓线的高峰，也是村落传统建筑风貌的精华。撒拉族篱笆楼指的是一种民居单体的形式，整个建筑风格稳重且轻巧，通风、抗震性能良好。篱笆楼在院落中充当上房的角色，为木构架建筑，底层夯土墙围护，坐北朝南，南向大面积开窗。

图4-3-41　孟达大庄村村域风貌图

二层楼体框架采用松木构成，墙体用杂木枝条编织篱笆，两面抹以黄土草泥，其上再涂以白土泥，冬暖夏凉，透气性较强。这样既节省建筑材料，又减轻了楼体的重量，抗震性能良好。

2. 孟达大庄村风貌保护

（1）村落整体风貌现状与保护措施

孟达大庄村整体风貌保持完整，建筑风貌一致，与周围环境相呼应。但村中部分村房处在河流淹没区，受损严重。也有部分房屋新建与传统建筑风貌不协调，传统篱笆楼有的破败严重，也有居民自发改造传统民居使传统风貌丧失（图4-3-42）。

❶ 淹没区
❷ 废弃民居

图4-3-42　孟达大庄村现状

保护孟达大庄村的风貌完整性、真实性和延续性，对村庄的滨水格局、缓山的田园景观及街巷整体空间形态严加保护。严禁在保护类村落中出现新建破坏传统风貌的建筑。例如有些村民家里修建层数过高的构筑物，破坏了村落整体轮廓，显得非常突兀；禁止在保护类村落周边进行破坏活动；禁止破坏保护类村落周边一定范围内的自然与人文环境。

（2）院落整体风貌现状与保护措施

孟达大庄村中庄廓院落顺应地形，院落排布有序，大部分风貌保持完整且极具当地特色，与周边环境相映衬。但部分围墙年久失修，出现裂痕、塌陷等现象。也有墙体损坏、改砌砖、墙贴瓷片等现象，使院落围墙风貌不协调。

保护院落原有布局，保护传统院墙与大门的特色。禁止破坏其院落内的景观构成；禁止破坏保护类村落院落围墙的尺度及比例；禁止破坏保护类村落院落围墙的材料及装饰风貌。禁止破坏院落内的尺度、流线、比例关系；禁止破坏其院落空间的功能划分、地面的铺装材质。例如有些院落因为外加构筑物、遮阳构建等破坏了原先的完整性。

（3）篱笆楼建筑风貌现状与保护措施

大庄村中特色民居以篱笆楼为主，其房屋墙体底层是夯土墙，二层是为篱笆墙。除少数保存完好，大部分年久失修，局部屋顶略有坍塌，原木梁柱等构件倾斜有裂缝，墙体坍塌严重，已基本不适宜居住。有用黏土砖、混凝土加固的现象（图4-3-43）。

因大庄村部分区域被河道淹没，将村落局部风貌破坏，故在进行建筑保护与修缮时，首先针对不同区域建筑进行如下分类：

1）迁移建筑：对将会位于1856米淹没线以下的建筑进行迁移，遵循以下原则。一是不改变篱笆楼现状，保证其原真性；二是采用迁移复建或整体迁移的方式；三是保证其原貌以及传统工法不变；四是适当恢复原址建筑环境。

2）修缮建筑：结合撒拉族民居建筑元素、建筑材料与现代生活习惯，对旧民居进行具体改造。对于需要修缮的建筑，遵循以下原则。一是修缮核心，即保证传统的造型、结构、材料和工艺；二是安全为主；三是风貌统一；四是旧材料利用。其主要修缮措施如下（图4-3-44~图4-3-46）：

①屋顶防水、排水完善设计。保留较为完好的建筑结构部件，按照原有样式采用新的材料进行替换或改造。

②更新篱笆墙的建造手段，替换墙体材料，提升保暖性能。夯土墙体进行加固和修缮，减少雨水风雪侵蚀。

③石砌基础修补加固，提高墙基防水能力。

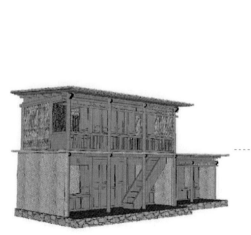

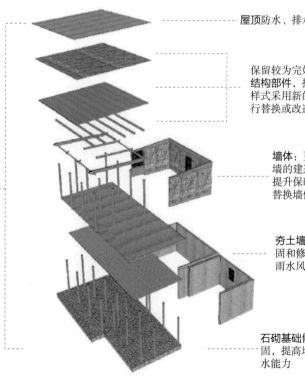

43
———
44

图4-3-43　**篱笆楼现状**

图4-3-44　**新建篱笆楼营建体系示意图**

屋顶防水、排水完善设计

保留较为完好的建筑结构部件，按照原有样式采用新的材料进行替换或改造。

墙体：更新篱笆墙的建造手段，提升保暖性能，替换墙体材料

夯土墙体进行加固和修缮，减少雨水风雪侵蚀

石砌基础修补加固，提高墙基防水能力

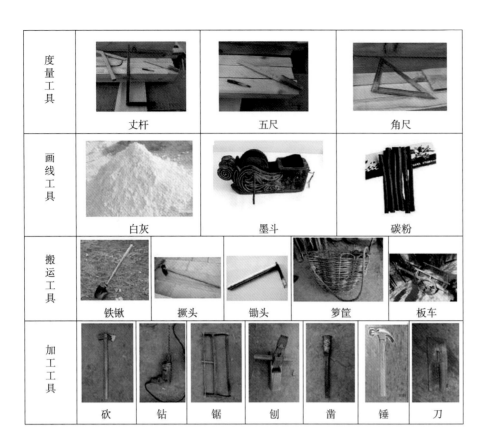

度量工具	丈杆	五尺	角尺
画线工具	白灰	墨斗	碳粉

图4-3-45　篱笆楼营建工具

图4-3-46　篱笆楼编织技艺示意图

搬运工具	铁锹	撅头	锄头	笋筐	板车
加工工具	砍	钻	锯	刨	凿　锤　刀

工艺	（1）锯成隔板、刨光加工	（2）画出凿孔榫卯线	（3）凿孔制作榫卯	（4）套架加楔整修框边
图示				
工艺	（5）置横桩	（6）编做笆条	（7）抹三合土泥	（8）安置篱笆墙面
图示				

3）新建建筑：对新建民居建筑，充分挖掘篱笆楼民居特色，对元素进行演化、归整和重组，利用特色构造和现代材料，创造出建筑要素的新组合，以满足不同场所的需要（图4-3-47）。

结构：以砖混结构为主，围墙为泥土所制，建筑以砖、木、土构筑而成。

装饰：撒拉族民居的建筑装饰十分精美考究，新建民居装饰应该采用传统撒拉族木雕工艺，尤其在建筑的檐部，门窗采用篱笆编制。

| ❶ | ❷ |
| ❸ | ❹ |

❶ 清真寺周围环境
❷ 宣礼楼
❸ 入口
❹ 外观

图4-3-47　清真寺现状

形式：按照现代生活要求，可适当加大院落的尺度，但是应按照撒拉族民居的生活方式和价值观念，院落式布局，中间设花坛，四周以建筑或围墙所围合。

高度、体量：民居建筑以一层和两层为主，新建建筑应该控制在适应现代的生活需求，可适当加高建筑层高。建筑高度控制在3~6米左右，院落体量宜控制在20米×20米以内。

色彩：整体色调宜以黄色和灰色为主，门窗点缀等细部应以鲜艳明亮的色彩为主。

图4-3-48　清真寺石刻

4）篱笆楼营建技艺保护与传承

2016年，仅存的篱笆楼聚落孟达大庄村被评为传统村落，篱笆楼营建技艺传承人马进明先生也是目前唯一一位官方指定的篱笆楼营建技艺传承人。只有篱笆楼的营建技艺得到保护与传承，才能使篱笆楼民居的延续和发展具有可能性。传承的目的是为了将这项技术延续下去，传承的意义则是想保护这种体现着民族文化精华的技术载体。从非物质文化遗产角度审视，非物质文化遗产的最大特点是不脱离社区群体特殊的生活生产方式，是民族个性、民族审美习惯的"活"的显现，并且它还在"不断的生成、传承乃至创新"，这种"活态"的特性，仍是当今民众生活的重要组成部分。如果没有群体的参与认同，"遗产"真正地意味着濒危或将要消亡的东西。因此，针对传统民居及其营建技艺的保护与传承，遵循以下原则：一是保护传承载体；二是加强完善制度；三是优化营建技术；四是更近保护办法；五是重视经济支持。切实达到保护与传承的目的。

（4）清真寺建筑风貌现状与保护措施

1）建筑主体结构保存完好，原木梁柱等构件稍有裂缝，建筑能满足正常使用（图4-3-47）。

2）木雕、砖雕、内部彩绘有严重破损，局部屋顶瓦片破碎（图4-3-48）。

大庄村的清真寺为国家级文保单位，保护与修缮应严格按国家文物修缮要求进行。

对孟达大庄清真寺大殿及宣礼楼进行修缮，包括建筑外立面木雕、砖雕修复，内部彩绘修复，屋顶瓦片换新等；对清真寺内的水塘附属建筑进行整治，参照伊斯兰宗教建筑风格，将其瓷砖贴面的墙改造为草泥饰面的建筑风格。屋顶样式进行替换，檐下雀替额枋，镂雕走龙、花卉图案，与其他主体建筑装饰风格一致。建设控制范围内建筑进行整治，其他建筑高度控制不超过两层；不允许新建建筑，对于靠近原清关公路一侧，与传统风貌相符的建筑进行保留，部分有所毁损的建筑进行维修；不符合历史风貌的，进行整修，如降低层数、更换屋顶形式、统一外立面形式等（图4-3-49）。

❶

❷

❶ 白天效果图
❷ 夜景效果图

图4-3-49　清真寺修复效果图

（5）景观风貌现状与保护措施

大庄村三面环黄河水域，依山傍水，周围绿植环绕，村域自然环境优美。但村中缺少地方性景观节点，没有突出当地特色景观。

保护村落山水格局，突出黄河岸边景观特征，村口增设篱笆楼式门楼强化村落入口景观的标识性，严禁村口的古树或古建筑遗迹被破坏；禁止破坏自然景观与农业景观的协调性；禁止破坏农田景观的地域性、生态性；禁止破坏入口景观的可达性与景观的流通性；禁止破坏村落道路景观的畅通性；禁止破坏村落道路景观的本土风貌；禁止街巷景观过度使用硬化铺装。

4.3.5　小结

撒拉族川水型乡村主要分布在黄河支流两岸平坦地域，并且因地就势围合出不同的乡村聚落。但大多数村中民族文化特征鲜明，建有清真寺，庄廓民居围寺而建，地域风貌统一。传统庄廓院落以正房为主，两侧是辅助用房，庭院中设有花坛。而当地的撒拉族清真寺及篱笆楼也是其乡村风貌的主要代表。村域周边环境自然天成，水天相映，通过植物随季节的变化又营造出各不相同的季节性景观，让人叹为观止。

4.4　藏族山地型乡村风貌区

4.4.1　藏族山地型乡村风貌现状

1. 村落风貌特征

藏族山地型乡村地处谷地两侧山坡上，背山面水，大多村寨特色风貌保存较好。主要分布在道帏乡、文都乡以及尕楞乡。该地区居民以安多藏族为主，信仰藏传佛教格鲁派。村落周边有良田与树林围绕，大多村落保留着藏族村落"上寺下村"的传统格局，而根据不同地区环境与村庄的关系又可分为三种类型：浅山台地型、浅山山腰型、浅山山谷型（图4-4-1）。村落空间结构清晰，肌理保存完整，明显体现自然环境对村落结构的影响（图4-4-2）。街巷分布在不同

图4-4-1　藏族山地型乡村"上寺下村"格局风貌图

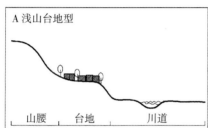

A 浅山台地型

山腰　台地　川道

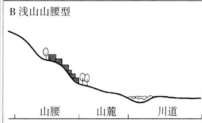

B 浅山山腰型

山腰　山麓　川道

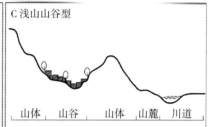

C 浅山山谷型

山体　山谷　山体　山麓　川道

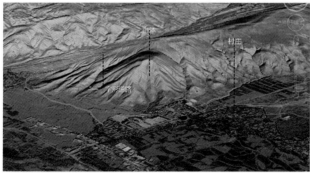

循化县道帏乡古雷村谷歌地形图

古雷村全景

循化县尕楞乡秀日村谷歌地形图

秀日村全景

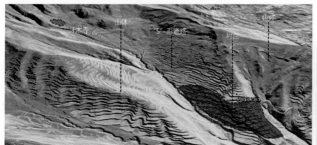

循化县道帏乡牙木村谷歌地形图

牙木村全景

的等高线上，街巷尺度宜人，高宽比D/H在1~1.5左右，上下由坡道及山道踏步连接，各民居院落毗邻错纵，上下呼应。村内主干道多已硬化，其余小道仍保留着土石道路（图4-4-3）。村落历史要素古树、麦场、拉则等特色鲜明（图4-4-4）。

2. 院落风貌特征

藏族院落最具特征的是高高竖立的经幡，这是藏族同胞对美好生活的期许，对神灵的敬畏，经幡构成院落天际线的高点，也是院落风貌的重要特征。在藏族山地型村落中，院落比例一般为面宽大于进深，有利于房屋内部采光，院落空间简洁明了，从大门进入到院落内部，通过不同的流线划分功能区（图4-4-5）。院落风貌主要体现在大门与院墙上，而藏族山地型乡村大门与院墙的风貌也有很多种不同特色的风貌样式。大门主要包括普通大门、松木大门、

❶ 远眺拉代村
❷ 夏日拉代村
❸ 雪后拉代村

图4-4-2　藏族山地型乡村风貌图

砖石门柱结合松木大门等风貌类型。围墙风貌主要包括夯土墙、夯土墙与石砌基础结合。
建造材料多使用木材、泥、砖、石、水泥、瓷砖等。建造技术包括夯土技术、砌石技术、
木雕及砖雕技术等（图4-4-6）。

3. 建筑风貌特征

藏族山地型乡村建筑类型分为宗教建筑以及庄廓民居建筑两类。其中宗教建筑又分为
佛塔、佛殿、转经廊、嘛呢房等（图4-4-7）。建筑材料包括红砖、石材、土材、木材等。建
筑特色主要体现在构造细节、装饰细节、室内陈设以及宗教符号上。建造技术包括夯土技
术、木雕技术、木构架技术等。循化县的藏族山地村落中，不论是宗教建筑还是民居建筑
都没有特别华丽鲜艳的色彩，呈现出质朴、敦厚的品质（图4-4-8）。

D/H=1.5　　　D/H=1.5　　　D/H=1.2　　　D/H=1

❶ 　　｜　❷　　　　　　　　❶ 村庄整体景观
　　　　　　　　　　　　　❷ 村中景观

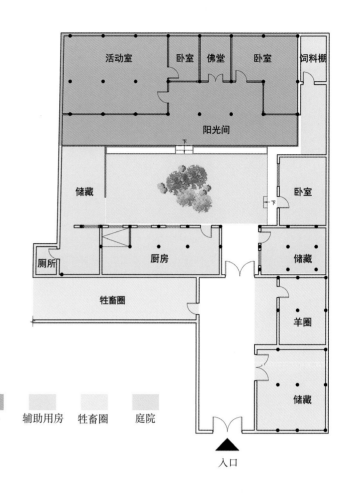

活动室　卧室　佛堂　卧室　饲料棚

阳光间

储藏　卧室

厕所　厨房　储藏

牲畜圈　羊圈

储藏

入口

正房　辅助用房　牲畜圈　庭院

图4-4-3　藏族山地型乡村街巷风貌图

图4-4-4　藏族山地型乡村环境风貌图

图4-4-5　藏族山地型乡村院落平面示意图

图4-4-6　藏族山地型乡村院落风貌图

3	5
4	6

内院　内院　内院　外院

外院　外院

图4-4-7 藏族山地型乡村建筑
风貌图

①	②
③	④
⑤	⑥

① 嘛呢房　　④ 学寺
② 村寺　　　⑤ 庄廓民居
③ 白塔空间　⑥ 庄廓民居

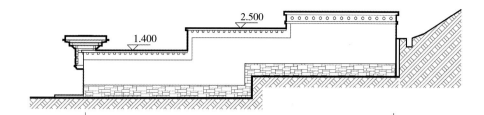

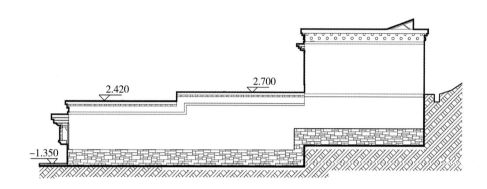

图4-4-8 藏族山地型乡村建筑院
落围墙风貌示意图

4. 景观风貌特征

山地型乡村依山而建，顺应山形地貌，与周围环境相互依存。山上草场、山坡梯田及河谷树林都呈现出与传统自然生态环境和谐共生的景观风貌特征。村庄山顶上的五彩经幡、家家门前的高杆经幡、院落大门的精美雕刻及村民的服饰又都呈现出浓郁的藏族文化景观风貌（图4-4-9）。

4.4.2 藏族山地型风貌定位

藏族山地型乡村风貌区位于海拔2000~2500米及河谷山坡地，人与自然的和谐共生是山地村落的风貌主体（图4-4-10）。以山水林田草构成当地村民的生命共同体，以庄廊院的层叠肌理、丰富的历史文化要素共同构成藏族山地乡村风貌特征（图4-4-11）。

4.4.3 藏族山地型特色保护类乡村风貌引导

1. 特色保护类村落风貌引导

循化县藏族山地地区有不少村落入选国家传统村落名录，对于这些传统文化特色鲜明的村落，其风貌保护应严格遵循传统村落保护与发展规划的要求，对村落的选址、历史环境要素、非物质文化遗产以及传统民居院落及巷道风貌进行保护引导，对影响风貌统一协调的建筑、农业设施等应进行整改。

第 4 章
青海省循化县乡村风貌研究

❶ ❷
❸ ❹
❺ ❻

❶ 山地梯田景观
❷ 古树
❸ 河道
❹ 树林
❺ 村道
❻ 生产空间

在保护村落传统风貌的过程中，应注重保护聚落组团形式与整体风貌、建筑与院落关系以及周边自然环境，应从保护村落整体风貌、结构肌理、街巷空间、历史要素四个方面进行风貌引导。

保护村落整体风貌，保护村落的地形地貌与村落的关系。对于破坏村落整体风貌的建筑或构筑物应予拆除，并对破坏村落整体风貌的建设给予整治（图4-4-12）。

保护村落结构肌理，保护村落原有的布局方式，保护道路丰富的层级关系。例如宁巴村保持着藏族村落"上寺下村"的典型布局，村内庄廓民居排列依山就势，由坡底向坡顶呈"带状"蔓延，形成了"枝杈状"的街巷空间；秀日村也保留着藏族传统村落"上寺下村"的典型格局，庄廓民居大多自然成排分布，同时结合等高线有所变化，村落原有空间结构清晰，肌理保存完整，明显体现自然环境等对村落结构的影响；牙木村村落结构肌理体现出了对山水自然环境的尊崇，村落周围各种自然要素与建筑、环境一起构成了牙木村独特的

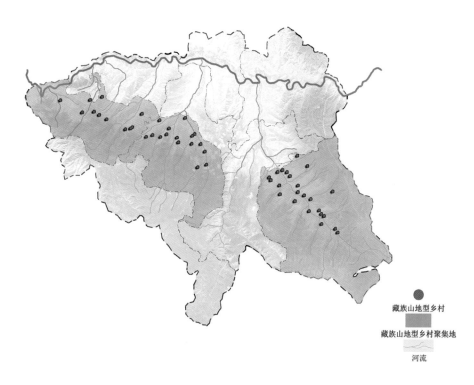

● 藏族山地型乡村
　藏族山地型乡村聚集地
　河流

9
10
11

图4-4-9　**藏族山地型乡村景观风貌图**

图4-4-10　**藏族山地型乡村分布示意图**

图4-4-11　**藏族山地型乡村风貌定位示意图**

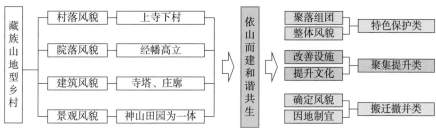

村落结构肌理（图4-4-13）。对于破坏藏族山地型乡村上寺下村村落格局的片区应重新规划，严格保持村落结构肌理。

保护村落街巷空间，原有街巷尺度。对于破坏村落街巷空间的加建建筑应予拆除，还原原有村落街巷尺度，保证较为舒适的街巷空间。保护传统街巷的界面、比例、铺地材质等历史特征，保持公共空间良好的尺度、围合界面的地域和民族特色（图4-4-14）。

❶ ｜ ❷

❶ 宁巴村村落整体风貌
❷ 张沙村村落整体风貌

图4-4-12　藏族山地型乡村村落
整体风貌图

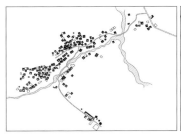 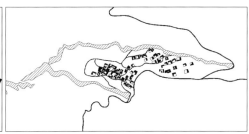

❶ ｜ ❷ ｜ ❸

❶ 宁巴村村落结构肌理
❷ 秀日村村落结构肌理
❸ 牙木村村落结构肌理

图4-4-13　藏族山地型乡村村落
结构肌理图

❶ ｜ ❷ ｜ ❸

❶ 拉代村街巷空间
❷ 拉代村街巷空间
❸ 比隆村街巷空间

图4-4-14　藏族山地型乡村街巷
空间

保护村落周边历史要素，保护古城墙、古桥、拉则、古树、涝池、水渠、麦场等传统资源。对于破坏村落历史要素的行为应该明令禁止，并对已被破坏的要素进行复原、抢救，保持传统资源的丰富性，保持与自然环境相融合。

在保护院落风貌的过程中，应从保护村落院落大门风貌、围墙风貌、院落风貌、材料技术四个方面进行风貌引导。

乡村院落大门是构成村内重要景观风貌的要素，应保护院落大门风貌协调性与统一性。保护山地型藏族村落庄廓大门传统风貌时，应注重保护松木大门形式、砖雕门柱与木雕装饰结合的特征、门楼的传统形式及宗教装饰等（图4-4-15）。

围墙与大门共同构成村落街巷空间的风貌特征，应保护围墙风貌的完整性和统一性，保护围墙结构与色彩风格的统一性，对已损坏的围墙应采用原有材料，严格按照传统技术进行修复，保护原有的营建技艺，例如夯土技术、砌石技术等。藏族山地型乡村庄廓民居均悬挂经幡，应保护院落围墙的民族特色（图4-4-16）。

15
—
16

图4-4-15 藏族山地型乡村院落
大门风貌图

图4-4-16 藏族山地型乡村院落
围墙风貌图

保护围合院落布局，保持原有民族特色，保证人们的生产生活需求得到满足（表4-4-1）。保护院落的尺度比例，不能过大或过小，保证房屋内部采光。

藏族山地型乡村庄廓院布局类型分析表　　　　表4-4-1

围合院落布局类型	"一"形平面 以正房为主体，坐北朝南，沿院墙单侧建房	"L"形平面 由正房和单侧厢房组成，沿院墙相邻两边建造，平面呈"L"形	"L"形平面 由正房和单侧厢房组成，沿院墙相邻两边建造，平面呈"L"形
围合院落布局类型	"二"形平面 由正房和附属用房组成，沿院墙相对两边建造，平面呈"二"形	"凹"形平面 由正房和两侧厢房组成，沿院墙相邻三边建造，平面呈"凹"形	"口"形平面 以正房为主体，沿院墙四边围合建造，院落中央形成天井式院落
图例	庄廓院墙	房屋	内院空间

在保护建筑风貌的过程中，应从保护村落建筑类型、建筑材料、建筑细节、建筑技术四个方面进行风貌引导。

普通房屋在满足村民正常使用的情况下，应保护其建筑类型的多样性，保护藏族山地型村落三种建筑类型：寺庙、庄廓民居、嘛呢房（图4-4-17）。

地方材料与传统工艺最能体现乡村的风貌特征，对于建筑材料与结构应保护其传统性，保护土、木、砖、石等传统材料，保护夯土墙结构、砖石结构、木头门结构、松木大房结构（图4-4-18）。对于破坏部件，要用原有材料及技术进行补救。

建筑装饰细部是体现对乡村文化品质及对美好生活向往的精神追求，细部装饰往往是风貌特色的点睛之笔，应保护细节装饰的多样性，如砌石夯土墙、大门门头木雕、鞭麻草、瓦当与滴水、木窗、檐廊（图4-4-19）。对于与传统不协调的、模式化的新样式应采用原有丰富的装饰风格样式与技艺，保持装饰风格丰富多样性，保护内部装饰布局完整性，显示民族文化特色。

❶	❷
❸	❹

❶ 张沙寺
❷ 文都大寺
❸ 藏族庄廓民居
❹ 宁巴村嘛呢房

17
—
18

图4-4-17　藏族山地型乡村建筑
图4-4-18　藏族山地型乡村建筑
　　　　　结构

保护夯土墙结构

保护砖、石结构

保护木头门结构

保护松木大房结构

图4-4-19 藏族山地型乡村建筑
细部门头木雕

保护村落中特有的乡土营建技术，如夯土技术、土坯砖技术、砌石技术等。在对传统村落的建筑营建技术进行提升、优化时，不能破坏其乡土性（图4-4-20）。

在保护景观风貌的过程中，应从保护村落入口景观、道路景观、自然景观、文化空间四个方面进行风貌引导。保护传统村落入口景观，保护入口景观的民族特色与标识性。对于没有入口景观的藏族山地型村落，应在入口空间采用具有民族特色的经幡等构筑物作为入口标志（图4-4-21）。

保护道路景观，应保护传统街道尺度的舒适性，保持空间开敞、流线自然。保护街道界面的传统材质，并采用地域性植物进行点缀，铺装、路灯等采用乡土化材料，如砖材、石材、木材、泥土等进行建设，禁止模仿城市化做法破坏道路景观乡土性。保护传统街道的特色构筑物、装饰方式等（图4-4-22）。

保护村落周边自然景观的多样性，保护村落中的树木、水渠、池塘、宅旁绿地，保护村落周边的田园、梯田等农业景观，严格控制生产建设对自然景观的影响（图4-4-23）。

❶ ❷

❶ 夯土技术
❷ 木构技术

图4-4-20 藏族山地型乡村建筑营
建技艺图

夯土技术

木构技术

① ② ① 拉代村入口
② 宁巴村入口

21
——
22

图4-4-21　藏族山地型乡村村落
　　　　　入口景观图

图4-4-22　藏族山地型乡村道路
　　　　　景观图

保护街道尺度舒适性

界面采用传统材质

保护地域植物点缀

保护空间开敞流线自然

保护村落中的自然景观　　　　　　保护村落中的道路绿地　　　　　　保护村落中的古树

保护村落中的农业景观　　　　　保护村落周边的农业景观　　　　保护村落节点处的自然景观

传统村落在历史的演进中结合自然地形构成了具有景观特点的节点空间，保护节点空间景观的多样性与协调性。节点空间有村口空间、宗教建筑空间、巷道交叉口、山地村落的重要垂直道路口、打麦场等。对于每一个节点景观应进行有效的保护和利用，增加节点景观的多样性（图4-4-24）。

$$\frac{23}{24}$$

2. 集聚提升类村落风貌引导

藏族山地分布着众多半农半牧与全农业的集聚型村庄，这类村庄沿小流域依山而建，村庄布局紧凑。随着人口的增长，村庄呈现出沿等高线水平发展和沿山势自下而上的发展漫延。因此有水平方向与垂直方向的街巷布局，山地村落特征明显。由于近年来村民自发建房使风貌特征杂乱，对此类村庄应科学地

图4-4-23　藏族山地型乡村自然景观图

图4-4-24　藏族山地型乡村文化空间景观图

确定发展方向。在原有基础上有序推进改造提升，在改善村庄基础设施和公共环境的同时强化提升藏族文化特征，重点建设村落入口风貌、公共空间与非遗传承空间路线的风貌打造。改造民居宅院大门、围墙，使其在材料与色彩上统一协调。对村庄公共设施及农业生产设施与风貌不协调的应进行整改。

在改造村落风貌的过程中，应从村落整体风貌、结构肌理、街巷空间、历史要素四个方面进行风貌引导。

改造之初，需对村落进行合理的风貌定位，根据整体风貌定位进行风貌引导。后期村落发展中应考虑村落与山水环境的整体关系，对破坏整体地势格局的村落布局进行调整改造，对破坏整体风貌的建筑进行整改，对破坏整体风貌环境的道路、基础设施、民居外观等要素进行改造，使整体风貌统一（图4-4-25）。

改造村落内部道路的联通性，优化村落结构肌理，将点、线、面型空间进行序列性以及丰富性改造，保持重要节点周边的空间肌理。

根据内部流线对村落道路连接的各节点空间进行序列设计。改造街巷空间的界面，应保证其统一性，并体现出整体风貌特色。例如街巷侧界面材料为瓷砖贴面或水泥抹面，与整体街巷色彩不统一，应置换侧界面材料为生土抹面；街巷底界面硬化，未能体现乡村特色，应将水泥硬化铺装改为当地石材或青砖铺地（图4-4-26）。根据功能以及使用者的感受对街巷空间的比例尺度进行改造，应使街巷D/H比值界于0.7~2之间。街巷D/H比值大于2，空间感受压抑，应降低独立院墙的高度或增加街巷道路宽度；街巷D/H比值小于0.7，空间围合感

❶ 尕楞乡秀日村改造前风貌
❷ 改造后大门风貌
❸ 尕楞乡秀日村改造后风貌
❹ 藏族山地型围墙风貌改造示意

图4-4-25 **藏族山地型乡村整体风貌改造示意图**

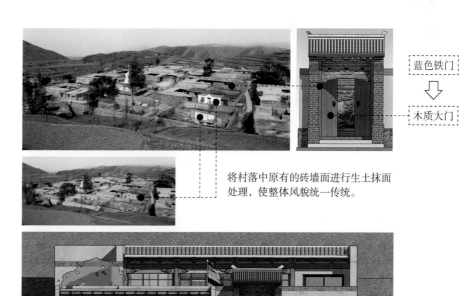

蓝色铁门 ⇩ 木质大门

将村落中原有的砖墙面进行生土抹面处理，使整体风貌统一传统。

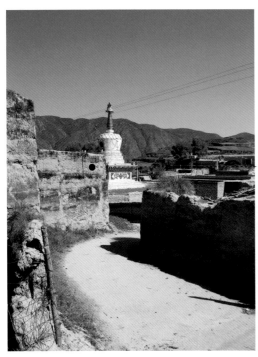

侧界面材料保持传统生土抹面

铺装置换为当地石材或青砖

图4-4-26　藏族山地型乡村街巷
　　　　　改造示意图

图4-4-27　藏族山地型乡村大门
　　　　　改造示意图

弱，应增加独立院墙的高度或缩短街巷道路宽度。

在保护历史要素的基础上对其周边环境进行优化改善，增添具有历史意义
或体现历史文化的村落景观，对历史建筑进行合理的修缮保护。

在改造院落风貌的过程中，应从院落大门风貌、围墙风貌、院落风貌三个
方面进行风貌引导。

改造大门的风貌应完整统一，并体现出建筑的门户风貌特色。大门材料的
改造应就地取材，选取当地传统材料，并采用藏族山地型村落特有的民族文化
风格（图4-4-27）。

❶ 院落围墙改造示意图
❷ 院落围墙改造立面示意图
❸ 院落围墙改造剖面示意图

图4-4-28　藏族山地型乡村院落
　　　　　围墙改造示意图

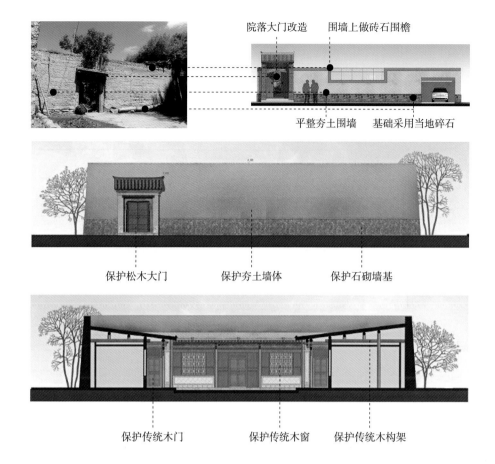

院落大门改造　　围墙上做砖石围檐

平整夯土围墙　　基础采用当地碎石

保护松木大门　　保护夯土墙体　　保护石砌墙基

保护传统木门　　保护传统木窗　　保护传统木构架

改善围墙的风貌应延续当地传统建筑围墙的风貌特色，采用当地的材料、运用当地传统色彩。改造围墙的高度、宽度，使其符合村民生活习惯，并与其所处的建筑相互协调。围墙改造应采用当地的传统材料，并在施工工艺上进行提升，使得改造后不仅外观"修旧如旧"，体现藏族民居乡土风貌，而且更加美观、舒适，更符合村民生活的需求（图4-4-28）。

改造院落侧界面使其达到统一完整，并体现出整体建筑风貌特色。院落铺装材质应就地取材，选取当地传统材料土、石等。优化院落空间的功能性，可通过适当的景观营造进行空间的分隔。

在改造建筑风貌的过程中，应从村落建筑类型、建筑材料、建筑细节、建筑技术四个方面进行风貌引导。

尽可能保证村落中建筑风貌的统一性，尤其是公共建筑与传统民居的融合，应使不同年代、不同材料的民居，其形态、色彩等风貌能够尽可能地统一融合。村落的建筑类型应尽可能地保证多样性，满足村民的功能需求。根据不同的建筑类型和形式，应遵循不同的改造手法，重点从建筑材料、建筑色彩等方面进行改造（图4-4-29）。

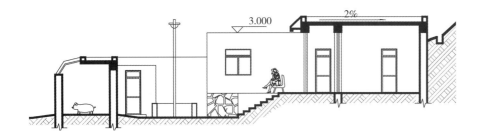

图4-4-29 藏族山地型乡村建筑
改造示意图

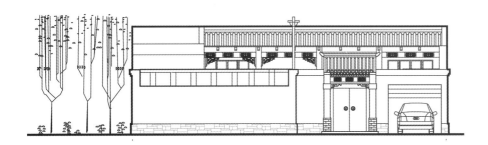

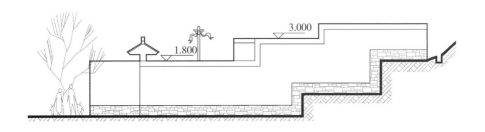

建筑材料宜选用当地的传统建造材料，如生土、石材、木材、砖等，每种材料的用途和使用方法应与传统建筑相一致。在使用水泥、钢筋混凝土等现代材料进行民居改造时，应注意保持与周围建筑的协调性。改造建筑的外立面应采用当地建筑材料，使其与整个村落的建筑风貌相互协调，保证村落建筑风貌的完整性、统一性（图4-4-30）。

建筑细节应保留和传承当地元素及色彩，并在此基础上进行合理的改造和优化，例如材料的优化、色彩的提升、元素的提炼等，最终在建筑细节风貌上延续藏族山地型乡村特色。建筑立面细节，包括门窗、墙面、色彩、材质等在进行改造时，均要以保护和还原为主，优化地域传统内容。在建筑细节的改造中应尽可能多的运用当地传统的设计元素、符号、材料、造型等，使村落建筑风貌尽可能展现出当地特色。

建筑技术改造在运用传统乡土建筑营造技艺的同时加入一些生态的建筑技术，比如被动式阳光庭院等，改善居住、生活环境。应因地制宜，将绿色建筑技术与传统营造技艺结合，在保持传承传统风貌的前提下，提升其安全性、舒适性（图4-4-31）。

某村民居外立面

建筑材料
宜选用当
地的民居
建造材料

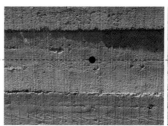

生土材料

砖材料

木材料

石材料

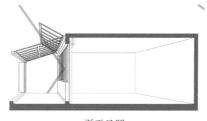

夏天日照

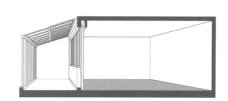

冬天夜晚

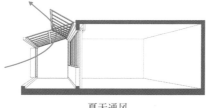

夏天通风

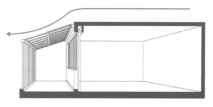

冬天挡风

30
31

图4-4-30 **藏族山地型乡村建筑材料改造示意图**

图4-4-31 **阳光房设计技术图解**

在改造景观风貌的过程中，应从村落入口景观、道路景观、自然景观、文化空间四个方面进行风貌引导。

景观入口处应增加标志性和辨识度，使其能够在起到引导作用的同时，凸显村落的文化及特色。入口景观空间的优化和改善，应使其具有标志性、观赏性、停留性。根据不同村落的特色，对村落的入口进行针对性改造，例如藏族村落可增加具有藏族特色的经幡、凸显村名的景观石等，提升村落入口形象（图4-4-32）。

采用当地材料
与构造装饰

综合宗教元素
体现藏族特色

种植当地植物
丰富入口景观

道路景观现状

道路景观改造示意

道路景观的设计应尽可能采用本土设计材料，包括传统建筑材料和当地树种植被

在改造中要保证道路景观的整洁性，打造适于人居的优美环境。在道路景观的设计中应尽可能采用本土材料，包括传统建筑材料和当地树种植被。完善垃圾处理、污水排放等景观基础建设，切实提高村民的生活质量。根据不同的道路景观空间，进行不同的景观设计，应当从材料、植物、空间营造等多个方面进行完善，打造出宜居、美丽的新乡村景观风貌（图4-4-33）。

保护现有自然景观，包括农田、山川、河流等，禁止人为破坏。在保护自然景观的基础上，因地制宜地增加其观赏性，例如可适当增加农牧业观光设施等（图4-4-34）。

文化空间的营造应注重材料的就地取材，选择当地材料进行空间的搭建。应善于借助现有的景观要素，如古树、特色建筑等进行改造，营造文化空间节点。增加可观赏性的当地植物，增加符合当地文化、村落风貌的休息设施、娱乐设施、地面铺砖等（图4-4-35）。

图4-4-32 藏族山地型乡村入口
改造示意图

图4-4-33 藏族山地型乡村道路
景观改造示意图

种植当地植物
丰富绿化景观

河岸开阔处设置拉则
作为公共活动场地

种植灌木草丛
丰富景观层次

借助现有景观要素营造文化空间节点

图4-4-34　藏族山地型乡村道路
　　　　　景观改造示意图

图4-4-35　藏族山地型乡村文化
　　　　　空间改造示意图

3. 搬迁撤并类村落风貌引导

循化县藏族山地型乡村搬迁撤并类村落并不多，主要由新建的游牧民定居点与山区规模较小的村庄搬迁合并成新村。这类村落在规划建设初期就应确定风貌特征，因地制宜地发展产业，严守生态保护红线，以绿色发展引领村庄建构。加强乡村风貌整体管控，在村庄建设与发展中要以专项规划引导约束，使新建山地村落与当代绿色建筑技术融合。在突出新建农房单体建设和村落街巷立面风貌重点打造时，应注重新建松木大门、夯土墙、阳光房、碎石墙基的地域特征（图4-4-36~图4-4-38）。在进行院落风貌改善时，应注重新建阳光廊、木门、玻璃窗、夯土墙及水泥墙基的乡土特色。新建山地村落建筑技术引导主要包括新建太阳能板技术、新型夯土技术、新建阳光房及阳光廊技术等。使现代技术与地域乡土特色融合，即承载田园乡愁又体现现代美丽乡村。

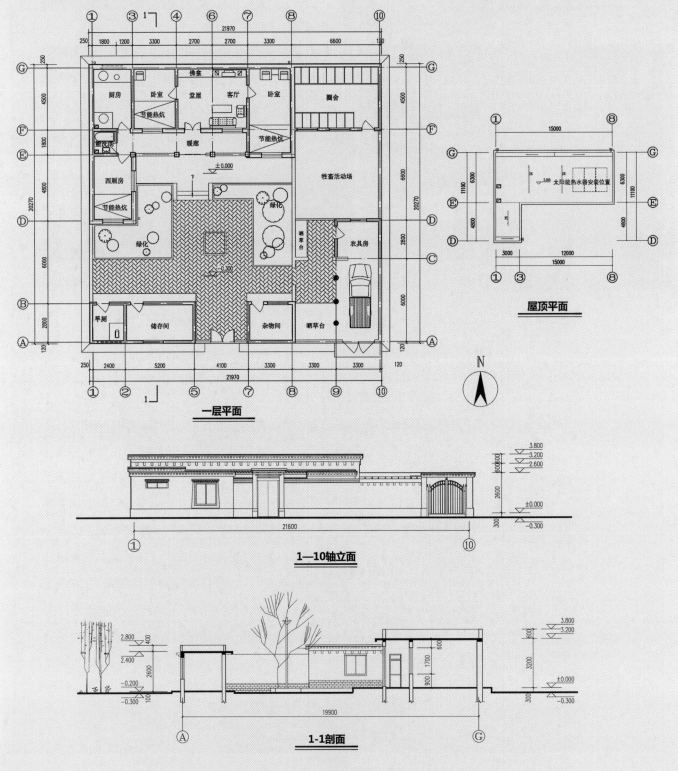

一层平面

屋顶平面

太阳能热水器安装位置

厨房 卧室 堂屋 客厅 卧室 圈舍
佛龛
节能热炕
暖廊 节能热炕
盥洗间
±0.000
西厢房 牲畜活动场
节能热炕
绿化
绿化
-0.300
晒草台 农具房
旱厕 储存间 杂物间 晒草台

1—10轴立面

1-1剖面

方案一

❶ 单层民居
❷ 二层民居

图4-4-36 藏族山地型乡村新建
建筑示意图

图4-4-37 藏族山地型乡村新建
建筑设计图

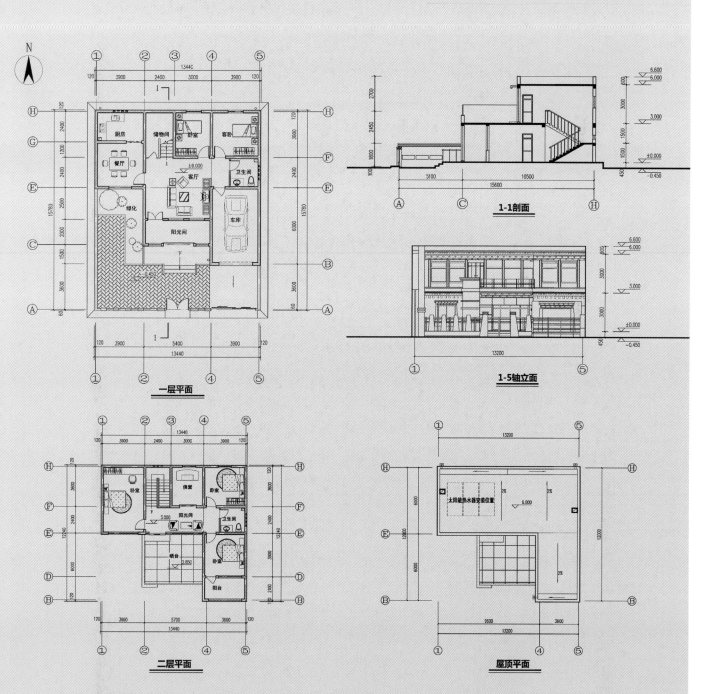

一层平面

1-1剖面

1-5轴立面

二层平面

屋顶平面

方案二

4.4.4 藏族山地型特色保护类乡村风貌引导案例——张沙村

图4-4-38 新建藏族山地型乡村建筑示意图

1. 村落现状

（1）村落概况

张沙村位于青海省循化县道帏乡东部，距县城40公里，乡政府驻地7公里。全村共99户，总人口480人。村落东面与甘肃省积石山保安族东乡族撒拉族自治县接壤，东南面与甘肃省临夏县毗连，南面与甘肃省甘南藏族自治州夏河县为邻，地理结构为黄土高原和青藏高原的结合部。村落位于道帏河大力加山一侧的浅山地带，地势平坦，风景优美，草原辽阔，由生活区、农耕区、放牧区构成。海拔3060米左右，气候干燥，年降雨量约300毫米。全村共有耕地面积2平方公里，草场面积4万亩，主要种植青稞与小麦，半农半牧（图4-4-39）。

（2）村落风貌

张沙村处于浅山地带，靠山面水，与神山相望。其村落空间结构清晰，肌理保存较完整，明显体现自然环境、宗教文化、劳作生产对村落结构的影响。村落整体传统风貌保存完好，传统建筑集中连片，基本没有不协调建筑。聚落

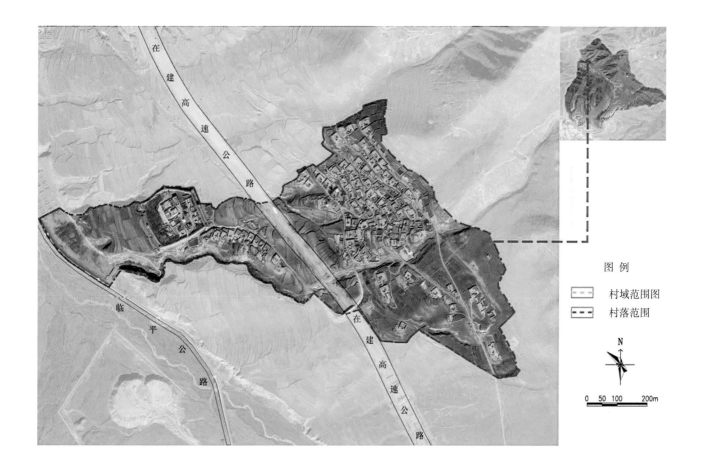

图例

☐☐☐ 村域范围图
■■■ 村落范围

N

0 50 100   200m

图4-4-39 张沙村村域总平面图

形态层次丰富，传统庄廓民居与宗教建筑特色鲜明，应继续保持和延续其风貌特色（图4-4-40）。

聚落内部以嘛呢房为中心，民居围宗教建筑而建，呈现以宗教建筑嘛呢房、五山庙为核心的村落格局，也体现出藏族居民生活与宗教的关系。白塔建筑与村庄民居相近，但一般远离村庄中心位置。张沙村各主要街巷的尺度、界面、铺装等历史特征维持良好，公共空间的功能、尺度、类型、多样，地域、民族特色明显。

（3）建筑风貌

张沙村传统民居类型为庄廓民居，民居保护较好，材料为当地传统土、木、石、砖等材料，民居为单层四合院式，窗户均开向院内，庄廓外墙除入口位置外其余地方不开洞，形成了良好的保温效果。建筑立面主要以直线和矩形要素构成，民居建筑色彩多以土木本色为主，宗教建筑以红白为主（图4-4-41）。

张沙寺院位于循化县城东南41公里处张沙滩的一座古城墙内（图4-4-42）。"张沙"因藏语地名而得寺名，全称"张沙寺具喜吉祥法洲"。城中有城，城内有寺，系寺城类寺院，建筑风格独特，东忱大里加山，西瞰起台河，依山

第 4 章
青海省循化县乡村风貌研究

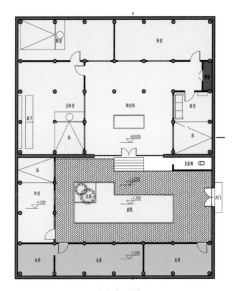

一层平面图

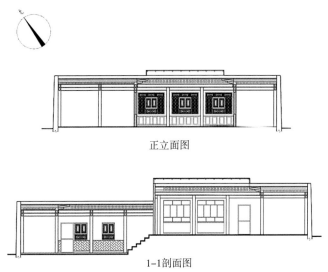

正立面图

1-1剖面图

40 | 41
42

图4-4-40　张沙村村落整体风貌图

图4-4-41　张沙村传统建筑测绘图

图4-4-42　张沙古堡与张沙寺

傍水，山城景观优美。据《安多政教史》记载，该寺由卡家头人索南扎西和法王衮噶勒巴初建于明天启六年（1626年）。《青海记》称之为"卡家寺"，并云有寺僧16人。《安多政教史》亦载："汉人称之为卡家寺，盖以施主之名而命名"。历史上，道帏地区唯此寺非古雷寺属寺，是一座独立寺院，具体寺务由大小张沙活佛管理。末世名卡提丹更登，下辖有小寺一座，名"赛如拉康"，位于循化县城北黄河之滨。张沙寺原建有三世佛殿、大经堂等。大经堂为两层楼式建筑，计30间，颇为宏丽，至今保存完整。1980年修整大经堂，重建僧舍22间。1987年7月27日批准开放，现有寺僧12人（内完德7人）。

（4）院落风貌

张沙村院落风貌共有五种不同的组合类型，分别是"一"字形平面、"L"形平面、"二"字形平面、"凹"字形平面和"口"字形平面。院落布局功能多样，由提供主要功能的正房和辅助用房共同围合出院落空间，并种植绿化。庄廓院院落进深与开间比例一般≤1，有利于房间内部采光，同时与川水型村落较为平坦的基地环境有关。

（5）景观风貌

张沙村村口景观以自然风貌为主，其中特色风貌是村口张沙寺城墙，沿城墙进村的入口空间由道路、城墙、沟谷组成，形成了特征比较明显的进村标志。西侧有道帏河流过，梯田环绕，东侧草山环抱。村落周边山形水系、地形地貌、植被作物等自然环境完整维持了历史特征，原貌清晰可见（图4-4-43）。

2. 风貌引导

张沙村风貌控制要在重点保护优秀历史文化遗产、传统街巷空间格局以及

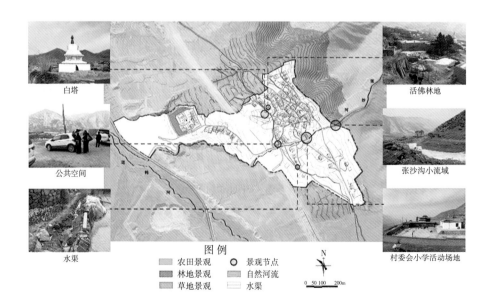

白塔　活佛林地　公共空间　张沙沟小流域　水渠

图例
- 农田景观
- 林地景观
- 草地景观
- 景观节点
- 自然河流
- 水渠

N
0　50 100　　200m

村委会小学活动场地

图4-4-43　张沙村村落景观节点示意图

藏族独特建筑形式的基础上，合理开发当地的自然资源、人文资源，充分挖掘和发扬村落的传统文化，做到保护更新与社会进步相协调。

挖掘村落文化特征，保护传统街巷空间格局，使藏族生习俗得以完整的传承和发扬；保护、修缮传统庄廓民居、历史建筑（张沙寺、五山庙、嘛呢房），保护特色建筑形式和营造技艺；文物古迹与自然风景保护并重，统筹考虑张沙寺、五山庙、嘛呢房等文物保护与周边整体自然环境的关系，以期合理完整地保护藏族传统风貌；保护村落生态环境。

（1）特色保护类民居风貌引导

该民居为清代建筑，传统庄廓院落，土木结构，高度为一层。房屋主体结构保存完好，但细部木构件已经出现破损，比如窗花、大门。房屋主人虽然对其门窗进行了加固和修缮，但效果不理想，需要进一步的专业修缮保护。

保留原有土木结构，材料以土、木为主，按照原结构方式，恢复原有建筑传统风貌装饰，由于年代过于久远，装饰部分的木质材料出现损坏，将损坏的木质装饰构建进行复原，恢复原有的建筑风格。保持原有院落格局，中间种植花坛，四周以建筑或围墙所围合，维持原有的建筑高度和体量（图4-4-44）。

（2）集聚提升类民居风貌引导

该民居为传统庄廓院落，土木结构，高度为一层。房屋主体结构保存完好，但细部木构件已经出现破损，比如窗花、大门。屋主人在长期使用过程中，在对建筑的维护中使用了砖墙和玻璃阳光间，与传统风貌融合效果不理想，需要进行专业修缮。

保留原有土木结构，材料以土、木为主，按照原结构逻辑，恢复原有建筑

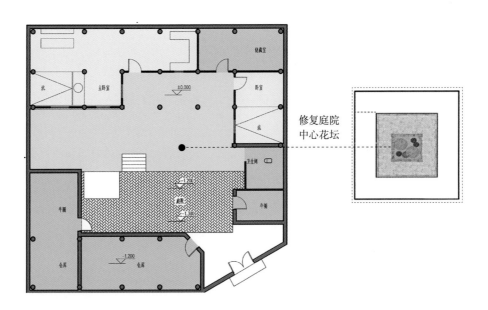

图4-4-44 张沙村民居院落风貌图

图4-4-45　张沙村集聚提升类民居
风貌图

土木的传统风貌装饰。首先将损坏的木质装饰构建进行复原，其次对于新引进
的材料和空间形式，要结合原有风貌进行修饰，尽可能恢复原有的建筑风格形
式。保持原有院落格局，中间种植花坛，四周以建筑或围墙所围合，保持原有
的建筑高度和体量。

该民居为现代庄廓院落，土钢结构，高度为两层。平面设计结合当地生活
习惯，采用绿色集成技术，加入阳光房、阳光能热炕等，将传统与现代相结
合，营造舒适节能的新型住宅（图4-4-45）。

学习原有土木结构优点，引入钢结构，材料以土、钢构主，按照新型结构
方式体现原有建筑土木的传统风貌装饰。提炼传统装饰精华，与现代设计元素
结合。保持传统院落格局，中间种植花坛，四周以建筑或围墙所围合。维持原
有的建筑高度和体量兼顾节地，以一到两层为主。

（3）集聚提升类入口空间风貌引导

村落入口空间是影响游客对村落第一印象的重要因素。村落入口位于南面
山脚处，倚靠山坡有大片草原，是良好的乡土景观。目前村落入口空间比较简
单，可通过改造，给入口空间营造良好气氛。

入口处的地势较为平坦，结合地形，采用村落传统建筑的语言，设置具有
藏族建筑特征的大门，简洁大方，同时修复村落入口风貌，适当增加绿化和硬
质铺地，为村民提供公共活动场所。结合入口的良好自然条件，进行入口空间
改造，为村落营造出特色的乡土特色景观和深刻的乡土体验（图4-4-46）。

（4）公共设施风貌引导

村落公共设施作为村落更新发展当中重要的一部分，对于其风貌的引导是

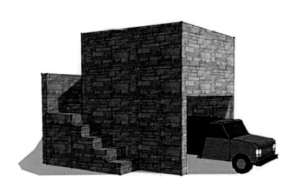

46

47

图4-4-46　张沙村入口空间风貌改
　　　　　造示意

图4-4-47　张沙村公共设施风貌图

不可忽视的，张沙村公厕、垃圾处理站以及路灯的设计应符合村落风貌特色，采用当地传统的材料和色彩，结合现代建筑设计手法，设计出具有传统特色又不失现代特点的公共设施（图4-4-47）。

4.4.5　小结

藏族山地型乡村主要分布在谷地两侧之上，依山就势，顺应山形地貌。大多数村落与周围环境相互映衬，并且保留着藏族传统聚落的格局，风貌统一。在藏族山地型村落中，各家门前的高杆经幡便是一种民族信仰的体现。院落空间简洁，功能划分明确。传统建筑也主要是为宗教建筑和庄廓民居建筑为主。周围山上的草场梯田、河谷树林皆是藏族山地型乡村景观的特色，也充分体现了自然环境对村落格局的影响。

4.5 藏族高山牧业型乡村风貌区

4.5.1 藏族高山牧业型乡村风貌现状

1. 村落风貌特征

藏族高山牧业型乡村草原风貌特色鲜明。游牧村落周围环境优美，青山碧水，绿草如茵，空气十分新鲜，碧绿的草地上牛羊如织。牦牛帐篷呈散点状分布在高山草甸之上，与牛羊相映成趣。蓝天白云下，定居点的村落选址山凹处，避风向阳，视线开阔，较为舒适，庄廓民居沿山地等高线布置。村落历史要素包括嘛呢堆和经幡（图4-5-1）。

图4-5-1 藏族高山牧业型乡村风貌图

D/H＞1　　　　D/H＝1　　　　D/H＝0.8

2. 院落风貌特征

藏族高山牧业型乡村多为游牧民定居后形成的村落，其院落布局延续了山地民居院落的特征（图4-5-2）。其大门风貌主要包括红砖门柱、水泥门柱、水泥琉璃顶大门等。其围墙风貌主要包括夯土墙、水泥砖墙、夯土墙与石头结合的围墙等，两者皆具有独特的地域风貌特征。高山牧业型村落由于产业特点，其院落面积较大，往往有附属生产院落放置牧草、牛羊圈舍等。院落风貌形成居住与生产并置的鲜明特征（图4-5-3）。

图4-5-2　藏族高山牧业型乡村院落

❶	❷
❸	❹

❶ 藏族内院
❷ 藏族院落大门
❸ 藏族内院
❹ 藏族内院

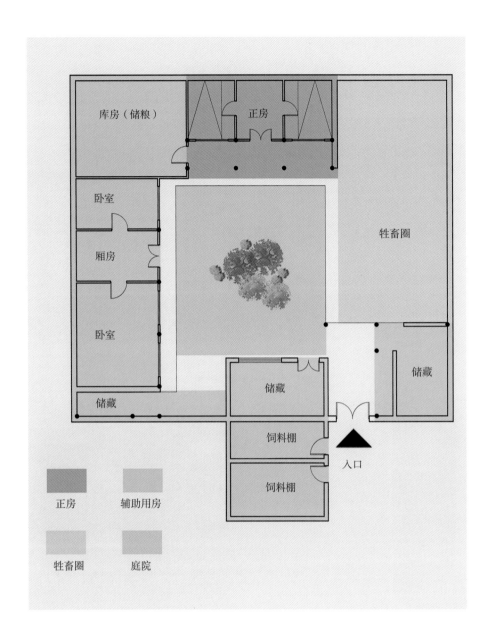

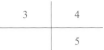
图4-5-3 藏族高山牧业型乡村院
落平面示意图

图4-5-4 藏族高山牧业型乡村建
筑风貌图

图4-5-5 藏族高山牧业型乡村景
观风貌图

3. 建筑风貌特征

藏族高山牧业型乡村建筑类型分为公共建筑和民居建筑，民居建筑分为庄廊民居与帐房民居。建筑材料包括砖石、木材、水泥、土材、牦牛毛织物等。建筑风貌特色主要体现在墙面上藏族文化符号的装饰上，建筑单体上简朴、鲜明（图4-5-4）。

4. 景观风貌特征

藏族高山牧业型乡村坐落在高山草甸之上，被四周高山和草原环绕，总体环境良好，显示出人与环境的和谐共生（图4-5-5）。村落经幡、嘛呢堆、土庄廊在蓝天白云的掩映下显示出怡静安逸、世外桃源的风貌特征（图4-5-6）。

4.5.2 藏族高山牧业型风貌定位

藏族高山牧业型乡村风貌区海拔2500~3500米，形成了"高原—草山—帐篷定居点—放牧人家"的多元乡村风貌区（图4-5-7），这类乡村风貌应体现出人与自然生态空间的和谐共生。充分维护原生态村居风貌，保留乡村景观特色，拒绝形式主义和形象工程（图4-5-8）。

❶ 经幡
❷ 藏族庄廓院
❸ 周围环境

藏族高山牧业型乡村

藏族高山牧业型乡村聚集地

河流

图4-5-6 藏族高山牧业型乡村景观风貌图

图4-5-7 藏族高山牧业型乡村分布示意图

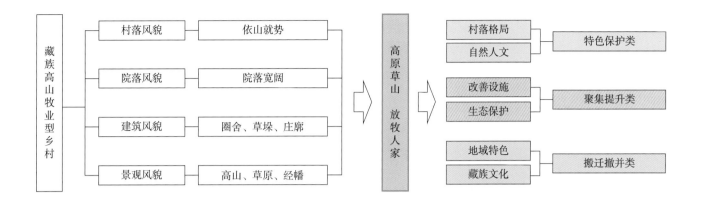

```
藏族高山牧业型乡村 ─┬─ 村落风貌 ─── 依山就势 ──┐
                    ├─ 院落风貌 ─── 院落宽阔 ──┤    高
                    │                           ├──► 原    村落格局 ─┐
                    ├─ 建筑风貌 ─── 圈舍、草垛、庄廊 ┤    草    自然人文 ─┴─ 特色保护类
                    │                           │    山
                    └─ 景观风貌 ─── 高山、草原、经幡 ┘    放    改善设施 ─┐
                                                      牧    生态保护 ─┴─ 聚集提升类
                                                      人
                                                      家    地域特色 ─┐
                                                            藏族文化 ─┴─ 搬迁撤并类
```

图4-5-8　藏族高山牧业型乡村风貌定位示意图

4.5.3　藏族高山牧业型风貌引导

1. 特色保护类村落风貌引导

（1）村落风貌引导

特色保护类村落风貌引导应从保护村落整体风貌、结构肌理、街巷空间、历史要素四个方面进行风貌引导。

在高山牧业型风貌区内的特色保护类传统村落应重点保留维护原有村落风貌格局，保护自然和人文环境，合理配置公共服务设施，引导生活空间尺度适宜，功能齐全。对于破坏游牧区帐篷及定居点民居院落整体风貌的建筑或构筑物应予拆除，对破坏村落整体风貌周边环境的建设给予整治。对于破坏村落传统格局的片区应重新规划，严格保持村落结构肌理。

保护定居点村落街巷空间。对于破坏定居点村落街巷空间的加建建筑和受损墙面应该拆除与恢复，还原原有村落街巷尺度，保证较为舒适的街巷空间。保护传统街巷的空间尺度、界面、比例、铺地材质等历史特征，保持公共空间良好的尺度、围合界面的地域和民族特色。

保护村落周边历史要素。对于破坏村落历史要素的行为应该明令禁止，并对已被破坏的要素进行复原、抢救，保持传统资源的丰富性，保持与自然环境相融合。为以后全域旅游打下基础，形成高山村落特色资源保护与村庄发展的良性互促机制（图4-5-9）。

（2）院落风貌引导

特色保护类村落院落风貌引导应从保护村落院落大门风貌、围墙风貌、院落风貌、材料技术四个方面进行风貌引导。

保护院落大门风貌协调性与统一性，并且保护围墙与大门共同构成村落街巷空间的风貌特征，体现当地的民族特色。保护围墙的完整性和统一性，对已损坏的围墙应采用原有材料，严格按照传统技术进行修复，不能破坏围墙结构与色彩风格的统一性。保护院落风貌应保护院落风貌的尺度比例，保证人们的生产生活需求得到满足。保护建筑材料技术的传承与协调，对于新建院落与建筑应采用当地的传统材料、原有的营建技艺（图4-5-10）。

（3）建筑风貌引导

特色保护类村落建筑风貌引导应从保护村落建筑类型、建筑材料、建筑细节、建筑技术四个方面进行风貌引导。

图4-5-9　藏族高山牧业型特色保护类乡村风貌图

图4-5-10　藏族高山牧业型特色保护类乡村院落风貌图

对高山牧业型乡村定居点中公共建筑和民居建筑的地域特色应该强化与提升（图4-5-11）。地方材料与传统工艺最能体现乡村的风貌特征，对于材料结构应保护其传统性，对于破坏部件，要用原有材料及技术进行补救。建筑装饰应保持多样性，对于与传统不协调的、模式化的新样式应采用原有丰富的装饰风格样式与技艺，保护内部装饰布局完整性，显示民族文化特色。保护传统村落中特有的乡土营建技术，如帐篷制作与搭建技术、夯土技术、土坯砖技术、砌石技术（图4-5-12）。

图4-5-11　藏族高山牧业型特色保护类村落建筑风貌图

图4-5-12　藏族高山牧业型特色保护类村落建筑营建图

❶　❷　　　　　　　　　　　❶ 石砌技艺　❷ 石砌墙

（4）景观风貌引导

高山牧业型特色保护类乡村定居点的景观风貌引导应从保护村落入口景观、道路景观、自然景观三个方面进行风貌引导。

保护传统村落入口景观，保护入口景观的民族特色与标识性。对于没有入口景观的村落应在入口空间采用具有民族特色的标识作为道路引导。藏族村落可采取在开敞入口空间设置经幡等构筑物作为入口标志。

保护道路景观，保护传统街道尺度、特色构筑物、传统材料、装饰方式。保护街道尺度的舒适性，街道界面应采用传统材质，并采用地域性植物进行点缀，保持空间开敞、流线自然。

保护村落周边自然景观的多样性，保护村落周边的草场、田地等农业景观。严格控制生产建设对自然景观的影响。强化地域性自然景观，在不破坏原风貌的基础上进行适度旅游开发（图4-5-13）。

2. 集聚提升类村落风貌

（1）村落风貌引导

集聚提升类村落风貌引导应从村落整体风貌、结构肌理、街巷空间、历史要素四个方面进行风貌引导。

在藏族高山牧业区内，多数村落定居点为集聚提升类村落。应对村落进行合理的风貌定位，根据整体风貌定位进行风貌引导。应在尊重原村民的生活形态与传统习惯下，加快改善村庄基础设施和公共环境，强化村庄的风貌特色。在村庄道路、街巷、院落大门、围墙等处增添藏族文化符号。

对破坏整体地势格局的村落布局进行调整改造。对破坏整体风貌的建筑进行整改，对破坏整体风貌环境的道路、基础设施、民居外观等要素进行改造，将村落中原有的砖墙面进行生土抹面处理，使整体风貌统一（图4-5-14）。

图4-5-13 **藏族高山牧业型特色保护类乡村景观图**

❶ 在荒地上种植当地草丛植物，修复生态环境
❷ 平整街巷两侧夯土墙及路面，体现高山牧区乡土风貌
❸ 在街巷两侧种植当地灌木草丛，使街巷景观层次丰富

❶ 山上设置藏文，体现高山牧区藏族特色
❷ 民居建筑立面水泥砖墙置换为夯土墙，修复乡土风貌
❸ 建筑勒脚处水泥抹面置换为红砖，体现高山牧区风貌
❹ 在荒地上种植当地草丛植物，使景观层次丰富

（2）院落风貌引导

高山牧业型集聚提升类村落院落风貌引导应从院落大门风貌、围墙风貌、院落风貌、材料技术四个方面进行风貌引导。

改善大门与围墙的风貌应延续当地传统建筑围墙的风貌特色，采用当地的材料、运用当地传统色彩。改造围墙的高度、宽度，使其符合村民生活习惯，并与其所处的建筑相互协调。改造院落侧界面使其达到统一完整，并体现出整体建筑风貌特色。院落铺装材质应就地取材，选取当地传统材料土、石等。优化院落空间的功能性，可通过适当的景观营造进行空间的分隔。

保持新技术与传统建筑的协调，使新技术能更好地运用于建筑，服务于当地居民，同时针对传统技术、材料进行优化提升（图4-5-15）。

（3）建筑风貌引导

集聚提升类村落建筑风貌引导应从村落建筑类型、建筑材料、建筑细节、建筑技术四个方面进行风貌引导。

图4-5-14 藏族高山牧业型乡村
　　　　　街巷空间改造示意图

图4-5-15 藏族高山牧业型乡村
　　　　　建筑立面改造示意图

尽可能保证村落中建筑风貌的统一性，尤其是公共建筑与传统民居的融合，应使不同年代、不同材料的民居，其形态、色彩等风貌能够尽可能地统一融合。根据不同的建筑类型和形式，重点从建筑材料、建筑色彩等方面进行改造。

建筑材料宜选用当地的传统建造材料，每种材料的用途和使用方法应与传统建筑相一致。同时，应注意保持与周围建筑的协调性。改造建筑的外立面，应采用当地建筑材料，使其与整个村落的建筑风貌相互协调，保证村落建筑风貌的完整性、统一性。

建筑细节应保留和传承当地元素及色彩，并在此基础上进行合理的改造和优化建筑立面细节，在建筑细节的改造中应尽可能多的运用当地传统的设计元素、符号、材料、造型等，使村落建筑风貌尽可能展现出当地特色（图4-5-16）。

运用传统乡土建筑营造技艺，同时加入一些生态的建筑技术，比如被动式阳光庭院等，改善居住、生活环境。应因地制宜，将绿色建筑技术与传统营造技艺结合，在保持传承传统风貌的前提下，提升其安全性、舒适性（图4-5-17）。

（4）景观风貌引导

集聚提升类村落景观风貌引导应从村落入口景观、道路景观、自然景观、三个方面进行风貌引导。

景观入口处应增加标志性和辨识度，使其能够在起到引导作用的同时，凸显村落的文化及特色。例如藏族村落可增加具有藏族特色的经幡、凸显村名的景观石等，提升村落入口形象。

在改造中要保证道路景观的整洁性，打造适于人居的优美环境。根据不同的道路景观空间，进行不同的景观设计，应当从材料、植物、空间营造等多个方面进行完善，打造出宜居、美丽的新乡村景观风貌。

保护游牧区和定居点周边现有自然景观，包括草场、农田、山川、河流等，禁止人为破坏。在保护自然景观的基础上，因地制宜地增加其观赏性。

3. 搬迁撤并类村落风貌

（1）村落风貌引导

搬迁撤并类村落的整体风貌应根据该地区原有或者周边村落的风貌进行规划设计，严格按照规划中的风貌定位实施，以防止过大的差异而导致风貌不统一。在藏族高山牧业区内有较多不同时间的游牧民定居点，这些新建村落更应注重村落对自然生态环境的整体保护责任，建设立足草原地域特色，承载藏族文化传统，体现现代文明的新型草原美丽家园。在村落布局中克服"兵营式"布局的呆板空间结构，应结合生产藏族文化活动，合理安排公共空间（图4-5-18、图4-5-19）。

（2）院落风貌引导

新建院落应采用合理的院落比例，促进院落采光。新建院落风貌要依据村民生活与精

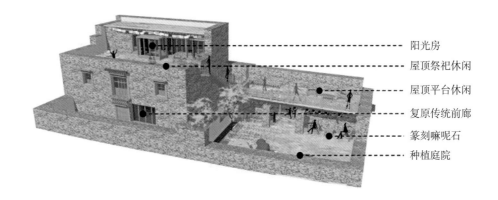

阳光房
屋顶祭祀休闲
屋顶平台休闲
复原传统前廊
篆刻嘛呢石
种植庭院

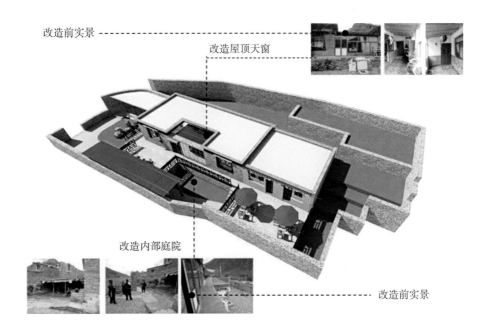

改造前实景
改造屋顶天窗
改造内部庭院
改造前实景

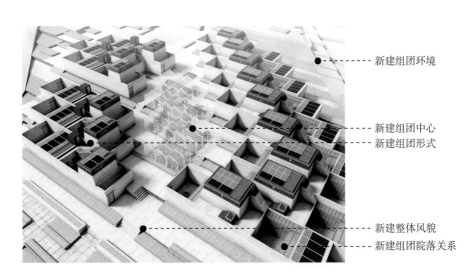

新建组团环境
新建组团中心
新建组团形式
新建整体风貌
新建组团院落关系

图4-5-16　藏族高山牧业型集聚提升
　　　　　类乡村建筑改造示意图

图4-5-17　藏族高山牧业型集聚提升
　　　　　类乡村建筑改造示意图

图4-5-18　新建藏族高山牧业型村庄
　　　　　组团风貌示意图
（图片来源：台达杯竞赛图纸）

神的需求，合理安排空间划分并进行风貌控制。建构村落大门的引导空间，在建筑屋顶、墙面上力求材料与色彩的统一（图4-5-20）。新建民居其围墙应当采用当地传统材料、传统色彩，尊重各少数民族特有的色彩、装饰及材料喜好，延续当地民居围墙的特色风貌。例如藏族以白色和红色为主（图4-2-21）。

（3）建筑风貌引导

高山牧业型乡村新建建筑类型要严格按照规划中的风貌定位进行建设，不宜在乡土风貌区建设非传统建筑（图4-5-22）。庄廓院采用传统独院式布局，平面功能在保留传统功能的同时应加入新功能便于平时生活的使用（图4-5-23）。在房屋装饰细部应体现地域文化特征。在新建高山型牧区村庄廓建筑采用绿色建筑技术，旨在节能环保。其中包括新型土炕技术、新型夯土技术、太阳能发电板技术以及保温墙技术与阳光廊技术等（图4-5-24）。

❶	❷
❸	❹

❶ 公共建筑
❷ 新建藏族定居点
❸ 新建藏族定居点
❹ 新建藏族定居点

图4-5-19　**阿坝州新建藏族高山牧业型乡村整体风貌示意图**

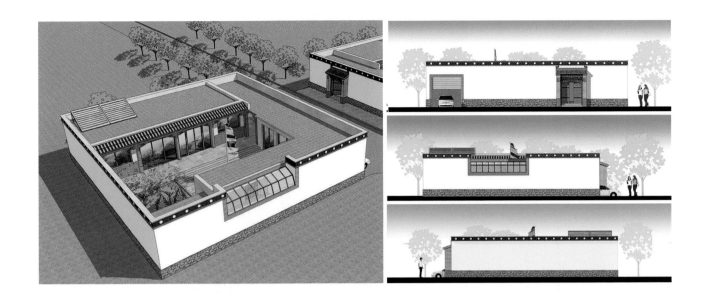

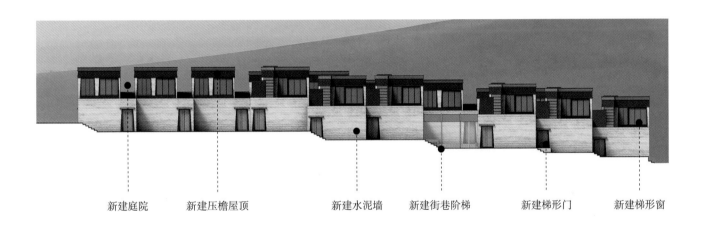

新建庭院　　　新建压檐屋顶　　　　　新建水泥墙　　新建街巷阶梯　　　新建梯形门　　　新建梯形窗

20
―――
21
―――
22

图4-5-20　新建藏族高山牧业型　　图4-5-21　新建藏族高山牧业型　　图4-5-22　新建藏族高山牧业型乡
　　　　　乡村建筑风貌示意图　　　　　　　乡村风貌示意图　　　　　　　　村街巷立面风貌示意图
　　　　　　　　　　　　　　　　　　　　（图片来源：台达杯竞赛图纸）　　　　　　（图片来源：台达杯竞赛图纸）

新建屋顶形式　　　　　　　　　　　　　　　　　　　　　　　　　　　　　　　　　　新建窗户形式

　　新建墙体形式

新建台阶形式

新建太阳能技术

新建新型土炕技术

新建阳光廊
新建新型夯土技术

（4）景观风貌引导

　　搬迁撤并类村落风貌中入口景观应具有强烈的标示性。可在入口处放置景石，营造入口气氛，扩大入口空间，加强空间流线，引导形成开敞的空间序列等方式。村落街巷应当保证乡土元素的完整，建筑主体采用新型庄廓民居，注重与自然环境结合，避免不和谐的元素产生。

　　农业景观应当注重其地域性，充分利用当地高山、草原等，在尊重当地环境的基础上使其风貌与地貌特色相结合，形成特色景观。

　　景观设计应当注重利用各民族特有的景观元素，形成强烈的地域归属感，同时与山水环境相融合，因势利导，形成独特的景观。

23
——
24

25

图4-5-23 **新建藏族高山牧业型乡村绿色建筑风貌示意图**

图4-5-24 **新建藏族高山牧业型乡村建筑技术示意图**
（图片来源：台达杯竞赛图纸）

图4-5-25 **苏化村聚落分布图**
（图片来源：闫展珊 绘制）

4.5.4 藏族高山牧业型特色保护类乡村风貌引导案例——苏化村

1. 村落概况

苏化村地处青海省河湟区内，即青藏高原东部的青海省海东市循化撒拉族自治县西南部岗察藏族乡内，岗察乡共有三个村落：卡索、岗察和苏化。村落地形呈带状，两头低、中间高，长50多千米，宽约15千米，冬季漫长，无夏季，平均海拔3300米以上，最高海拔4156米。气温最高18.7℃，最低-22.2℃，年平均气温0.2℃，年降水量622.5毫米，无霜期80天，牧草生长季142天。

2. 村落风貌

在草原生态环境与游牧生产特性的主导下，传统游牧聚落注定呈现出离散型的自由布局状态，难以集聚发展。聚落与聚落之间不仅是平面上的分散状态，根据山形走势也存在高差上的不同。

苏化村冬居点聚落不同于一般的聚落只有一个组团，共有四个大队，即乃丹、卡么、哇囊及台吾，其中乃丹、卡么、哇囊大队是相对较集中在一起，呈三个独立的组团，呈散点式布局，台吾大队则是沿着地势分散在山脉中，呈离散式布局（图4-5-25）。

苏化村传统聚落内部主要可以分为生产空间、居住空间、交通空间和宗教空间，其中生产空间为广袤的四季草场和冬居点聚落内小面积的农业区（以种植青稞为主，主要供牛羊在冬季食用）；居住空间为冬居点和帐篷形成的离散型聚落为主；交通空间主要是连接聚落外部的省道——循同公路，以及聚落内部以乡道和小路径为主，大都为比较传统的土路；宗教空间主要是在卡么大队的砖石垒砌的砖塔和每户牧民家中自己供奉的佛堂。

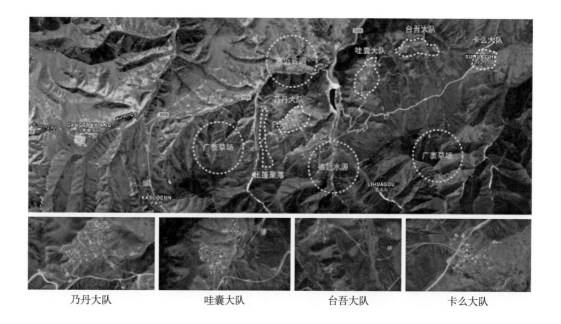

| 乃丹大队 | 哇囊大队 | 台吾大队 | 卡么大队 |

区位图

秋季草场帐篷聚落实景照片图

夏季草场帐篷聚落实景照片图

3. 建筑风貌

苏化村四个大队的定居点建筑分散在山脉中，无论是集中在一起分布，还是单独布局，都极具牧区游牧聚落的特征。冬居点聚落所在的位置是地区相对海拔较低的地方，民居形式为固定的土木房，有砖混和夯土两种形式。该类房屋空间较小，周边分布着大大小小的牲畜圈，紧邻草原溪流，背风面阳。

苏化村的帐篷聚落一般是相对集中，但帐篷与帐篷间分布距离较远，沿着河流和道路呈现带状布局。苏化村的帐篷聚落并不是常年存在的，一般出现在每年的夏秋两季，夏季帐篷聚落所在的夏季牧场为叶撒，时间为每年的6月~9月上旬，帐篷一共35顶。秋季帐篷所在的秋季牧场为顿撒，时间为每年的9月中旬~11月初，帐篷一共33顶。昔日的帐篷聚落是以黑牦牛为主的传统聚落，但是今天在政府扶持政策下，大都帐篷已经变成了白色帆布帐篷（图4-5-26）。

4. 景观风貌

苏化村传统聚落的外部自然空间特征依然充分体现了"山—聚落—草场—水"的空间格局关系，是青海牧区游牧聚落外部自然空间特征的典型代表（图4-5-27）。

4.5.5 小结

藏族高山牧业型乡村主要分布在广大的山川和草原之上。游牧区的村落"逐草而居"，传统的牦牛帐篷零星分布在草原之上，与草地牛羊相映成趣。定居点的村落以庄廓民居为主，大多选在山凹处避风向阴及视线开阔处建设。藏族高山牧业型乡村融入周围高山和草原之中，将人与环境和谐共生的理念完美地呈现了出来。村落中的牦牛帐篷与庄廓院在蓝天白云、青山草甸的衬托下也展现出了美轮美奂的乡村风貌特征。

图4-5-26 **苏化村冬居点聚落图**
（图片来源：间展珊 绘制）

图4-5-27 **苏化村聚落外部自然空间特征图**
（图片来源：间展珊 绘制）

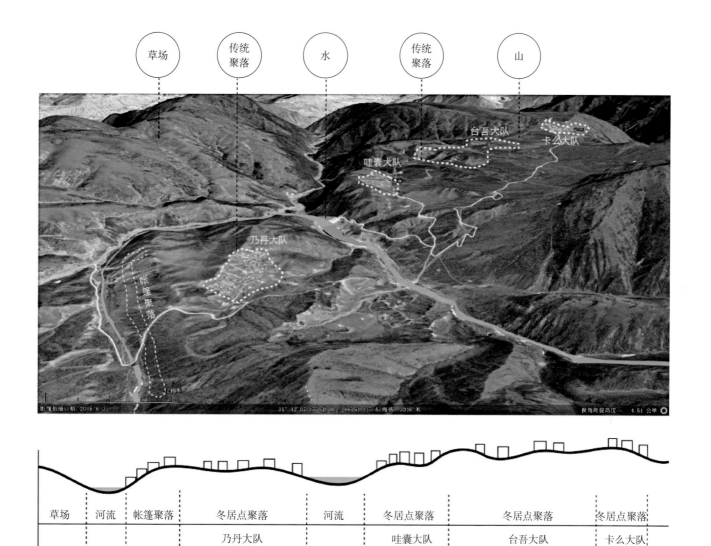

草场	河流	帐篷聚落	冬居点聚落	河流	冬居点聚落	冬居点聚落	冬居点聚落
			乃丹大队		哇囊大队	台吾大队	卡么大队

4.6 本章小结

本章节针对青海省循化县乡村风貌研究，主要从循化县域乡村概况入手研究。同时，梳理并阐述了其民居概况、乡村分布、乡村人口及乡村风貌特色等方面的情况。进而将循化县域乡村进行分类，引导循化县域乡村风貌分区。最后通过三个不同类型的乡村案例来展现循化县域不同类型乡村的地域风貌特点。

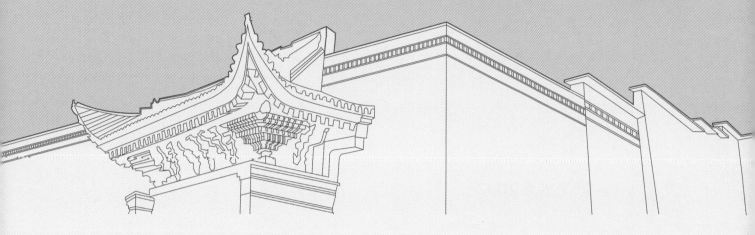

第 5 章

循化县乡镇风貌研究

05

本章重点对撒拉族川水型乡镇、藏族山地型乡镇和藏族高山牧业型乡镇的风貌现状做了深入分析并提出具体的风貌提升引导策略。现状主要从乡镇节点空间、主轴街道立面现状、主轴街道立面三个方面分析，以此为研究基础确定这三类乡镇的风貌定位，提出风貌引导，并针对建筑色彩、材料、立面要素、屋顶形式、层数高度、天际线、户外广告、公共设施八方面提出具体的风貌提升引导策略。尝试探索乡镇风貌研究的思路和方向，通过科学有效的风貌引导，指导乡镇建设，提升乡镇风貌水平。

5.1 循化县乡镇概况

循化县辖三镇六乡，即积石镇、街子镇、白庄镇、清水乡、查汗都斯乡、文都乡、道帏乡、尕楞乡、岗察乡。根据前章对循化县风貌的分类，属于撒拉族川水型风貌的乡镇有积石镇、街子镇、白庄镇、清水乡和查汗都斯乡，因积石镇和街子镇为主城区，故不在此次研究范围内；属于藏族山地型风貌的乡镇有道帏乡、文都乡和尕愣乡；属于藏族高山牧业型风貌的乡镇有岗察乡（图5-1-1~图5-1-8）。

图5-1-1 循化撒拉族自治县行政区划图

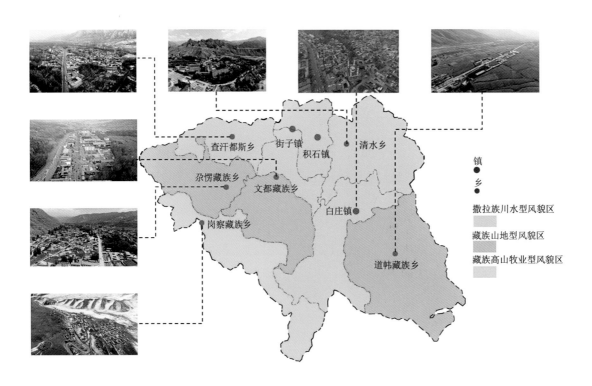

第 5 章
循化县乡镇风貌研究

2	图5-1-2　清水乡
3	图5-1-3　查汗都斯乡

4 ——— 5

图5-1-4　白庄镇

图5-1-5　道帏乡

6

7

图5-1-6　文都乡

图5-1-7　尕楞乡

本章探讨的是乡镇政府所在地的镇或规模较大的村落，此类村落可属于城郊融合类村庄，应体现城乡融合乡村向城市转型。在乡镇形态上应保留乡村风貌，在治理上应体现城市水平。

图5-1-8　**岗察乡**

5.2 撒拉族川水型乡镇风貌区

下面以白庄镇、查汗都斯乡、清水乡为例，来研究典型撒拉族川水型乡镇风貌。主要从乡镇重要节点空间、主轴街道立面现状、主轴街道立面分析这三方面展开研究。

5.2.1　撒拉族川水型乡镇风貌现状研究

1. 清水乡乡镇风貌现状研究

清水乡位于循化撒拉族自治县东北部，距县府驻地5千米。地处黄河和清水河谷地。临（夏）平（安）公路和循（化）孟（达）公路穿境。人口1.1万，以撒拉族为主，占总人口的91%，以信仰伊斯兰教为主。占地面积277平方千米。主要产业为农业、养殖业（表5-2-1所示）。

清水乡乡政府驻石巷村，属于城郊融合类村庄，由于距离城市较近，具备成为城市后花园的优势，也具有向城市转型的条件。在乡镇形态上应保留乡村风貌，在治理上应体现城市水平。目前清水乡现状风貌缺乏明确的定位，建筑与街道空间不统一，风格特色不突出。

清水乡基本情况介绍　　　　　　　　表5-2-1

序号	内容	详细注解
1	地理位置	清水乡位于循化撒拉族自治县东北部，距县府驻地5千米。地处黄河和清水河谷地。S20211临（夏）平（安）公路和循（化）孟（达）公路
2	人口	1.1万
3	面积	277平方千米
4	民族	以撒拉族为主，占总人口的91%
5	产业	农业、养殖业
6	宗教信仰	以信仰伊斯兰教为主
7	村落	辖下滩、阿什匠、阿麻叉、乙麻亥、上庄、下庄、红庄、大寺古、瓦匠庄、唐赛、石巷、田盖、大庄、专塘、木厂、塔沙坡、索同17个行政村
8	历史沿革	1949年沿旧制为新芳乡辖地，1951年设清水乡，1958年与白庄、科哇、道帏等乡合并为东风公社，1961年分设清水公社，1984年复设清水乡

（1）乡镇节点空间研究

清水乡的主要空间节点有西侧门户节点空间、南侧门户节点空间、宗教节点空间、贸易节点空间。西侧门户和南侧门户节点空间处均无明显标识，空间形态无明确定位；宗教节点空间具有识别性，但清真寺风格形式多样，不够统一；贸易节点空间商业氛围不够浓，建筑风格也不够统一（图5-2-1）。

（2）主轴街道立面现状

清水乡主要街道依地形地貌呈"S"形展开，街道两侧多为商业建筑及公共建筑，民居建筑多沿主轴街道向山脚下延伸（图5-2-3），在沿街立面少有出现。行道树种植较少，沿街景观绿化较少，下面为南北侧沿街立面现状图（图5-2-2、图5-2-4）。

（3）主轴街道立面分析

主轴街道立面分析包括色彩分析、材料分析、立面要素分析、屋顶形式分析、层数高度分析、天际线分析、户外广告分析、公共设施分析这八个方面。

西侧门户节点空间　　　　　　宗教节点空间　　　　　　南侧门户节点空间

清水乡局部街道

图5-2-1　清水乡主轴街道节点分布图　　　图5-2-3　清水乡局部街道图

图5-2-2　清水乡主要街道北侧立面图　　　图5-2-4　清水乡主要街道南侧立面图

屋顶颜色　　　　墙面颜色

　　色彩分析：屋顶的色系比较符合撒拉族伊斯兰教宗教信仰，但是色彩不够统一；立面色彩较为单一，以灰色土系为主，不够丰富，且无法体现出当地民族特色（图5-2-5）。

图5-2-5　屋顶及立面色彩分析

　　材料分析：建筑立面材料多为现代化建筑材料，不足以体现撒拉民族的文化特征（图5-2-6）。

　　立面要素分析：建筑立面缺少体现地域文化特色的要素，形式较为单一，缺少撒拉族特有装饰特征，难以区分和其他民族的乡镇有何不同之处（图5-2-7）。

　　屋顶形式分析：屋顶形式多为平顶结合小坡檐，但坡檐颜色应该协调统一。

　　层数高度分析：在主要街道两侧的沿街商业建筑层数不高于三层，高度均低于10米，清真寺的穹顶为沿街立面最高点，较为突出（图5-2-8）。

　　天际线分析：沿街建筑立面起伏比较明显，不仅有建筑还有山脉，清真寺高度最为突出（图5-2-9、图5-2-10）。

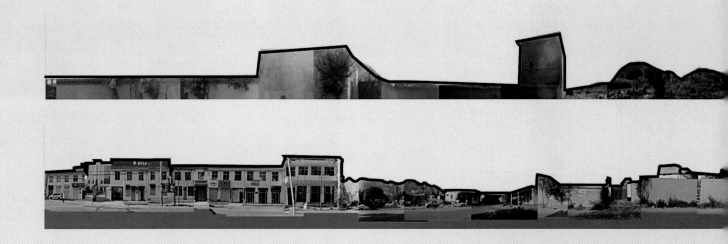

瓦

玻璃窗

瓷砖贴面

铝合金门

柏油路面

6
7
8
9
10

图5-2-6　主街道北侧立面材料
　　　　　分析

图5-2-7　主街道立面要素分析

图5-2-8　层数高度分析

图5-2-9　主街道北侧立面天际
　　　　　线图

图5-2-10　主街道南侧立面天际
　　　　　线图

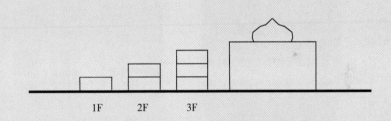

1F　　　2F　　　3F

户外广告分析：广告牌字体多为黑体、楷体；尺寸大小不统一，不协调；色彩不统一；且广告牌位置单一（图5-2-11）。

公共设施分析：沿街布置路灯、交通摄像头、垃圾箱设置较少，街道卫生环境有待提升（图5-2-12）。

2. 查汗都斯乡乡镇风貌现状研究

查汗都斯乡位于县境西部，黄河南岸，距县府驻地26千米。查汗都斯乡有人口1.2万，占地面积69.3平方千米，民族以撒拉族为主，占总人口的87.5%，信仰伊斯兰教。主要产业为农业、养殖业（表5-2-2）。

查汗都斯乡乡政府驻下庄村，规模较小且现代化水平较低，整体风貌上更接近于乡村，属于城郊融合类村庄。主轴街道建筑包括商业、公共建筑和居住建筑，风貌缺乏明确的定位，建筑与街道空间不协调。在风貌引导时应体现城乡融合乡村向城市转型的状态，在乡镇形态上应保留乡村风貌，在治理上应体现城市水平。

图5-2-11　主街道北侧立面图户外广告分析

图5-2-12　主街道南侧立面公共设施现状

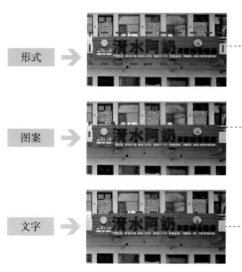

形式 →

图案 →

文字 →

序号	内容	详细注解
1	自然环境	查汗都斯乡位于县境西部，黄河南岸，距县府驻地26千米
2	人口	1.2万
3	面积	69.3平方千米
4	民族	以撒拉族为主，占总人口的87.5%
5	产业	农业、养殖业
6	宗教信仰	以信仰伊斯兰教为主
7	村落	辖阿河滩、牙藏、哈大亥、苏只、新村、下庄、中庄、大庄、新建、团结、古什群、赞上庄、赞中庄、赞下庄、繁殖场、乙麻亥16个村
8	历史沿革	1949年沿旧制为苏志乡辖地，1950年从苏志乡分设为和平乡，1956年并入苏志乡，1958年又并入红旗公社，1961年分设查汗大寺公社，1984年改设查汗都斯乡

（1）乡镇节点空间研究

查汗都斯乡的主要空间节点有西侧门户节点空间、东侧门户节点空间和贸易节点空间。西侧门户处有简单标识牌，空间形态无明显定位。东侧入口空间建筑形式多样，无统一风格。贸易节点空间商业氛围不够浓，建筑风格不够统一（图5-2-13）。

（2）主轴街道立面现状

查汗都斯乡主要街道为东西向，街道两侧多为商业及公共建筑（图5-2-15），其中商业多为商住结合的建筑，建筑层数多为1～3层，沿街几乎无行道树种植，缺乏景观绿化。后图为南北侧沿街立面现状图（图5-2-14、图5-2-16）。

（3）主轴街道立面分析

主轴街道立面分析包括色彩分析、材料分析、立面要素分析、屋顶形式分析、层数高度分析、天际线分析、户外广告分析、公共设施现状这八个方面。

色彩分析：查汗都斯乡建筑屋顶与立面色彩主要是以土黄色、灰色、淡黄色为主要色系，颜色相对而言比较单一、缺乏地域性特色（图5-2-17）。

材料分析：街道的建筑立面材料为砖混结构，多为平房，形式较为单一（图5-2-18）。

立面要素分析：建筑立面体现当地特色文化的要素较少，门窗及立面装饰等稍显现代化，无明显标识性（图5-2-19）。

屋顶形式分析：屋顶形式以平顶结合坡檐，但是缺乏当地特色且结构单一、形式较为单一。

层数高度分析：沿街的商业建筑在一层、二层和三层，高度大都低于10米（图5-2-20）。

天际线分析：沿街建筑立面起伏比较明显，不仅有建筑还有山脉，清真寺高度最为突出（图5-2-21、图5-2-22）。

西侧门户节点空间　　　　　　　　贸易节点空间　　　　　　　　东侧门户节点空间

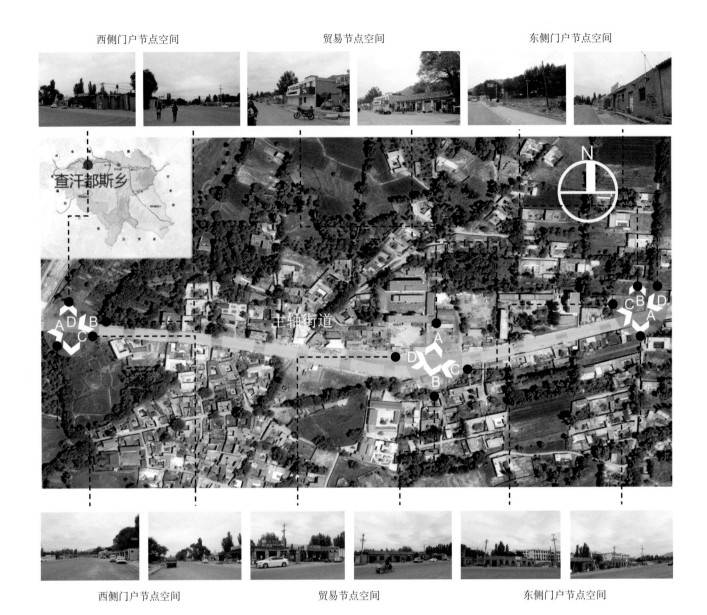

西侧门户节点空间　　　　　　　　贸易节点空间　　　　　　　　东侧门户节点空间

查汗都斯乡局部街道

13		15
	14	
	16	

图5-2-13　查汗都斯乡主轴街道节点分布图
（图片来源：改绘）

图5-2-15　查汗都斯乡局部街道图
（图片来源：改绘）

图5-2-14　查汗都斯乡主要街道北侧立面图

图5-2-16　查汗都斯乡主要街道南侧立面图

屋顶颜色

墙面颜色

砖

玻璃窗

柏油路

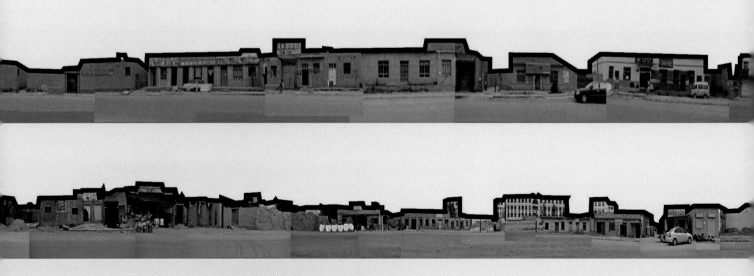

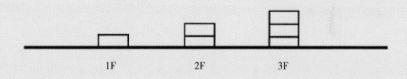

1F   2F   3F

17	19
18	20
21	
22	

图5-2-17　屋顶及立面色彩分析　　　图5-2-20　层数高度分析

图5-2-18　材料分析　　　　　　　　图5-2-21　主街道北侧立面天际线图

图5-2-19　立面要素分析　　　　　　图5-2-22　主街道南侧立面天际线图

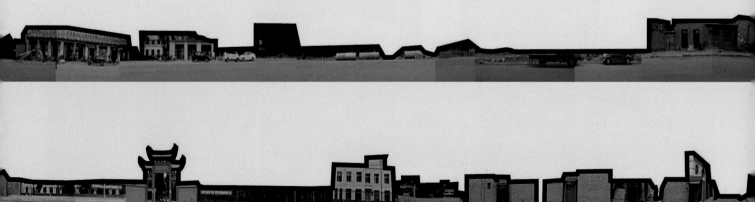

户外广告分析：广告牌的设计缺乏地域特色，且尺寸大小不一，色彩不协调，形式亦不够统一（图5-2-23）。

公共设施分析：沿街布置的路灯、交通摄像头、垃圾箱较少，缺乏公共的休闲设施，街道公共环境有待提升（图5-2-24）。

3. 白庄镇乡镇风貌现状研究

白庄镇地处青海省东部黄河支流清水河山谷地带，地势南高北低。清水河是白庄镇域内的最大河流，自南向北流入黄河。人口2.1万，占地面积103.85平方千米，以撒拉族和回族为主，同时包括汉族、藏族等民族。宗教信仰以伊斯兰教为主。该镇主要产业为农业、畜牧业和餐饮业（表5-2-3）。

白庄镇政府驻地是下白庄村，规模较大，属于城郊融合类村庄，表现出城乡融合乡村向城市转型的状态。白庄镇建筑密集，除宗教建筑有明显标示性外，其他建筑均无明显特色，传统建筑保护也不到位。风貌引导时，应在乡镇形态上应保留乡村风貌，在治理上应体现城市水平，逐步强化服务城市发展、承接城市功能外溢。

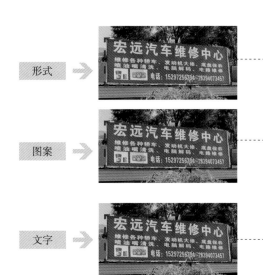

图5-2-23　户外广告分析
图5-2-24　公共设施现状

白庄镇基本情况介绍

表5-2-3

序号	内容	详细注解
1	自然环境	清水河是白庄镇域内的最大河流，其两大支流于城镇处汇合后流入黄河
2	人口	2.1万
3	面积	103.85平方千米
4	民族	以撒拉族和回族为主，同时包括汉族、藏族等民族
5	产业	农业、畜牧业和餐饮业
6	宗教信仰	以信仰伊斯兰教为主
7	村落	塘洛尕、上白庄、下白庄、白庄、上张尕、下张尕、立庄、上拉边、下拉边、扎木、昌克等共27个行政村
8	地形	白庄镇地处青海省东部黄河谷地南侧山谷地带，地势南高北低

（1）乡镇节点空间研究

白庄镇主要空间节点有北侧门户节点空间、南侧门户节点空间、宗教节点空间和贸易节点空间。北侧门户空间、南侧门户空间处均无明显标示，空间形态无明确定位；宗教节点空间具有识别性，但清真寺风格形式多样，不够统一；贸易节点空间环境商业氛围不够浓，建筑风格亦不统一；民居及自然景观方面，传统庄廓民居及自然景观成为南门户空间的风貌要素；街道的现状空间比较单一、特色不明显（图5-2-25）。

（2）主轴街道立面现状

白庄镇乡镇规模较大，街道纵横，建筑密集，其中主轴街道呈东北西南走向，沿街建筑主要为商业和公共建筑，街道宽阔，商业繁华。主轴街道两侧均有部分绿化景观树，但是分布无秩序，缺乏景观观赏性。下面为白庄镇局部街道和主轴街道两侧沿街立面现状图（图5-2-26～图5-2-28）。

（3）主轴街道立面分析

主轴街道立面分析包括色彩分析、材料分析、立面要素分析、屋顶形式分析、层数高度分析、天际线分析、户外广告分析、公共设施现状这八个方面。

色彩分析：建筑立面色彩主要为黄色、绿色、红色以及白色这四种色系的颜色，符合撒拉族伊斯兰教宗教信仰，但是现状建筑色彩形式多样，不够统一（图5-2-29）。

材料分析：建筑立面材料多为现代化建筑材料（图5-2-30）。

立面要素分析：建筑立面缺少体现地域文化特色的要素，形式较为单一，没有采用撒拉族特有的立面装饰，难以区分和其他民族的乡镇对比有何特色之处（图5-2-31）。

屋顶形式分析：屋顶形式多为平顶结合小坡檐，但坡檐颜色应该协调统一。

层数高度分析：在主要街道两侧的沿街商业建筑层数不高于三层，高度均低于10米，清真寺的穹顶为沿街立面最高点，较为突出（图5-2-32）。

天际线分析：沿街建筑立面除清真寺高度突出外，其他天际线较为平缓（图5-2-33、图5-2-34）。

民居及自然景观　　　　　　宗教节点空间　　　　　　北侧门户节点空间

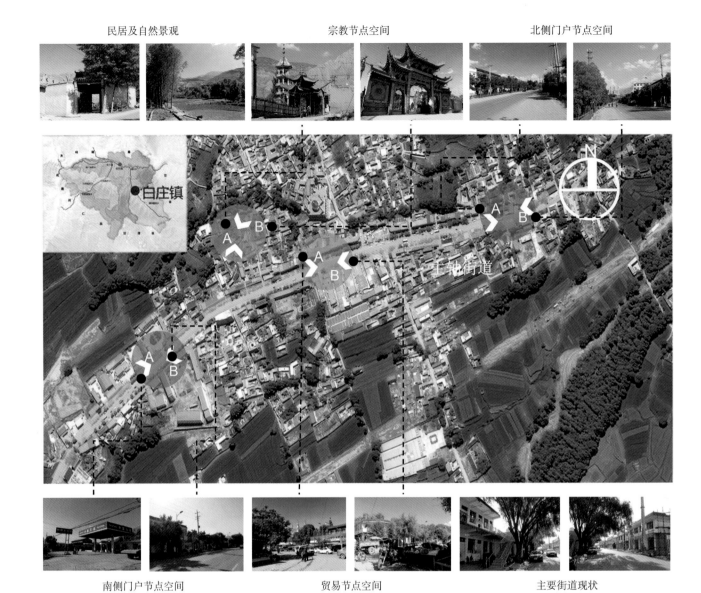

南侧门户节点空间　　　　　　贸易节点空间　　　　　　主要街道现状

白庄镇局部街道

25	27
26	
28	

图5-2-25　白庄镇主轴街道空间节点分布图　　图5-2-27　白庄镇局部街道图

图5-2-26　白庄镇主要街道北侧立面图　　　　图5-2-28　白庄镇主要街道南侧立面图

屋顶颜色

墙面颜色

砖

混凝土

泥瓦

玻璃窗

瓷砖贴面

铝合金门

柏油路面

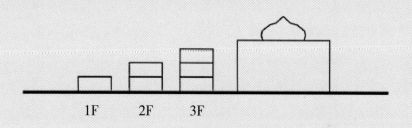

1F　　　2F　　　3F

29	31
30	32
33	
34	

图5-2-29　屋顶及立面色彩分析　　图5-2-32　层数高度分析

图5-2-30　**材料分析**　　　　　图5-2-33　主街道北侧立面天际线图

图5-2-31　**立面要素分析**　　　图5-2-34　主街道南侧立面天际线图

户外广告分析：广告牌分析字体多为黑体、楷体；广告牌尺寸大小不一，不协调；色彩亦不统一；悬挂位置单一（图5-2-35）。

公共设施分析：沿街布置路灯、交通摄像头、垃圾箱较少，街道卫生环境有待改善（图5-2-36）。

5.2.2 白庄镇乡镇风貌定位及风貌引导

通过对撒拉族清水乡、查汗都斯乡和白庄镇风貌现状的研究，梳理了撒拉族川水型风貌区内的各乡镇风貌的共同点与差异性，认为白庄镇的现状特征和问题最为典型，因此下文以白庄镇为例来研究撒拉族川水型乡镇的风貌定位、风貌引导和风貌导则。

1. 风貌定位

通过对循化县撒拉族乡镇特色风貌要素的提炼，提出循化县撒拉族乡镇风貌特色的总体定位。撒拉族乡镇作为伊斯兰文化的一种载体，同时也是循化乡镇生活的重要载体，她不仅有着独特的伊斯兰风情，同时有着独具魅力的个性特色。这种个性特色源于地缘、环境、历史和传统，是过去和现在的浓缩，是

图5-2-35 户外广告分析
图5-2-36 公共设施现状

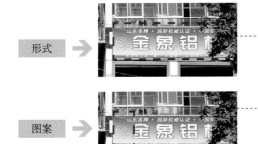

物质实体和社会文化的提炼。要确立并塑造撒拉族乡镇风貌就必须认真分析撒拉乡镇的个性特征，研究认为面向未来的循化撒拉族乡镇应突出撒拉族乡镇商贸特色，同时表现其撒拉族黄河谷地的自然风貌，因此依据白庄镇的地域环境与传统文化，将其定位为"撒拉商贸特色乡镇"风貌。

2. 整体风貌引导

经过对撒拉族乡镇的乡村分布、人口、产业、自然、文化的分析与论证。研究确立了白庄镇为"撒拉商贸特色乡镇"，突出撒拉民族风格、打造自然生态、宜居宜商、文化浓郁的乡镇风貌。"撒拉商贸特色乡镇"风貌引导的内容是乡镇的门户空间、主轴街道的建筑立面、核心节点的建筑风格以及在街道上活动的人，打造特色乡镇风貌从以下几点进行引导。

（1）门户空间要具备撒拉族特征的识别性（文化符号、入口牌楼、景观石、民居）。

（2）街道的功能空间应该通过风貌能够进行明显的识别，也就是强化风貌的标识功能。例如入口空间的提示功能、商业空间的展示功能、宗教空间的地标功能等。

（3）通过引导建筑的形式、色彩来统一街道立面及地域特色。

（4）强化公共设施造型与景观绿化的地域性。其中最明显的是保持宗教建筑的地标性风貌。商贸空间的风貌引导是难点，应强化管理与执行。

（5）风格形式方面，民居建筑的总体风格以传统篱笆楼及庄廊为主，学校、医疗、企事业单位的建筑可灵活多变，增加撒拉族建筑的丰富性。同时应注重与原有的传统建筑风格相协调。

（6）体量尺度应坚持以人为本的原则，以符合人的需求为准则，适当舒展开阔，注重主体建筑与辅助偏房的体量对比与协调，保持总体风貌上的完整、连续和统一。

3. 建筑风貌引导

通过街道立面的具体引导来达到引导撒拉族风貌建设的效果，其中引导内容包括建筑色彩、建筑材料、立面要素、屋顶形式、层数高度、天际线、户外广告、公共设施等内容。

建筑色彩：延续传统乡镇建筑的主要色彩搭配，以黄、白为主，绿、蓝、灰为辅。依据周边天空、地面、树木等环境色的特点，分区提取、确定主导色彩，并以此引导未来的乡镇建设。

建筑材料：建筑材料以当地的乡土材料生土、篱笆、石材、木材等为主，逐步引进新技术、新工艺，突出撒拉族、乡镇建筑的本土特色。

立面要素：立面特色要素应包括建筑压檐、线脚、壁柱、拱形窗户等伊斯兰传统建筑要素。

屋顶形式：屋顶结合当地特色，应采用平屋顶与小坡檐，外加青、红色琉璃瓦的形式；少量坡屋顶，宗教建筑应体现传统撒拉族伊斯兰教建筑的风格。

层数高度：建筑应根据其使用功能而采用不同的层高，但建筑层数应不超过该乡镇清真寺邦克楼的高度，保持乡镇清真寺标志性高度。

天际线：天际线应突出清真寺的重要高度以及宗教建筑特有的屋顶形态，结合该区域的地形、地貌，与山川相互呼应，保持完整性和延续性，通过建筑层数控制天际轮廓线。

户外广告：广告牌应保持整体性、标示性、延续性和民族性，统一广告牌的形式、图案、文字、色彩等内容。

公共设施：增设配套公共设施，提高生活环境。

5.2.3 白庄镇乡镇风貌导则

1. 白庄镇主轴街道立面引导

主轴街道立面引导包括色彩、材料、立面要素、屋顶形式、层数高度、天际线、户外广告和公共设施这八个方面。

色彩：为体现出撒拉族伊斯兰文化特色，街道色彩应主要采用以白色、绿色、蓝色、黄色、灰色等为主的民族色彩（图5-2-37）。

材料：街道立面建筑材料应以当地材料的现代应用为主，主要包括混凝土、砖、玻璃、铝材、木材、瓷砖、涂料、瓦片等（图5-2-38）。

立面要素：立面特色要素应包括建筑压檐、线脚、壁柱、拱形窗户等伊斯兰传统建筑要素（图5-2-39）。

屋顶形式：屋顶应采用平屋顶与小坡檐，外加青、红色琉璃瓦的形式；少量坡屋顶（图5-2-40）。

层数高度：建筑层数应不超过该乡镇清真寺邦克楼的高度，保持乡镇清真寺标志性高度。在此基础上，其街道建筑应根据其使用功能而采用不同的层高（图5-2-41）。

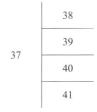

	37	38
		39
		40
		41

图5-2-37 **色彩图示及应用**
图5-2-38 **材料图示及应用**
图5-2-39 **立面要素图示及应用**
图5-2-40 **屋顶形式图示及应用**
图5-2-41 **层数高度图示及应用**

图示	白色	绿色	蓝色	黄色	灰色
应用	墙体、线脚、墙面装饰	窗、墙面装饰	屋顶、门、窗	墙面、屋顶、门、墙体	墙体、线脚

图示	混凝土	砖	石	土
应用	墙面、梁、柱	墙体、女儿墙	墙体、女儿墙	门框、窗框
图示	木材	瓷砖	涂料	瓦片
应用	门、窗、屋檐	墙面、地板	墙面、女儿墙	大门、屋顶

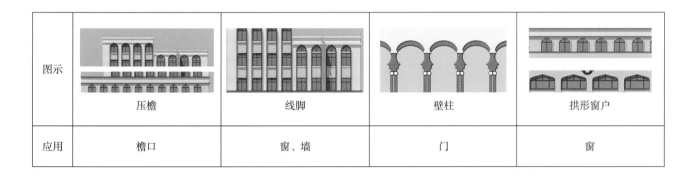

图示	压檐	线脚	壁柱	拱形窗户
应用	檐口	窗、墙	门	窗

图示	平屋顶与青色、红色琉璃瓦小坡檐	
应用	主要应用在女儿墙、屋顶	

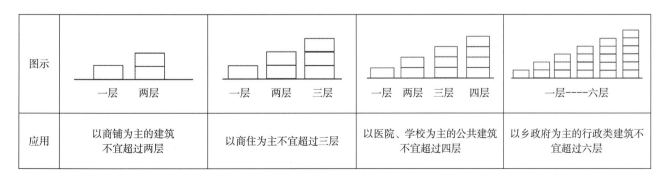

图示	一层　两层	一层　两层　三层	一层　两层　三层　四层	一层----六层
应用	以商铺为主的建筑不宜超过两层	以商住为主不宜超过三层	以医院、学校为主的公共建筑不宜超过四层	以乡政府为主的行政类建筑不宜超过六层

天际线：天际线应突出清真寺的重要高度，结合该区域的地形、地貌，与山川相互呼应，保持完整性和延续性，通过建筑层数控制天际轮廓线（图5-2-42）。

户外广告：广告牌应保持整体性、标示性、延续性，统一广告牌的形式、图案、文字、撒拉族色彩等主要内容（图5-2-43）。

公共设施：增设配套公共设施，提高生活环境。如可适当添加带有民居色彩的垃圾箱和休息座椅。添加必要的景观灯来提高景观美感，重整街道景观植物配置，体现当地特色，提升自然环境（图5-2-44）。

撒拉族川水型乡镇的风貌引导包含重要空间节点、主轴街道立面、民居院落三方面。其中重要节点空间包括门户节点空间、商贸节点空间、广场节点空间和宗教节点空间；民居院落主要包括大门、围墙、建筑和庭院；本章主要对主轴街道立面的色彩、材料、立面要素、屋顶形式、层数高度、天际线、户外广告和公共设施这八个方面提出了详细的风貌引导策略（图5-2-45）。

2. 白庄镇街道公共建筑风貌引导

整体意向：白庄镇所处位置重要，需考虑总体改造意向具有地方特色，是向人们展示地域文化的有利条件。整体风格意向要体现撒拉族文化特色，将其引导为简约伊斯兰建筑风格（图5-2-46）。

42

43

44

图5-2-42　天际线图示及应用

图5-2-43　户外广告图示及应用

图5-2-44　公共设施图示及应用

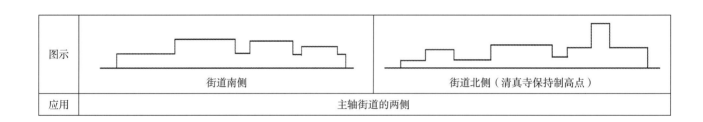

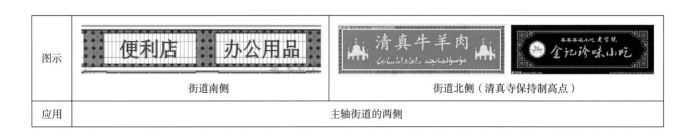

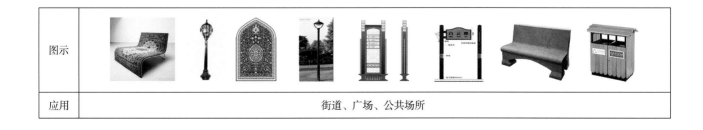

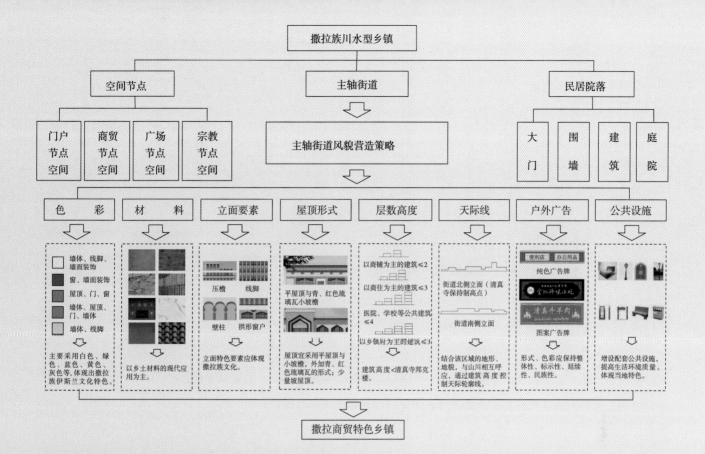

图5-2-45　撒拉族川水型风貌引
导策略图

图5-2-46　白庄镇沿街立面改造
示意图

白庄镇沿街立面改造：

（1）建筑风格参照伊斯兰建筑传统建筑风格；

（2）加设建筑檐口、勒脚、壁挂、线脚、窗户；

（3）统一外墙颜色为黄色、绿色或白色。

5.3 藏族山地型乡镇风貌区

下面以道帏乡、文都乡、尕楞乡为例，来研究典型藏族山地型风貌。主要从乡镇重要节点空间、主轴街道立面现状、主轴街道立面分析这三方面来进行研究。

5.3.1 藏族山地型乡镇风貌现状研究

1. 文都乡乡镇风貌现状研究

文都藏族乡是中国青海省海东市循化撒拉族自治县下辖的一个乡镇级行政单位，距循化撒拉族自治县县府驻地15千米。文都乡拥有人口0.8万，民族以藏族为主，占总人口的99.4%，信仰藏传佛教。占地面积218平方千米。主要产业为农业、养殖业（表5-3-1）。

文都乡基本情况介绍　　　　　　　　　　　表5-3-1

序号	内容	详细注解
1	地理位置	文都藏族乡位于循化撒拉族自治县县境西部，距县府驻地15千米
2	人口	0.8万
3	面积	218平方千米
4	民族	以藏族为主，占总人口的99.4%
5	产业	农业、养殖业
6	宗教信仰	主要信仰藏传佛教
7	村落	辖拉雄、毛玉、河哇、王苍麻、抽子、拉代、旦麻、相玉、自草毛、拉龙哇、公麻、江加、牙训、日芒、哇库、修藏16个村委会
8	历史沿革	1950年设文都乡，1958年与街子乡合并成立永丰公社，1961年分社文都公社，1984年改设文都藏族自治乡

文都乡乡政府驻拉雄村，乡镇规模不大，但建设稍显现代化，处于城乡融合乡村向城市转型的状态。受地形地貌限制，文都乡商业、公共建筑和民居建筑均沿主轴街道分布。目前文都乡现状风貌因缺乏有效的风貌引导而显得无序，建筑与街道空间不协调，风格特色不明显。在乡镇建设时，应在乡镇形态上应保留乡村风貌，在治理上应体现城市水平。

（1）乡镇节点空间研究

文都乡主要空间节点有西南侧门户节点空间、南侧门户节点空间、东北侧门户节点空间和贸易节点空间。西南侧门户空间无特殊标志，空间较为单一。西南侧门户空间构成要素主要为道路、1~2层建筑、树木。贸易节点建筑主要功能有餐饮、商铺、学校、信用社等，节点空间形态较为单调，缺乏趣味，景观元素较少。东北侧门户空间周边景观环境优美，但未得到有效利用。东北侧门户节点空间无特色标志，缺乏标志性（图5-3-1）。

（2）主轴街道立面现状

文都乡规模较小，主要建筑沿东西向主街分布，且街道较窄。受地形地貌的影响，整个乡镇呈带状发展。沿街立面多为商业或商住结合的建筑（图5-3-3）。沿街零星种植树木，但整体绿化率偏低，后图为南北侧沿街立面现状图（图5-3-2、图5-3-4）。

（3）主轴街道立面分析

主轴街道立面分析包括色彩分析、材料分析、立面要素分析、屋顶形式分析、层数高度分析、天际线分析、户外广告分析、公共设施分析这八个方面。

色彩分析：街道色彩主要为土红、绿、淡粉、冷灰、土黄（图5-3-5）。

材料分析：建筑材料主要有混凝土、钢筋、砖、玻璃、铝合金、木材、瓷砖、涂料等（图5-3-6）。

立面要素分析：立面屋檐、窗檐采用藏族装饰，建筑色彩体现藏族文化（图5-3-7）。

屋顶形式分析：屋顶种类有双坡顶、平屋顶与单向小坡檐和平屋顶。

层数高度分析：在主要街道两侧的沿街商业建筑层数不高于三层，局部建筑为四层（图5-3-8）。

天际线分析：沿街建筑立面较为平缓，韵律感较小，层次感不够（图5-3-9、图5-3-10）。

户外广告分析：沿街缺少广告牌，现有广告牌设计不够美观，缺乏统一规划（图5-3-11）。

公共设施分析：公共设施不够完善，目前有排水明渠以及垃圾箱，但不够美观，指示牌设置合理（图5-3-12）。

2. 尕楞乡乡镇风貌现状研究

尕楞藏族乡位于循化撒拉族自治县境西南部，海拔较高，距县府驻地25千米。尕楞乡拥有人口5233万，民族以藏族为主，主要信仰佛教。占地面积170.96平方千米，由于其位于山间谷地，导致集镇镇区现状周边用地条件有限。主要产业为农业、牧业（表5-3-2）。

西南侧门户节点空间　　　　　　贸易节点空间　　　　　　贸易节点空间

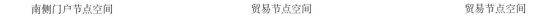

南侧门户节点空间　　　　　　贸易节点空间　　　　　　贸易节点空间

文都乡局部街道

1	3
2	
4	

图5-3-1　文都乡主轴街道节点分布图
（图片来源：改绘）

图5-3-3　文都乡主要街道局部图
（图片来源：改绘）

图5-3-2　文都乡主要街道北侧立面图

图5-3-4　文都乡主要街道南侧立面图

屋顶颜色　　　　墙面颜色

混凝土
玻璃窗

瓷砖贴面

涂料

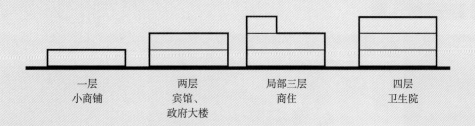

一层　　　　　　两层　　　　　局部三层　　　　　四层
小商铺　　　　　宾馆、　　　　　商住　　　　　　　卫生院
　　　　　　　　政府大楼

5	7
6	8
9	
10	

图5-3-5　屋顶及立面色彩分析　　图5-3-8　层数高度分析

图5-3-6　材料分析　　　　　　　图5-3-9　主街道北侧立面天际线图

图5-3-7　立面要素分析　　　　　图5-3-10　主街道南侧立面天际线图

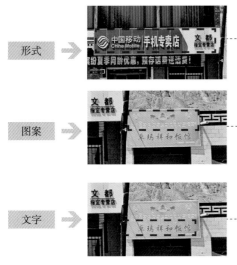

形式 →

图案 →

文字 →

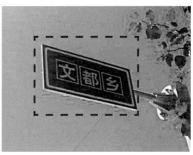

11
———
12

图5-3-11　户外广告分析

图5-3-12　公共设施现状

尕楞乡基本情况介绍　　　　　　　　表5-3-2

序号	内容	详细注解
1	地理位置	位于循化南部，海拔较高
2	人口	5233万
3	面积	170.96平方千米
4	民族	以藏族为主
5	产业	主要产业为农业、牧业为主
6	宗教信仰	以信仰藏传佛教为主
7	村落	牙尕、麻尕、相沙、洛哇、比塘、建设堂、曲卜藏、仁务、宗占、秀日、哇龙11个村委会
8	地形	位于山间谷地，集镇镇区现状周边用地条件有限

　　尕楞乡乡镇府驻牙尕村，乡镇规模较小，属于城郊融合类村庄，处于城乡融合乡村向城市转型的阶段。乡镇主要商业和公共建筑均沿主轴街道分布，民居建筑沿主轴街道向山脚下延伸且传统民居院落风貌保存较好，但目前尕楞乡沿街立面风貌不统一，商业建筑及公共建筑营建缺乏明确的风貌引导，建筑与街道空间不协调。

（1）乡镇节点空间研究

尕楞乡主要空间节点有西侧门户节点空间、东侧门户节点空间和宗教节点空间。西侧门户和东侧门户处均无明显标示，空间形态无明确定位；东侧门户处三岔路、交通指示牌及民居街巷构成门户空间的要素；行政区域空间环境品质不高，建筑风格不统一；主要街道空间比较单一、缺乏连续性，特色不明显（图5-3-13）。

（2）主轴街道立面现状

尕楞乡主要街道为东西向，乡镇建筑适应地形地貌呈沿主轴街道向两边山

图5-3-13　尕楞乡主轴街道节点分布图

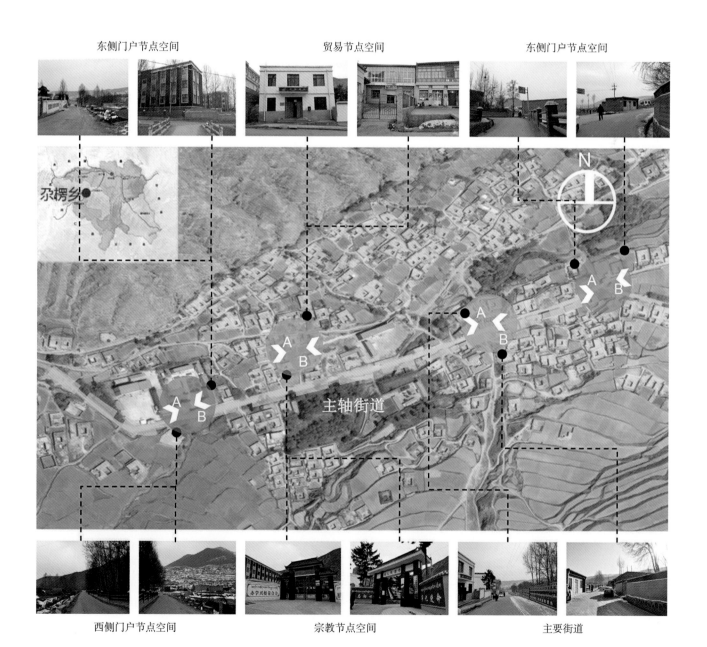

东侧门户节点空间　　　　　贸易节点空间　　　　　东侧门户节点空间

尕楞乡

主轴街道

西侧门户节点空间　　　　　宗教节点空间　　　　　主要街道

脚延伸的势态（图5-3-15），主轴街道主要为商业建筑和公共建筑，民居建筑多沿支路呈鱼骨状分布。主轴街道两侧均没有行道树或其他景观绿化，上面为南北侧沿街立面现状图（图5-3-14、图5-3-16）。

（3）主轴街道立面分析

主轴街道立面分析包括色彩分析、材料分析、立面要素分析、屋顶形式分析、层数高度分析、天际线分析、户外广告分析、公共设施现状这八个方面。

色彩分析：尕楞乡街道色彩提取为枣红、蓝、黄（图5-3-17）。

材料分析：街道立面建筑材料主要包括混凝土、砖、玻璃、铝材、木材、瓷砖、涂料等（图5-3-18）。

立面要素分析：立面特色要素包括红色带状要素、梯形窗要素、白色墙体要素、红色屋顶、白色圆形要素（图5-3-19）。

屋顶形式：屋顶形式是平屋顶与小坡檐，外加红色琉璃瓦。

	14	
	16	
15		17
		18
		19

图5-3-14 尕楞乡主轴街道北侧立面图

图5-3-15 尕楞乡主轴街道局部图
（图片来源：改绘）

图5-3-16 尕楞乡主轴街道南侧立面图

图5-3-17 立面色彩分析

图5-3-18 材料分析

图5-3-19 立面要素分析

屋顶颜色

墙面颜色

混凝土

涂料

玻璃窗

木材

层数高度分析：在主要街道两侧的沿街商业建筑多为一层至二层，公共建筑层数较高，民居多为一层（图5-3-20）。

天际线分析：以建筑为主的天际线缺乏连续性，因处于山谷地带，建筑距离山体较近，背景以山体为主，天际线稍显单调（5-3-21、图5-3-22）。

广告牌分析：广告牌整体性不够突出，藏族色彩较单一，需要进一步统一广告牌的形式、图案、文字等主要内容（图5-3-23）。

公共设施分析：街道公共设施包括排水设施、桥梁、道路指示牌、电线杆、宣传栏等。其中木质长杆具备藏族特色，但宣传栏、指示牌、广告等缺乏民族特色（图5-3-24）。

3. 道帏乡乡镇风貌现状研究

道帏藏族乡位于循化撒拉族自治县东南35千米处，东部与甘肃省临夏县接壤，西靠循化县白庄乡，南部与甘肃省夏河县接壤，北与甘肃省积石山保安族东乡族自治县相连，距县府驻地35千米。地势东高西低，平均海拔2620米。道帏乡拥有人口1.2万，以藏族为主，占总人口的71.4%，信仰藏传佛教。因该地宁巴村的河滩里有一形如帐篷的巨石而得名。道帏，藏语意为石头帐篷。道帏成了他们的族号，道帏石也成了他们的圣物。占地面积526.9平方千米，主要产业为农业、养殖业（表5-3-3）。

道帏乡政府驻民主村，村落规模小，远离县城，但有发展趋势，其风貌特

20
—
21
—
22

图5-3-20　**层数高度分析**

图5-3-21　**尕楞乡主轴街道北侧立面天际线图**

图5-3-22　**尕楞乡主轴街道南侧立面天际线图**

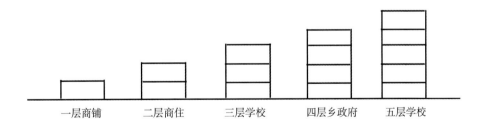

一层商铺　二层商住　三层学校　四层乡政府　五层学校

形式 →

图案 →

文字 →

图5-3-23 户外广告分析

图5-3-24 公共设施现状

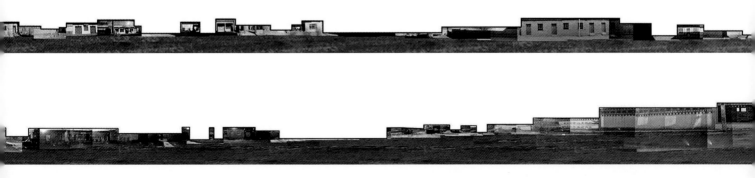

序号	内容	详细注解
1	地理位置	道帏藏族乡位于循化撒拉族自治县县境东南部，东部和南部与甘肃省接壤，距县府驻地35千米
2	人口	1.2万
3	面积	526.9平方千米
4	民族	以藏族为主，占总人口的71.4%
5	产业	农业、养殖业
6	宗教信仰	以信仰藏传佛教为主。循化县境内的道帏藏族乡，因该地宁巴村的河滩里有一形如帐篷的巨石而得名。道帏，藏语意为石头帐篷。道帏成了他们的族号，道帏石也成了他们的圣物
7	村落	古富、张沙、起台堡、夕冲、贺隆堡塘、贺庄、宁巴、多哇、多什则、俄加、立伦、旦麻、克麻、加仓、牙木、吾曼、铁尕愣、吾曼道、王家、比隆、拉木龙哇、循哇、木洪、贺隆堡、拉科、德曼、三木仓27个村委会
8	历史沿革	新中国成立前为第一区辖地，1950年设道帏乡，1953年成立道帏藏族自治州（乡级），1958年并入东风公社，1961年分设道帏公社，1984年改设道帏藏族乡

色将更鲜明。主要商业和公共建筑均沿主轴街道分布，在整体风貌上应保留藏族乡村传统风貌，在治理上向城市水平靠近。但目前道帏乡现状风貌缺乏明确的定位，乡镇快速建设而盲目扩张，风格特色逐渐消失。

宁巴石匠为道帏乡的特色，藏式建筑修建过程中的砌墙工艺，人们会不由得想起循化撒拉族自治县道帏藏族乡宁巴村的石匠。宁巴村的男子素有从事藏式建筑的传统，而设计精妙、技术精湛的石墙工艺深受青、藏、川、甘等地群众的广泛赞誉，有"宁巴的石匠、同仁的花匠、白塔寺的木匠"美称，这一点在街道立面也有所体现。

（1）乡镇节点空间研究

道帏乡主要空间节点有北侧门户节点空间、南侧门户节点空间和贸易节点空间。北侧门户处无明显标示，空间形态无明确定位。麦田耕地作为门户处东西两侧空间，为季节性景观。传统庄廓民居成为南侧门户节点空间处主要景观要素。贸易节点空间商业氛围不浓，建筑风格不统一。"桥"作为贸易节点空间主要景观元素缺乏深入刻画。麦田耕地作为入口处东西两侧空间，为季节性景观（图5-3-25）。

（2）主轴街道立面现状

道帏乡主要街道为东西向，沿街建筑少部分为商业建筑，大部分为商住结合的建筑（图5-3-27），公共建筑和宗教建筑在沿街立面均无体现。沿街绿化相对较多但是缺少景观观赏性，下面为南北侧沿街立面现状图（图5-3-26、图5-3-28）。

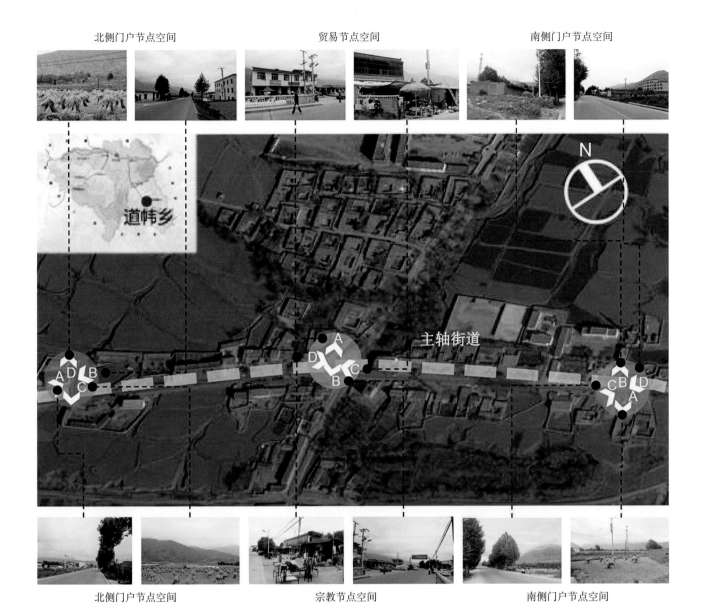

北侧门户节点空间　　　贸易节点空间　　　南侧门户节点空间

N

主轴街道

道帏乡

北侧门户节点空间　　　宗教节点空间　　　南侧门户节点空间

图5-3-25　道帏乡主轴街道节点
　　　　　分布图

（3）主轴街道立面分析

主轴街道立面分析包括色彩分析、材料分析、立面要素分析、屋顶形式分析、层数高度分析、天际线分析、户外广告分析、公共设施分析这八个方面。

色彩分析：街道色彩提取主要为枣红、蓝、黄三色（图5-3-29）。

材料分析：街道立面建筑材料主要包括混凝土、砖、玻璃、铝材、木材、瓷砖、涂料等（图5-3-30）。

立面要素分析：立面特色要素包括红色带状要素、梯形窗要素、白色墙体要素、红色屋顶、白色圆形装饰图案要素（图5-3-31）。

屋顶形式分析：屋顶形式是平屋顶与小坡檐，外加红色琉璃瓦。

层数高度分析：在主要街道两侧的沿街商业建筑层数不高于四层（图5-3-32）。

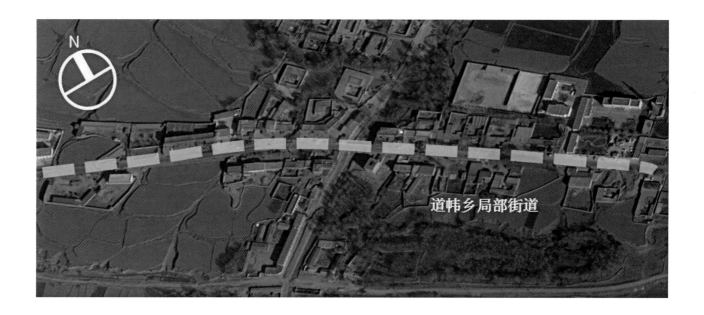

道帏乡局部街道

屋顶颜色

墙面颜色

混凝土
砖
玻璃窗

贴面瓷砖
木材

一层商铺　　二层商住　　三层卫生室　　四层乡政府

26	
28	
27	30
29	31
	32

图5-3-26　道帏乡主要街道北侧立面图　　图5-3-30　材料分析

图5-3-27　道帏乡主要街道局部图　　　　图5-3-31　立面要素分析

图5-3-28　道帏乡主要街道南侧立面图　　图5-3-32　层数高度分析

图5-3-29　屋顶及立面色彩分析

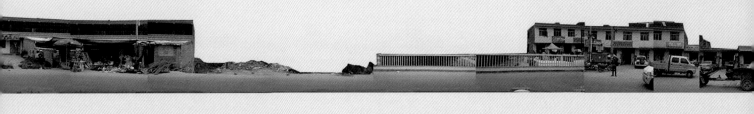

天际线分析：沿街建筑立面起伏比较明显，不仅有建筑还有山脉，清真寺高度最为突出（图5-3-33、图5-3-34）。

户外广告分析：广告牌整体性不够突出，色彩较单一，需要进一步统一广告牌的形式、图案、文字等主要内容（图5-3-35）。

公共设施分析：道帏乡街道公共设施包括路灯、通信塔、电线杆、广告牌等。其中路灯、广告牌形式色彩等没有体现藏族特色风貌（图5-3-36）。

5.3.2　道帏乡乡镇风貌定位及风貌引导

通过对藏族山地型乡镇文都乡、尕愣乡和道帏乡风貌现状的研究，发现这三个乡镇的风貌存在很多相似之处，而以道帏乡的现状特征和问题最为典型，因此下文以道帏乡为例来研究藏族山地型乡镇的风貌定位、风貌引导和风貌导则。

1. 风貌定位

通过对循化县藏族乡镇特色风貌要素的提炼，提出循化县藏族乡镇风貌特色的总体定位。藏族乡镇作为藏传佛教文化的载体，同时也是藏族地区人民生活的载体，不仅有着独特的文化底蕴，同时有其独具魅力的个性特色。这种个性特色源于地理环境、文化环境、经济环境、历史和传统的变化。要确立并塑造藏族乡镇风貌就必须认真分析藏族乡镇的个性特征，通过对循化藏族乡镇的现状分析研究认为面向未来的循化道帏乡应表现如下：突出表现藏族乡镇的农耕与畜牧业，兼顾其贸易功能及弘扬宁巴石匠的地域特色，即"藏族农牧石匠特色乡镇"。

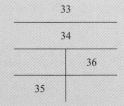

图5-3-33　**主街道北侧立面天际线图**

图5-3-34　**主街道南侧立面天际线图**

图5-3-35　**户外广告分析**

图5-3-36　**公共设施现状**

2. 整体风貌引导

经过对藏族乡镇的乡村分布、人口、产业、自然、文化的分析与论证。研究确立了藏族特色风貌是"藏族农牧特色乡镇"，突出藏族农牧特点、打造自然生态、宜居宜商、文化浓郁的乡镇风貌。这个藏族特色风情的内容是通过乡镇的门户空间、主轴街道的建筑立面、核心节点的建筑风格以及在街道上活动的人共同构成的。主要从以下几点进行引导。

（1）门户空间应具备藏族明显特征的识别性（文化符号、入口牌楼、景观石、经幡），能给来往的人明显的区域界定感；同时门户空间处需要体现宁巴石匠的特征。

（2）主轴街道上通过对重要节点的风貌引导，形成空间的序列性，即强化节点空间风貌的标识性、独特性以及连续性，丰富人们在街道上行走的体验感受。尤其是应强化宗教空间风貌的突出性、贸易节点设施的风貌协同性，以及交通节点的便捷性。

（3）结合藏族文化以及所处的环境，通过引导沿街建筑的形式、色彩、高度以及局部装饰元素来统一街道的立面及天际轮廓线。

（4）强化乡镇公共基础设施色彩、材料、造型等与景观绿化的地域化。

（5）民居建筑的总体风格以传统庄廓为主，学校、医疗、企事业单位的建筑可灵活多变，增加藏族建筑的丰富性；同时应注重与原有的传统建筑风格相协调。

（6）坚持以人为本的原则，符合人的需求为准则，适当舒展开阔，注重主体建筑与辅助偏房的体量对比与协调，保持总体风貌上的完整、连续、统一。

3. 建筑风貌引导

通过街道立面的具体引导来达到引导藏族风貌建设的效果，其中具体内容包括建筑色彩、建筑材料、立面要素、屋顶形式、层数高度、天际线、户外广告、公共设施等内容。

建筑色彩：延续传统乡镇建筑的主要色彩搭配，以黄、白为主，枣红为辅。依据周边天空、地面、树木等环境色的特点，分区提取、确定主导色彩，并以此引导未来的乡镇色彩建设。

建筑材料：建筑材料以当地的乡土材料生土、石材、木材等为主，逐步引进新技术、新工艺，突出石材建筑的本土特色。

立面要素：立面门窗形式应包括梯形窗，立面装饰及色彩应为白色墙体、红色屋顶、白色圆形、红色带状等藏族传统建筑要素，体现藏族特色。

屋顶形式：屋顶应采用平屋顶与木构架玻璃屋顶外刷红、白色涂料的形式。

层数高度：建筑层高应根据当地规范，限制在四层以内，禁止出现高层建筑。在此基础上，其街道建筑应根据使用功能而采用不同的层高。

天际线：天际轮廓线应与地形地貌结合与山川相呼应，保持完整性和延续性，通过建筑层数控制天际轮廓线。

户外广告：广告牌应保持整体性、标示性、延续性，统一广告牌的形式、图案、文字、藏族色彩等主要内容。

公共设施：增设街道配套公共设施，提高生活环境质量。

5.3.3 道帏乡乡镇风貌导则

1. 道帏乡主轴街道立面引导

主轴街道立面引导包括色彩、材料、立面要素、屋顶形式、层数高度、天际线、户外广告和公共设施这八个方面。

色彩：为体现出藏族佛教文化特色，街道色彩应主要采用以白色、黄色、枣红色、土褐色、金黄色等为主的民族色彩（图5-3-37）。

材料：街道立面建筑材料应以当地材料的现代应用为主，主要包括混凝土、砖、玻璃、铝材、木材、瓷砖、涂料、瓦片等（图5-3-38）。

立面要素：立面特色要素应包括梯形窗、白色墙体、红色屋顶、白色圆形、红色带状等藏族传统建筑要素（图5-3-39）。

屋顶形式：屋顶应采用平屋顶与木构架玻璃屋顶外刷红、白色涂料的形式（图5-3-40）。

37
——
38

图5-3-37 **色彩图示及应用**

图5-3-38 **街道立面材料图示及应用**

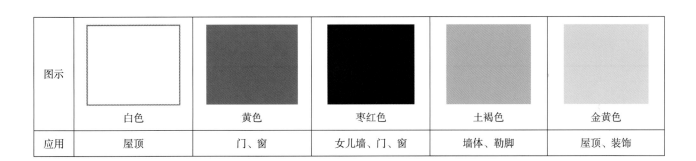

图示					
	白色	黄色	枣红色	土褐色	金黄色
应用	屋顶	门、窗	女儿墙、门、窗	墙体、勒脚	屋顶、装饰

图示				
	混凝土	砖	石	土
应用	墙面、梁、柱	墙体、女儿墙	墙体、女儿墙	门框、窗框
图示				
	木材	瓷砖	涂料	瓦片
应用	门、窗、屋檐	墙面、地板	墙面、女儿墙	大门、屋顶

层数高度：建筑层高应根据当地规范，限制在四层以内，禁止出现高层建筑。在此基础上，其街道建筑应根据使用功能而采用不同的层高（图5-3-41）。

天际线：天际轮廓线应与地形地貌结合与山川相呼应，保持完整性和延续性，通过建筑层数控制天际轮廓线（图5-3-42）。

户外广告：广告牌应保持整体性、标志性、延续性，统一广告牌的形式、图案、文字、藏族色彩等主要内容（图5-3-43）。

公共设施：增设街道配套公共设施，提高生活环境，包括路灯、垃圾箱、休息座椅等。其形式色彩等应体现藏族风貌，尽可能采用生态环保材料，如太阳能等（图5-3-44）。

藏族山地型乡镇的风貌引导包含重要空间节点、主轴街道立面、民居院落三方面。其中重要节点空间包括门户节点空间、商贸节点空间、广场节点空间和宗教节点空间；民居院落主要包括大门、围墙、建筑和庭院；本章主要对主轴街道立面的色彩、材料、立面要素、屋顶形式、层数高度、天际线、户外广告和公共设施这八个方面提出了详细的风貌引导策略（图5-3-45）。

39
___

40
___

41

图5-3-39　立面要素图示及应用

图5-3-40　屋顶图示及应用

图5-3-41　层数高度图示及应用

图示	梯形窗	白色墙体	建筑立面	红色带状与白色圆形要素
应用		墙体	立面	屋檐、窗檐

图示	平屋顶	木构架玻璃屋顶
应用	屋顶	门厅入口

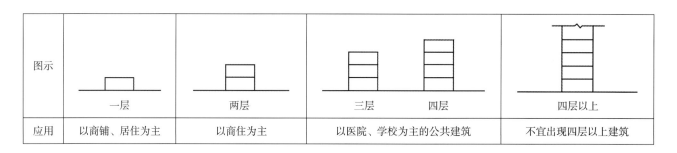

图示	一层	两层	三层	四层	四层以上
应用	以商铺、居住为主	以商住为主	以医院、学校为主的公共建筑		不宜出现四层以上建筑

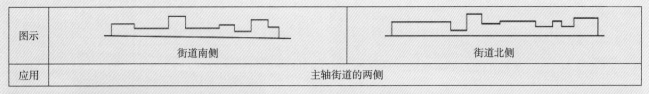

图示	街道南侧	街道北侧
应用	主轴街道的两侧	

图5-3-42　天际线图示及应用

图示	木质彩绘广告牌	编织布彩绘广告牌
应用	主要在门上方	

图5-3-43　户外广告图示及应用

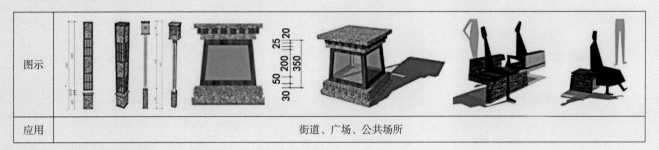

图示		
应用	街道、广场、公共场所	

图5-3-44　公共设施图示及应用

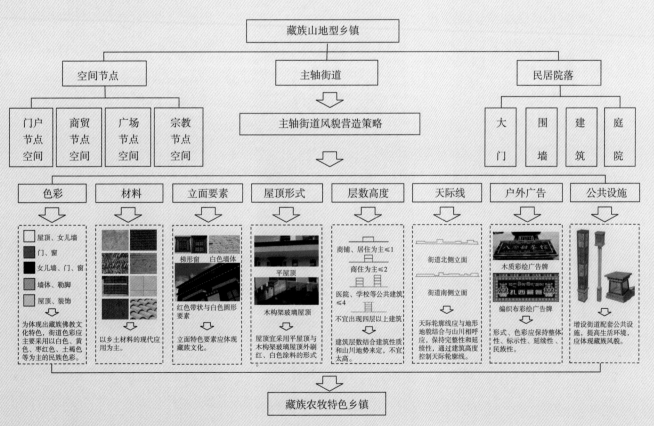

图5-3-45　藏族山地型乡镇风貌引导策略图

更换为传统木质窗　　　更换为传统木质门　　　　保留石材　　　　　更换为石材

更换为石材　　　拆除瓷砖，外抹麦草泥　　　拆除瓷砖，外抹麦草泥

2. 道帏乡街道公共建筑风貌引导

图5-3-46　公共活动空间改造示意

整体意向：道帏乡所处位置重要，是向人们展示地域文化的有利条件。整体风格意向要体现藏族文化特色，将其引导为藏族建筑风格（图5-3-46）。

道帏乡公共活动空间改造：

（1）建筑材料方面，原有瓷砖拆除，外抹麦草泥；铝合金门窗更换为传统木质门窗；水泥台阶和室外铺地材料更换为石材。

（2）色彩应用上，主要使用白色、黄色、枣红色、土褐色等为主的民族色彩。

（3）在雕塑小品设计方面，提炼非物质文化遗产螭鼓舞动作姿态。

（4）公共设施，如路灯、导视牌、垃圾桶等，设计时应提取传统建筑的元素，与整体建筑风貌相协调。

5.4 藏族高山牧业型乡镇风貌区

5.4.1 藏族高山牧业型乡镇风貌现状研究

1. 岗察乡乡镇风貌现状研究

岗察藏族乡位于循化撒拉族自治县县境西南部，距县府驻地35千米。岗察乡拥有人口0.2万，民族以藏族为主，占总人口的99.9%，主要信仰藏传佛教。占地面积402.5平方千米。主要产业为牧业（表5-4-1）。

藏族高山牧业型乡镇在循化县域内仅岗察乡一个，岗察乡政府驻尕愣口，乡镇规模小，商业建筑和公共建筑较少，主要建筑均沿主轴街道分布，是城郊融合类村庄。乡镇整体风貌较为协调，但现状风貌缺乏明确的定位，没有体现牧区特色。本小节从乡镇重要节点空间、主轴街道立面现状、主轴街道立面分析这三方面来进行研究。

岗察乡基本情况介绍　　　　　　　　表5-4-1

序号	内容	详细注解
1	地理位置	岗察藏族乡位于循化撒拉族自治县县境西南部，距县府驻地35千米
2	人口	0.2万
3	面积	402.5平方千米
4	民族	以藏族为主，占总人口的99.9%
5	产业	牧业
6	宗教信仰	以信仰藏传佛教为主
7	村落	辖岗察、卡索、苏化3个村委会
8	历史沿革	新中国成立前称岗察百户部落，1949年建政时隶属第二区，1950年改设特别行政区，1953年建岗察乡，1959年与县牧场合并成立岗察公社，1984年改设岗察藏族乡

（1）乡镇节点空间研究

岗察乡的主要空间节点有西侧门户节点空间、东侧门户节点空间和贸易节点空间。西侧门户处无明显标识牌，缺乏标志特征，门户空间分布学校与民居，空间尺度不满足人的行为需求；东侧门户空间周边建筑风格不统一，新旧对比明显；麦田耕地作为入口处东西两侧空间，为季节性景观；群众集中聊天的政府建筑入口处空间局促，贸易节点空间单调，无趣味，景观元素缺乏（图5-4-1）。

西侧门户节点空间 贸易节点空间 东侧门户节点空间

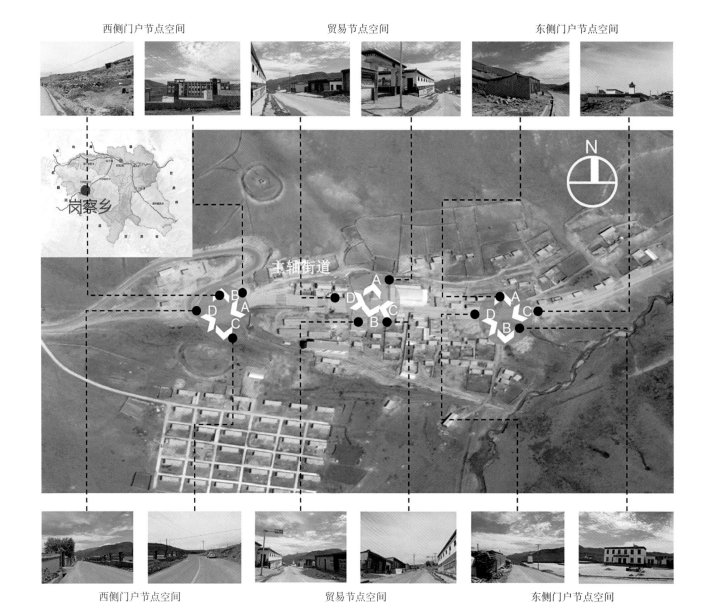

岗察乡

主轴街道

N

西侧门户节点空间 贸易节点空间 东侧门户节点空间

岗查乡局部街道

图5-4-1　岗察乡节点分布图

图5-4-2　岗察乡主轴街道北侧立
　　　　　面图

图5-4-3　岗察乡主轴街道局部图

图5-4-4　岗察乡主轴街道南侧立
　　　　　面图

（2）主轴街道立面现状

岗察乡主要街道为东西向，乡镇规模很小，建筑沿主轴街道分布（图5-4-3），整体风貌相对统一，但是缺乏民族特色，沿街主要为公共建筑和商住结合建筑，街道两侧无景观绿化，立面单调，下面为南北侧沿街立面现状图（图5-4-2、图5-4-4）。

（3）主轴街道立面分析

主轴街道立面分析包括色彩分析、材料分析、立面要素分析、屋顶形式分析、层数高度分析、天际线分析、户外广告分析、公共设施分析这八个方面。

色彩分析：岗察乡建筑色彩呈现出藏式建筑风格，以红色、黄色、绿色为主（图5-4-5）。

屋顶颜色

墙面颜色
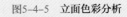

图5-4-5　立面色彩分析

材料分析：建筑材料主要包括砖、土石、混凝土（图5-4-6）。

立面要素分析：街道建筑的立面形态是极具藏族特色的（图5-4-7）。

屋顶形式分析：屋顶多为平屋顶。

层数高度分析：在主要街道两侧的沿街建筑层数不高于三层（图5-4-8）。

天际线分析：沿街天际线顺地形而成，过于单调，缺乏韵律感（图5-4-9、图5-4-10）。

广告牌分析：广告牌整体性、形象性不够突出，需要进一步统一广告牌的形式、图案、文字等主要内容（图5-4-11）。

公共设施分析：缺少公共设施的服务，现有入口处标志牌、公共水管、排水沟、电线杆，但是基础设施的建设不够完善（图5-4-12）。

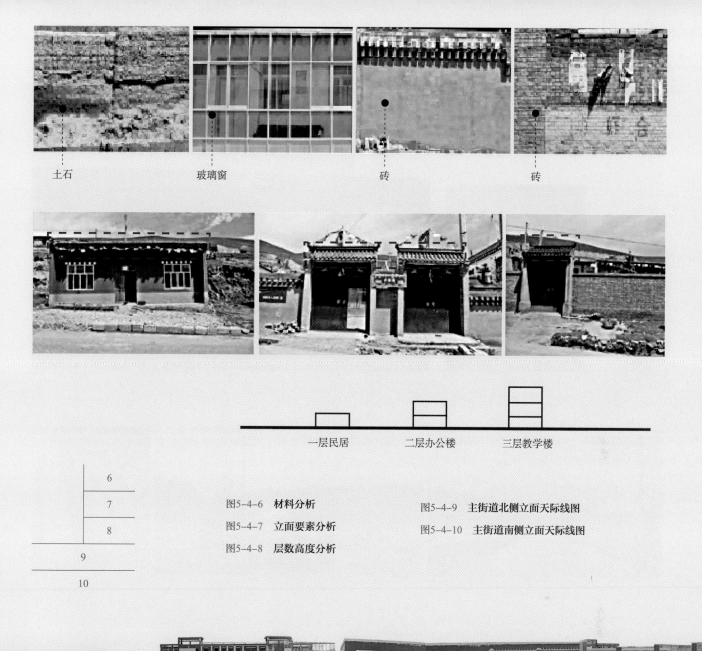

土石　　　　　玻璃窗　　　　　砖　　　　　砖

一层民居　　　二层办公楼　　　三层教学楼

6
7
8
9
10

图5-4-6　材料分析　　　　　图5-4-9　主街道北侧立面天际线图

图5-4-7　立面要素分析　　　图5-4-10　主街道南侧立面天际线图

图5-4-8　层数高度分析

形式 →

图案 →

文字 →

2. 岗察乡乡镇风貌定位及风貌引导

11
———
12

藏族高山牧业型乡镇在循化县境内仅刚察乡一个，下文是对岗察乡乡镇的风貌定位、风貌引导和风貌导则的研究。

（1）风貌定位

通过对循化县牧区乡镇特色风貌要素的提炼，提出循化县牧区乡镇风貌特色的总体定位。牧区乡镇作为藏传佛教文化的载体，同时也是牧区乡镇牧民生活的载体，不仅有着独特的游牧文化，同时有其游牧生活的个性特色。这种个性特色源于地理环境、文化环境、经济环境、历史和传统的变化，是乡镇过去和现在的浓缩，是物质实体和社会文化的提炼。要确立并塑造牧区乡镇风貌就必须认真分析游牧民定居点的乡镇现状及特征，经研究分析认为循化藏族乡镇应表现如下，突出表现草原乡镇的草原牧业旅游特色，同时注重草原生态的保护，即"草原牧业风情乡镇"。

图5-4-11　户外广告分析

图5-4-12　公共设施现状

（2）整体风貌引导

经过对游牧民定居点的牧区乡镇的乡村分布、人口、产业、自然、文化的分析与论证。研究确立了其特色风貌是"草原牧业风情乡镇"，突出游牧文化、打造自然生态、文化浓郁的乡镇风貌。通过乡镇的门户空间、主轴街道的建筑立面、核心节点的建筑风格以及在街道上活动的人共同构成。以生态保护为基础实现以下几点进行引导。

1）门户空间要具备藏族明显特征的识别性（文化符号、入口牌楼、景观石、经幡），能给来往的人明显的区域界定感，同时门户空间处需要营造良好的过渡氛围。

2）主轴街道上通过对每个节点的风貌引导，形成空间的序列性，即强化节点空间风貌的标识性、独特性以及连续性，丰富人们在街道上行走的体验感受。尤其是宗教空间风貌的突出性、贸易节点设施的风貌协同性，以及交通节点的便捷性。

3）结合藏族文化以及所处的环境，通过沿街建筑的形式、色彩、高度以及局部装饰元素等来统一街道的立面及其天际轮廓线。

4）强化乡镇公共基础设施色彩、材料、造型等与景观绿化的地域化与藏族化，应尤其注重其草原草场的风貌保护及利用。

5）民居建筑可尝试新型的装配式轻钢结构建筑，比如房车、帐篷、蒙古包等。从城市大量引入钢材，也有助于缓解产能过剩的压力；在建筑上采用太阳能设备，以满足用电的需求。

6）景观环境应增设明显的标志或标识，结合藏族元素设计；景观尽量保持原有的草原景色，禁止种植不符合高山草原风貌的景观植物。

（3）建筑风貌引导

循化县牧区乡镇，草原风貌特色鲜明。由于高山型地形地貌的特征，土层较薄。一旦草地被破坏，很难恢复还原，而作为河流的发源地，生态遭到破坏，将波及下游乃至全国。保护高山草原风貌，有利于生态环境的发展。按照风貌定位，藏族高山型牧业区的建筑形式上应体现藏族民居特色，并与高山草原风貌相融合。具体引导内容包括建筑色彩、建筑材料、立面要素、屋顶形式、层数高度、天际线、户外广告、公共设施等内容。

建筑色彩：为体现出藏族宗教文化特色与牧区特色，街道色彩应主要采用红色、灰色、黄色以及局部绿色为主的宗教色彩。

建筑材料：街道建筑应采用当地的材料建设民居建筑，就地取材可降低成本。

立面要素：立面特色要素应保持梯形、红色墙体、白色圆形、松木屋顶等藏族传统建筑要素。

屋顶形式：屋顶应采用平屋顶，松木平屋顶与压檐平屋顶等，外刷红、白色涂料的形式。

层数高度：建筑层数主要为1~2层。

天际线：天际轮廓应结合牧区广阔的草原背景，在不破坏草山轮廓的基础上，利用建筑层高以及建筑造型塑造有韵律有层次的天际线。

户外广告：广告牌应保持整体性、标志性、延续性，统一广告牌的形式、图案、文字、藏族色彩等主要内容。

公共设施：增设配套公共设施，提高生活环境质量。

3. 岗察乡乡镇风貌导则

主轴街道立面引导包括色彩、材料、立面要素、屋顶形式、层数高度、天际线、户外广告和公共设施这八个方面。

色彩：为体现出藏族宗教文化特色与牧区特色，街道色彩应主要采用红色、灰色、黄色以及局部绿色为主的宗教色彩（图5-4-13）。

材料：街道立面建筑材料应以当地材料的现代应用为主，主要包括：混凝土、砖、玻璃、铝材、木材、瓷砖、涂料、瓦片等（图5-4-14）。

立面要素：立面特色要素应保持梯形窗、红色墙体、白色圆形、松木屋顶等藏族传统建筑元素（图5-4-15）。

13
――――
14

图5-4-13 **色彩图示及应用**
图5-4-14 **材料图示及应用**

图示	红色	灰色	黄色	绿色	黑色
应用	墙面	墙面、线脚	门、窗、墙面	墙体、勒脚	装饰、牦牛帐篷

图示	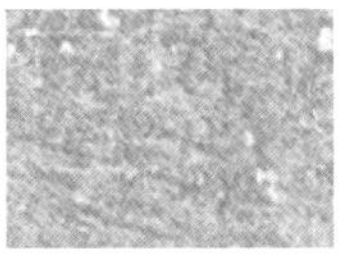 混凝土	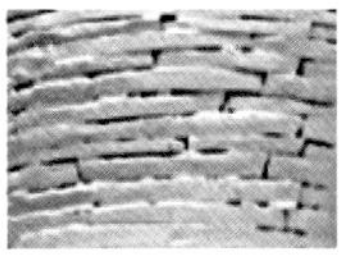 砖	 石	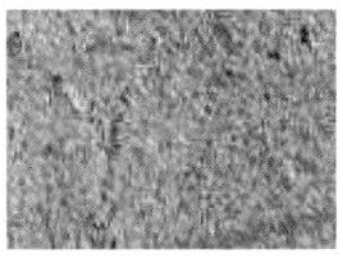 土
应用	墙面、梁、柱	墙体、女儿墙	墙体、女儿墙	门框、窗框
图示	 木材	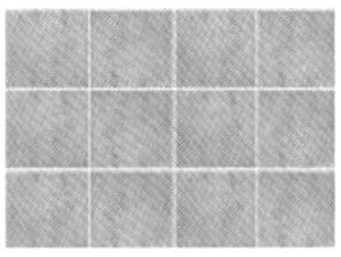 瓷砖	 涂料	 瓦片
应用	门、窗、屋檐	墙面、地板	墙面、女儿墙	大门、屋顶

层数高度：主要为1~2层（图5-4-16）。

屋顶形式：屋顶应采用平屋顶，松木平屋顶与压檐平屋顶等，外刷红、白色涂料的形式（图5-4-17）。

天际线：天际轮廓应结合牧区广阔的草原背景，在不破坏草山轮廓的基础上，利用建筑层高以及建筑造型塑造有韵律、有层次的天际轮廓线（图5-4-18）。

户外广告：广告牌应保持整体性、标志性、延续性，统一广告牌的形式、图案、文字、藏族色彩等主要内容（图5-4-19）。

公共设施：增设配套公共设施，提高生活环境，如具有民族特色的路灯、垃圾箱、休息座椅等，同时考虑美观效果以及节能、环保要素综合配套的设置（图5-4-20）。

图5-4-15 立面要素图示及应用
图5-4-16 层数高度图示及应用
图5-4-17 屋顶形式图示及应用
图5-4-18 天际线图示及应用

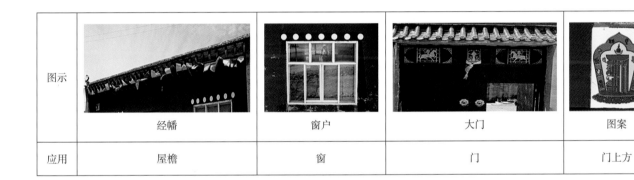

图示				
	经幡	窗户	大门	图案
应用	屋檐	窗	门	门上方

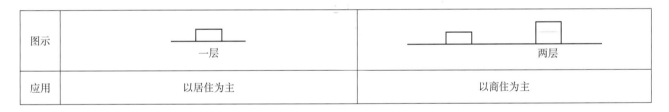

图示		
	一层	两层
应用	以居住为主	以商住为主

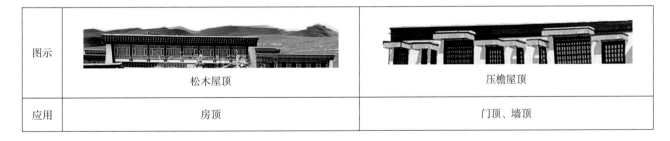

图示		
	松木屋顶	压檐屋顶
应用	房顶	门顶、墙顶

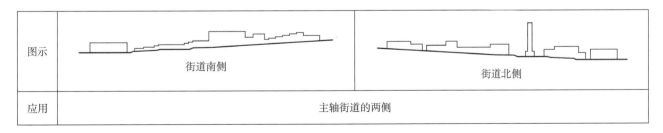

图示		
	街道南侧	街道北侧
应用	主轴街道的两侧	

图示	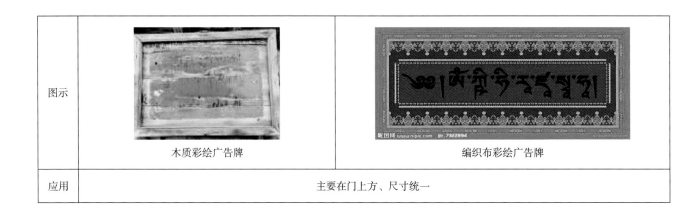	
	木质彩绘广告牌	编织布彩绘广告牌
应用	主要在门上方、尺寸统一	

图示	
应用	街道、广场、公共场所

藏族高山牧业型乡镇的风貌引导包含重要空间节点、主轴街道立面、民居院落三方面。其中重要节点空间包括门户节点空间、商贸节点空间、广场节点空间和宗教节点空间；民居院落主要包括大门、围墙、建筑和庭院；本节主要对高山牧业型乡镇的主轴街道立面的色彩、材料、立面要素、屋顶形式、层数高度、天际线、户外广告和公共设施这八个方面提出了详细的风貌引导策略（图5-4-21）。

19
———
20

图5-4-19　户外广告图示及应用
图5-4-20　公共设施图示及应用

5.4.2 藏族高山牧业型乡镇风貌研究小结

本小节通过对岗察县乡镇特色风貌要素的提炼，提出循化县牧区乡镇风貌特色的总体定位及风貌提升引导策略，要确立并塑造牧区乡镇风貌就必须认真分析游牧民定居点的乡镇现状及特征，经研究分析认为循化藏族乡镇应表现如下，突出表现草原乡镇的草原牧业旅游特色，同时注重草原生态的保护，即"草原牧业风情乡镇"。

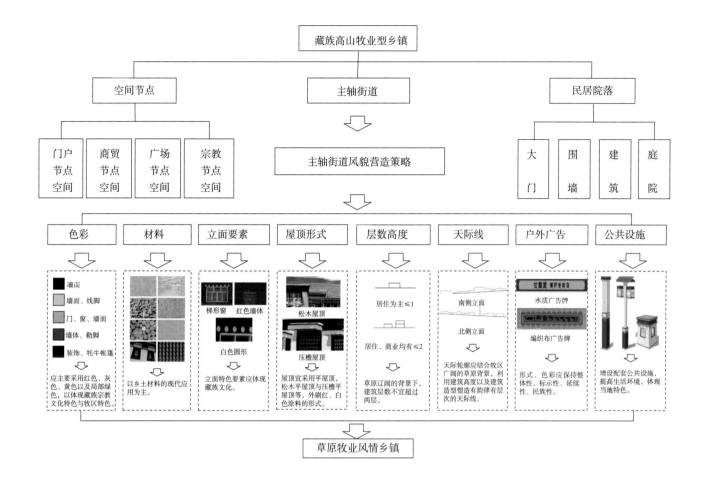

```
                          藏族高山牧业型乡镇
                                 │
        ┌────────────────────────┼────────────────────────┐
        │                        │                        │
     空间节点                  主轴街道                  民居院落
        │                        ⇓                        │
 ┌───┬───┬───┬───┐      主轴街道风貌营造策略      ┌───┬───┬───┬───┐
 门户 商贸 广场 宗教                               大  围  建  庭
 节点 节点 节点 节点                               门  墙  筑  院
 空间 空间 空间 空间              ⇓
```

色彩	材料	立面要素	屋顶形式	层数高度	天际线	户外广告	公共设施
■ 墙面 ▨ 墙面、线脚 ▦ 门、窗、墙面 ■ 墙体、勒脚 ■ 装饰、牦牛帐篷		梯形窗 红色墙体 白色圆形	松木屋顶 压檐屋顶	居住为主 ≤1 居住、商业均有 ≤2	南侧立面 北侧立面	木质广告牌 编织布广告牌	
应主要采用红色、灰色、黄色以及局部绿色，以体现藏族宗教文化特色与牧区特色。	以乡土材料的现代应用为主。	立面特色要素应体现藏族文化。	屋顶宜采用平屋顶，松木平屋顶与压檐平屋顶等，外刷红、白色涂料的形式。	草原辽阔的背景下，建筑层数不宜超过两层。	天际轮廓应结合牧区广阔的草原背景，利用建筑高度以及建筑造型塑造有韵律有层次的天际线。	形式、色彩应保持整体性、标示性、延续性、民族性。	增设配套公共设施，提高生活环境，体现当地特色。

```
                          ⇓
                   草原牧业风情乡镇
```

图5-4-21 藏族高山型乡镇风貌
        引导策略图

5.5 本章小结

　　循化县民族多样，地形地势多样，不同的自然地理环境和人文环境形成了各具特色的乡镇风貌。白庄镇、查汗都斯乡和清水乡为典型的撒拉族川水型乡镇，在风貌引导时重在凸出其独特的伊斯兰风情和撒拉族乡镇商贸特色，同时表现撒拉族黄河谷地的自然风貌；道帏乡、文都乡和尕愣乡为典型的藏族山地型乡镇，藏族乡镇作为藏传佛教文化的载体，有其独具魅力的个性特色，在对其进行风貌引导时应突出表现藏族乡镇与畜牧业产业特色，兼顾其贸易功能及山地特色；岗察乡为典型的藏族高山牧业型乡镇，在作为藏传佛教文化载体的同时，也有着独特的游牧文化，具有游牧生活的个性特色，在对其进行风貌引导时应着重表现草原乡镇的草原牧业旅游特色，同时注重草原生态保护。

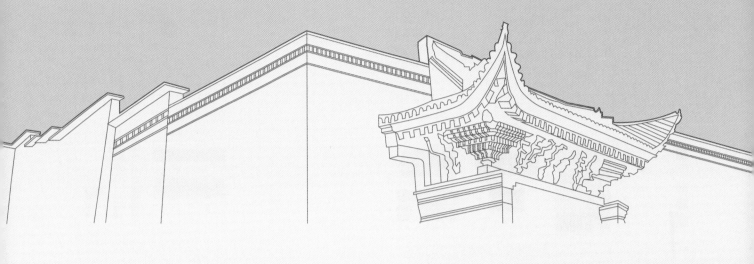

第 6 章

乡村风貌禁止性要求

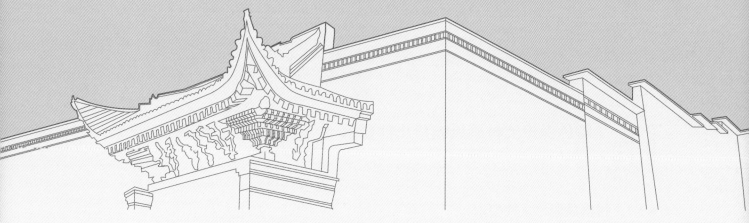

为了提升西北地区传统乡村风貌建设，防止特色乡村风貌流失与破坏，我们在实地调研与理论研究的基础之上，对特色保护类、集聚提升类、搬迁撤并类三种村落分类提出禁止性要求。

6.1 特色保护类村落风貌禁止性要求

6.1.1 村落风貌禁止性要求

（1）整体风貌	①禁止在特色保护类村落中出现破坏传统风貌的新建建筑； 例如有些村民家里修建风格迥异、层数过高的构筑物，破坏了村落整体风貌。 ②禁止破坏特色保护类村落周边的自然与人文环境； ③禁止在特色保护类村落周边进行破坏传统风貌的活动。
（2）结构肌理	①禁止破坏特色保护类村落的结构肌理； ②禁止随意拆除或新建民居，从而破坏传统村落的结构肌理； ③禁止破坏特色保护类村落的地形及地貌环境。
（3）街巷空间	①禁止破坏特色保护类村落街巷空间的界面，包括地面铺装材质与街道立面材质色彩等； ②禁止破坏特色保护类村落街巷空间的尺度。
（4）历史要素	①禁止破坏特色保护类村落内的历史要素，包括古树、古井、古道等人文与自然要素； ②禁止破坏特色保护类村落周边的历史要素，包括古城墙、古桥、古树、涝池、水渠、麦场等传统资源。

6.1.2 院落风貌禁止性要求

（1）大门风貌	①禁止破坏特色保护类村落的院落大门风格； 例如部分传统木质大门被拆除替换成为铁质大门。 ②禁止破坏传统院落大门的尺度适宜性； ③禁止破坏传统院落大门的色彩、材料及装饰风貌。
（2）围墙风貌	①禁止破坏特色保护类村落院落围墙的尺度及比例； ②禁止破坏特色保护类村落院落围墙的材质及装饰风貌。

（3）院落风貌	①禁止破坏院落内的尺度、流线、比例关系； ②禁止破坏院落空间的功能划分、地面的铺装材质， 例如外加构筑物、遮阳构建等破坏了院落的完整性； ③禁止破坏院落内的景观构成。
（4）技术材料	①禁止破坏特色保护类村落的乡土营建材料，如生土、石材等； ②禁止破坏特色保护类村落的院落营建技术，如夯土技术、砌石技术等。

6.1.3 建筑风貌禁止性要求

（1）建筑类型	①禁止破坏特色保护类村落中建筑类型的多样性， 例如祠堂类公共建筑被拆除； ②禁止盲目引入非地域性建筑类型。
（2）建筑材料	①禁止特色保护类村落建筑在修缮或改造时使用非传统建筑材料； ②禁止破坏、浪费特色保护类村落建筑的乡土材料资源。
（3）建筑细节	①禁止破坏特色保护类村落的建筑立面元素； ②禁止破坏特色保护类村落的建筑木窗、大门及檐廊； ③禁止破坏特色保护类村落的建筑木雕、砖雕等装饰。
（4）建筑技术	①禁止破坏特色保护类村落的夯土技术； ②禁止破坏特色保护类村落的砌石技术； ③禁止破坏特色保护类村落的木雕、砖雕技术等。

6.1.4 景观风貌禁止性要求

（1）入口景观	①禁止破坏特色保护类村落入口景观的标识性； 例如村落入口处的古树或古建筑遗迹被破坏。 ②禁止破坏入口景观的视线通达性、流通性； ③禁止在入口处建造大尺度的门楼牌坊等。
（2）道路景观	①禁止破坏特色保护类村落道路景观的畅通性； ②禁止破坏村落道路景观的本土风貌，破坏道路旁水渠及树木； ③禁止特色保护类村落内的街巷景观过度水泥硬化。
（3）自然景观	①禁止破坏特色保护类自然景观与农业景观的协调性； ②禁止破坏特色保护类农业景观的地域性； ③禁止破坏特色保护类景观的生态多样性。
（4）文化空间	①禁止破坏特色保护类村落文化空间的乡土性； ②禁止特色保护类村落文化空间的修缮方式城市化。

以下从整体风貌、街巷空间、大门风貌、材料技术、院落风貌、自然景观及历史要素等方面进行图示说明（图6-1-1）。

图6-1-1　特色保护类村落禁止性
示意图

❶	❷
❸	❹
❺	❻
❼	❽

❶ 禁止破坏传统村落整体风貌
❷ 禁止街巷空间的立面不协调
❸ 禁止破坏院落风貌的大门色彩
❹ 禁止材料技术与传统民居不和谐
❺ 禁止破坏院落风貌的空间划分
❻ 禁止破坏水环境的活动
❼ 禁止破坏传统村落的街巷尺度及色彩
❽ 禁止破坏传统村落的传统要素

6.2 集聚提升类村落风貌禁止性要求

6.2.1 村落风貌禁止性要求

（1）整体风貌	①禁止破坏村落风貌协调的建设活动； ②禁止改造方式不合理而造成的整体风貌不协调现象。
（2）结构肌理	①禁止村落改造时对结构肌理进行过度改造； ②禁止村落的屋面肌理杂乱。
（3）街巷空间	①禁止村落的街巷空间风貌混乱； ②禁止改造村落街巷空间时不考虑村落整体风貌的行为； ③禁止村落尺度及界面的不协调。
（4）历史要素	①禁止改造村落时破坏其原有的历史要素； ②禁止改造村落时不尊重其历史文脉； ③禁止扩建村落时不考虑其历史环境。

6.2.2 院落风貌禁止性要求

（1）大门风貌	①禁止集聚提升类村落中大门风貌混乱； 例如门楼修建的浮夸、奢华，缺少了乡村的古朴与简洁之感。 ②禁止集聚提升类村落中大门与整体村落、院落风貌不协调现象； ③禁止大门的造型、材料、装饰混乱。
（2）围墙风貌	①禁止村落的围墙风貌突兀； ②禁止围墙风貌与大门、院落、村落街巷的风貌不协调； ③禁止围墙材料、造型、装饰的混乱。
（3）院落风貌	①禁止村落的院落风貌混乱； ②禁止院落风貌与村落风貌、建筑风貌的不协调； ③禁止院落风貌的空间尺度、流线、功能的不协调。
（4）技术材料	①禁止村落中技术材料使用的不合理； ②禁止完全使用非当地的建筑材料及技术； ③禁止村落使用的材料技术与当地的传统材料、技术的不协调。

6.2.3 建筑风貌禁止性要求

（1）建筑类型	①禁止村落的建筑改造不考虑原有村落的建筑类型，而盲目改造的活动； ②禁止村落中建筑类型的杂乱，风格不统一； ③禁止村落中建筑类型过度城市化。
（2）建筑材料	①禁止村落中使用建筑材料的盲目性； ②禁止村落中建筑材料的使用不尊重地域特色； ③禁止在改造村落时不考虑建筑风貌特征。
（3）建筑细节	①禁止在改造村落的建筑细节、装饰时不尊重其与院落、村落整体风貌的关系； ②禁止改造村落建筑细节时不考虑村落历史文化的传承。
（4）建筑技术	①禁止改造村落时建筑技术破坏其建筑整体风貌； 例如使用现代化的红色、蓝色彩钢板改造屋顶，破坏村落整体风貌。 ②禁止集聚提升类村落的建筑技术与乡土技术的不协调。

6.2.4 景观风貌禁止性要求

（1）入口景观	①禁止集聚提升类村落中入口景观的标识性遭到破坏； ②禁止破坏其入口景观的可达性、流通性； ③禁止村落的入口景观风貌无识别性。
（2）道路景观	①禁止道路景观改造的风貌混乱化； ②禁止道路景观与周边农田等自然景观不协调； ③禁止道路景观的界面材质不协调。
（3）自然景观	①禁止集聚提升类村落中自然景观的过度人工化； ②禁止农业景观与自然景观的不协调； ③禁止破坏农业景观的地域性。
（4）文化空间	①禁止文化空间改造的风貌与村落整体风貌的不协调； ②禁止文化空间的改造过度城市化； ③禁止文化空间改造不尊重村落文化历史。

以下主要从整体风貌、街巷空间、历史要素及建筑细节等方面进行图示说明（图 6-1-2）。

❶	❷	❸	❹
❺	❻	❼	❽

❶ 禁止破坏整体风貌
❷ 禁止街巷空间的立面不协调
❸ 禁止破坏村落风貌的色彩
❹ 禁止破坏历史建筑的色彩及材质
❺ 禁止破坏宗教建筑的色彩
❻ 禁止破坏街巷空间的界面统一
❼ 禁止破坏街巷尺度、大门风貌
❽ 禁止破坏历史要素

图6-1-2　**集聚提升类村落禁止性**
　　　　示意图

6.3　搬迁撤并类村落风貌禁止性要求

6.3.1　村落风貌禁止性要求

（1）整体风貌	①禁止村落的规划中对村落整体风貌定位不准确； ②禁止不按照风貌定位进行的村落新建活动。
（2）结构肌理	①禁止村落选址的村落结构肌理与自然环境不和谐； ②禁止村落的结构肌理违背自然地形、与生活生产不适宜。
（3）街巷空间	①禁止村落的街巷空间尺度失调； ②禁止村落的街巷空间界面材质风貌混乱。
（4）历史要素	禁止破坏村落场地中的历史要素包括古树、古河、地形地貌等历史环境 要素。

6.3.2 院落风貌禁止性要求

（1）大门风貌	①禁止院落的大门风貌与整体村落风貌不协调； ②禁止院落大门自身的尺度、材料、装饰混乱，从而导致整体风貌不协调。
（2）围墙风貌	①禁止院落的围墙与整体村落风貌、街巷空间风貌及建筑风貌不协调； ②禁止围墙材料、色彩及造型的不统一。
（3）院落风貌	①禁止院落风貌的比例、尺度、流线的不协调导致整体风貌混乱； ②禁止院落风貌的功能划分、景观种植的不协调导致院落风貌混乱。
（4）技术材料	①禁止村落的技术材料使用不合理； ②禁止新技术、新材料与原有地域技术材料不关联。

6.3.3 建筑风貌禁止性要求

（1）建筑类型	①禁止村落的建筑类型不符合风貌定位的要求； ②禁止村落的建筑类型与地域环境的不协调。
（2）建筑材料	①禁止村落的建筑材料破坏地域整体风貌； ②禁止村落的建筑材料不考虑地域气候与地质灾害的影响。
（3）建筑细节	禁止村落的建筑细节、装饰等与院落、村落整体风貌不协调。
（4）建筑技术	①禁止建筑的建筑技术破坏其建筑整体风貌； ②禁止村落的建筑技术与乡土技术的不和谐。

6.3.4 景观风貌禁止性要求

（1）入口景观	①禁止搬迁撤并类村落的入口景观缺少标志性； 例如村落入口放置的雕塑与村落文化完全无关。 ②禁止搬迁撤并类村落的入口景观的可达性、流通性不强； ③禁止搬迁撤并类村落的入口景观的风貌的同质化。
（2）道路景观	①禁止搬迁撤并类村落道路景观风貌的混乱； ②禁止搬迁撤并类村落与周边自然环境不协调； ③禁止搬迁撤并类村落界面材质的不协调。
（3）自然景观	①禁止搬迁撤并类村落自然景观的建设性破坏； ②禁止搬迁撤并类村落破坏其农田景观风貌； ③禁止搬迁撤并类村落破坏其河流景观风貌。
（4）文化空间	①禁止搬迁撤并类村落文化空间的过度城市化； ②禁止文化空间的建设不符合村民的活动需求。

以下从整体风貌、街巷空间、建筑细节、文化景观、院落风貌及自然景观等方面进行图示说明（图6-1-3）。

❶	❷	❸	❹
❺	❻	❼	❽

❶ 禁止破坏整体风貌
❷ 禁止街巷空间的立面不协调
❸ 禁止破坏建筑风貌的色彩
❹ 禁止破坏文化空间的景观不协调
❺ 禁止院落围墙的色彩、装饰非本地性
❻ 禁止破坏景观植物
❼ 禁止街巷空间的界面不统一
❽ 禁止使用与村落整体风貌不协调的色彩

图6-1-3　搬迁撤并类村落禁止性
示意图

第7章

主要结论及问题

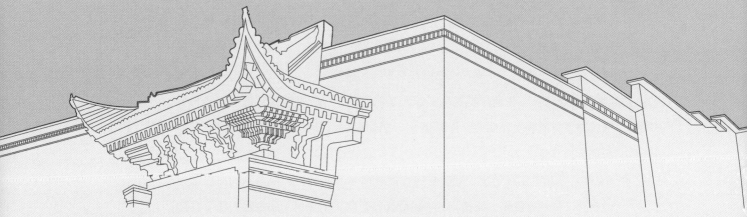

7.1 主要结论

1. 乡村蕴含着深厚的中华传统文化，乡村聚落与民居建筑是中华传统文化的物质载体。乡村风貌由形态各异的地形、地貌、山川、河流、湖泊、草原、动植物等资源和传统乡村聚落与民居建筑共同构成，并体现该地域的乡土文化特征。

2. 西北地区地域辽阔、生态环境脆弱、多元文化交融、经济发展相对落后，乡村分布不均匀，区域内乡村风貌差异性大、特征突出，对该地区乡村风貌展开深入研究具有科学研究意义与现实指导意义。

3. 本研究结合循化县实际情况，顺应村庄发展规律和演变趋势，根据不同村庄的发展现状、区位条件、资源禀赋等，将循化县乡村分为特色保护类乡村、集聚提升类乡村和搬迁撤并类乡村；各乡镇所在地村庄可归为城郊融合类乡村。

4. 乡村风貌引导应分村落风貌、院落风貌、建筑风貌、景观风貌四方面。

村落风貌从整体风貌、结构肌理、街巷空间、历史要素四方面引导；

院落风貌从大门风貌、围墙风貌、院落风貌、材料技术四方面引导；

建筑风貌从建筑类型、建筑材料、建筑细节、建筑技术四方面引导；

景观风貌从入口景观、道路景观、自然景观、文化空间四方面引导。

5. 各类乡村风貌引导基本原则如下。

特色保护类乡村：保护为主，优化传承；

集聚提升类乡村：完善功能配置，优化提升品质；

搬迁撤并类乡村：在发展中更新，在传承中创新；

城郊融合类乡村：形态上体现乡村风貌、治理上体现城市水平。

6. 综合考虑循化县县域产业结构、地形地貌、民族、行政规划、水资源和乡村村落的分布特征分区，对循化县乡村进行风貌分区规划，将其分为三类风貌区。

河湟谷地：撒拉族川水农业风貌区；

街子河流域—清水河流域：藏族山地农牧交错风貌区；

刚察高原牧区：藏族高山牧业风貌区。

三个分区的风貌定位如下：

撒拉族川水农业风貌区定位：青山绿水环抱、水渠穿村环绕、篱笆楼清真寺；

藏族山地农牧交错风貌区定位：山地庄廓浅山梯田、上寺下村白塔经幡、生产生活生态守护；

藏族高山牧业风貌区定位：蓝天白云牛羊群、草原牧场定居点、人与自然共和谐。

7. 三个风貌分区内的乡镇按照形态上保持乡村风貌，治理上体现城市水平的原则，发展定位分别为撒拉商贸特色商镇、藏族农牧特色乡镇、高原牧业风情小镇。

7.2 需进一步探讨的问题

乡村风貌是一个复杂的问题，即使西北地区内地域性差异也很明显，本文仅从一个典型县域开展研究，未能深入涉及其他地区。因此，后续的研究空间很大，许多问题仍需进一步探讨完善。

1. 关于乡村风貌内在机制的研究方法，有待进一步思考。

2. 针对同一风貌区内不同类型的乡村如何进行有效的风貌引导，有待进一步深入研究。

3. 关于乡村风貌导则研究成果的可操作性，即实施层面如何把控，仍需进一步思考。

4. 各种乡村风貌导则是否可以在一定时间内解决当前乡村风貌城市化、趋同化、复古化的现象而不走向另一个极端。

5. 乡村风貌是动态发展，非静止不变的，任何研究都需要一定的时间，研究思维的前瞻性与研究成果的预见性如何把握，有待进一步思考。

6. 乡村振兴战略下西北地区乡村风貌如何可持续发展，任重道远，亟待我们大力探索和勇于实践。

参考文献

专著

[1] 中国科学院自然区划工作委员会. 中国气候区划 [M]. 北京：科学出版社，1959.

[2] 青海少数民族社会历史调查组. 撒拉族简史简志合编 [M]. 北京：中国科学院民族研究所，1963.

[3] 中国大百科全书总编辑委员会. 中国大百科全书·民族 [M]. 北京：中国大百科全书出版社，1986：313.

[4] 金其铭. 农村聚落地理学 [M]. 北京：科学技术出版社，1988.

[5] 侯继尧. 窑洞民居 [M]. 北京：中国建筑工业出版社，1989.

[6] 马学义，马成俊. 撒拉族风俗志 [M]. 北京：中央民族学院出版社，1989.

[7] 芈一之. 撒拉族政治社会史 [M]. 香港黄河出版社，1990.

[8] 循化县地方志编纂委员会. 循化县志 [M]. 西宁：青海人民出版社，1991.

[9] 赵海峰. 当代中国的青海 [M]. 北京：当代中国出版社，1991.01：293.

[10] 赵立瀛，侯卫东，何融，刘临安. 陕西古建筑 [M]. 西安：陕西人民出版社，1992.

[11] 刘毓汉. 当代中国的甘肃 [M]. 北京：当代中国出版社，1992.06.

[12] 邓振镛，林日暖. 河西气候与农业开发 [M]. 北京：气象出版社，1993.11.

[13] 严大椿. 新疆民居 [M]. 北京：中国建筑工业出版社，1995.

[14] 刘光明. 中国自然地理图集 [M]. 北京：中国地图出版社，1997.03：43.

[15] 郝苏民. 甘青特有民族文化形态研究 [M]. 北京：民族出版社，1999.

[16] 梁琦. 青海少数民族民居与环境 [M]. 西宁：青海人民出版社，2001.

[17] 韦琮. 循化撒拉族自治县县志 [M]. 北京：中华书局，2001.

[18] 中国社会科学院语言研究所词典编辑室. 现代汉语词典 [M]. 北京：商务印刷馆，2002.

[19] 单德启. 中国民居 [M]. 北京：五洲传播出版社，2003.

[20] 黄盛璋. 绿洲研究 [M]. 北京：科学出版社，2003.05.

[21] 谢佐，马伟. 撒拉族风情 [M]. 西宁：青海人民出版社，2004.

[22] 龙远蔚. 中国少数民族聚居研究导论 [M]. 北京：民族出版社，2004：38.

[23] 朱和双，谢佐，马伟. 撒拉族：青海循化县石头坡村调查 [M]. 昆明：云南大学出版社，2004.

[24] 马成俊，马伟. 百年撒拉族研究文集 [M]. 西宁：青海人民出版社，2004.9.

［25］赵春晖，现代撒拉族社会研究［M］. 北京：民族出版社，2006，10.

［26］王恩涌，赵荣，张小林. 人文地理学［M］. 北京：高等教育出版社，2006：191.

［27］中国少数民族社会历史调查资料丛刊修订编辑委员会，青海省回族撒拉族哈萨克族社会历史调查［M］. 北京：民族出版社，2009，4.

［28］王军. 西北民居［M］. 北京：中国建筑工业出版社，2009. 12.

［29］周庆华. 黄土高原·河谷中的聚落——陕北地区人居环境空间形态模式研究［M］. 北京：中国建筑工业出版社，2009.

［30］卓玛措. 青海地理［M］. 北京：北京师范大学出版社，2010.6：27.

［31］岳邦瑞. 绿洲建筑论地域资源约束下的新疆绿洲聚落营造模式［M］. 上海：同济大学出版社，2011.09.

［32］马明良. 中国撒拉族［M］. 银川：宁夏人民出版社，2011.12.

［33］张惠远，王金南，饶胜. 青藏高原区域生态环境保护战略研究［M］. 北京：中国环境科学出版社，2012.

［34］芈一之，张科. 撒拉族简史［M］. 西宁：青海人民出版社，2013.12.

［35］苏雪芹. 青藏地区生态文化建设研究［M］. 北京：中国社会科学出版社，2014.

［36］谢佐. 中国地域文化通鉴（青海卷）［M］. 北京：中华书局，2014.

［37］马进明、马晓红. 撒拉族古建筑［M］. 青海民族出版社，2014.

［38］祁永寿，王建军，李双元. 瓦匠庄村调查［M］. 北京：中国经济出版社，2014.5

［39］王天津，三兰巴海村调查：撒拉族［M］. 北京：中国经济出版社，2015.2.

［40］唐珂，闵庆文，窦鹏辉. 美丽乡村建设理论与实践［M］. 北京：中国环境出版社，2015.05.

［41］全国政协文史和学习委员会，青海省政协学习和文史委员会，青海省撒拉族研究会. 撒拉族百年实录［M］. 北京：中国文史出版社，2015. 6.

［42］马成俊，马伟. 撒拉族与丝绸之路民族社会文化研究［M］. 北京：民族出版社，2015.8.

［43］王军，燕宁娜，刘伟. 宁夏古建筑［M］. 北京：中国建筑工业出版社，2015.12.

［44］李群. 青海古建筑［M］. 北京：中国建筑工业出版社，2015.12.

［45］陕西省住房和城乡建设厅. 陕西省城乡风貌特色研究［M］. 北京：中国建筑工业出版社. 2016，2.

［46］陕西省统计局，国家统计局陕西调查总队. 陕西统计年鉴2016［M］. 北京：中国统计出版社，2016.8.

［47］黄宗智. 中国乡村研究［M］. 福州：福建教育出版社，2018.5.

期刊

［1］高华君. 我国绿洲的分布和类型［J］. 干旱区地理，1987（04）：23-29.

［2］马定武. "城市特色"问题再议［J］. 城市规划，1991（4）：57-59.

［3］刘沛林，董双双. 中国古村落景观的空间意象研究［J］. 地理研究，1998.03.25.

［4］吴良镛. 基本理论、地域文化、时代模式——对中国建筑发展道路的探索［J］. 建筑学报，2002（2）：6-8+65-66.

［5］刘慧. 我国农村发展地域差异及类型划分［J］. 地理学与国土研究，2002（4）：71-75.

［6］尹可. 漫谈青海的庄廓院［J］. 中国土族·春季号，2004.

［7］封玲. 历史时期中国绿洲的农业开发与生态环境变迁［J］. 中国农史，2004（03）：125-130.

［8］蒙吉军，吴秀芹，李正国. 河西走廊土地利用/覆盖变化的景观生态效应——以肃州绿洲为例［J］. 生态学报，2004（11）：2535-2541.

［9］李娜. 乡村聚落的区域差异［J］. 中学地理教学参考，2004（11）：14.

［10］尕藏加. 藏传佛教寺院宗教文化的功能及特性［J］. 学习与实践，2006.

［11］王秀玲，对国外城镇化发展的思考［J］. 河北师范大学学报（哲学社会科学版），2006.07.15.

［12］王景新. 我国新农村建设的形态、范例、区域差异及应讨论的问题［J］. 现代经济探讨，2006（3）：12-16.

［13］魏丽萍. 新农村建设应注重乡村聚落的区域差异——以东北、西北和东南乡村聚落为例［J］. 赣南师范学院学报，2007（06）：133-135.

［14］黄力平，王蕾. 伊犁河流域土地退化现状及防治对策［J］. 新疆农业科学，2008，45（S3）：56-60.

［15］王军，李晓丽. 青海撒拉族民居的类型、特征及其地域适应性研究［J］. 南方建筑，2010.

［16］肖生龙，艺术人类学视野下的撒拉族民居文化解读［J］. 学理论，2010.

[17] 丹真多杰，旦正加. 浅谈藏族神山崇拜与生态保护 [J]. 甘肃民族研究，2010（1）.

[18] 刘铮，李莉娟，赵晓娜，王崴. 河套平原传统聚落与民居中的生态智慧 [J]. 南方建筑，2010（05）：56–59.

[19] 刘沛林，刘春腊，邓运员，申秀英，李伯华，胡最. 中国传统聚落景观区划及景观基因识别要素研究 [J]. 地理学报，2010，（12）.

[20] 周晶、李旭祥、孟祥杰. 青海撒拉族"庄窠——篱笆楼"民居的社会环境适应性研究 [J]. 建筑学报，2012.

[21] 崔文河、王军、岳邦瑞、李钰. 多民族聚居地区传统民居更新模式研究——以青海河湟地区庄廓民居为例 [J]. 建筑学报，2012.

[22] 黄斌，吴少华. 欧洲乡村景观建设对我国新农村建设的启示 [J]. 安徽农业科学，2012.04.20.

[23] 史亚南、燕华、刘连新. 撒拉族新式民居空间浅析 [J]. 小城镇建设，2013.

[24] 徐呈程，许建伟，高沂琛. "三生"系统视角下的乡村风貌特色规划营造研究 [J]. 建筑与文化，2013.01.15.

[25] 杨俊宴，胡昕宇. 城市空间特色规划的途径与方法 [J]. 城市设计，2013（6）：68–75.

[26] 文剑钢，文瀚梓. 新型城镇化的基本问题探讨——以苏南城镇化与乡村风貌保护为例 [J]. 现代城市研究，2013.06.15.

[27] 徐姗，黄彪，刘晓明，张玉钧. 从感知到认知——北京乡村景观风貌特征探析 [J]. 城市景观，2013.7.25.

[28] 文瀚梓. 基于实地调查的乡村风貌保护与文化传承研究——以苏州乡村为例 [J]. 安徽农业科学，2013.10.1.

[29] 金城. 伊斯兰教经典中的经商致富思想 [J]. 华夏地理，2014.

[30] 王军，李晓丽. 生态安全导向下青藏高原聚落重构与营建研究 [J]. 建筑与文化，2014（6）.

[31] 崔文河，王军. 游牧与农耕的交汇——青海庄廓民居 [J]. 建筑与文化，2014（6）.

[32] 张博强，郝思怡，王军. 青南班玛县藏族碉楼民居探析——以灯塔乡可培村为例 [J]. 建筑与文化，2014（6）：82–85.

[33] 靳明飞，文剑钢，施继，林炜强. 苏南优美乡村特色研究——新型城镇化建设中的苏南地区乡村风貌调查研究 [J]. 价值工程，2014.07.18.

［34］李王鸣，冯真，柴舟跃. 基于ESDA方法的区域乡村群体风貌规划体系研究［J］. 建筑与文化，2014.10.15.

［35］张静，沙洋. 探寻塑造新时代乡村风貌特色的内在机制——以浙江舟山海岛乡村为例［J］. 小城镇建设，2015.1.7.

［36］靳亦冰，李钰，王军，金明. 新型城镇化导向下西北地区乡村转型研究［J］. 新建筑，2015（01）：38–41.

［37］马丽，郭温溪. 传统村落风貌的保护方式探索——以浙江宁海县许家山村为例［J］. 装饰，2016.1.15.

［38］李志新. 寻找中国村镇之美：云中的村落——错高村［J］. 小城镇建设，2016（6）.

［39］田名川，王哲. "城市双修"背景下的城市特色风貌研究——以宁夏中卫为例［J］. 2017.1.2.

［40］吴唯佳，吴良镛，何兴华，李兵弟，陈为邦，石楠，吴琳. 人居科学与乡村治理［J］. 城市规划，2017.3.9.

［41］袁青，马彦红，冷红. 基于生态视角的妫河流域乡村风貌规划探析［J］. 城乡建筑，2017.07.25.

［42］俞孔坚，奚雪松，王思思. 基于生态基础设施的城市风貌规划——以山东省威海市城市景观风貌研究为例［J］. 2008.

［43］王军，靳亦冰，肖琳琳. 青海撒拉族历史文化名村孟达大庄传统格局保护研究［J］. 中国名城，2017.9.5.

［44］李莎，李莉萍. 旅游背景下的传统民族村落保护规划探索——以维西同乐村傈僳族村落保护与整治规划设计为例［J］. 小城镇建设，2018.1.7.

［45］王海银，王涛. 乡村风貌的地域性传承与更新——棣花古镇规划启示［J］. 小城镇建设，2018.02.15.

［46］张雅丽，赵斌，侯世荣. 山东省村镇风貌构成体系研究［J］. 中华建设，2018.02.28.

［47］靳亦冰，令宜凡. 撒拉族乡村聚落空间形态特征解析［J］. 建筑学报，2018（3）：107–112.

［48］代凤. 重庆市实施乡村振兴战略的问题与对策［J］. 重庆行政（公共论坛），2018.08.18.

博硕论文

［1］苏积山. 对河西走廊元湖村落演变的研究［D］. 西安：西安建筑科技大学，2006.

［2］欧阳高奇. 北京市风景名胜区村庄景观风貌研究［D］. 北京：北京林业大学，2008.05

［3］刁星. 北京昌平城乡风貌规划及实施对策研究［D］. 哈尔滨：哈尔滨工业大学，2010.12.

［4］王庆庆. 地域资源视角下新疆乡土聚落营造体系类型研究［D］. 西安：西安建筑科技大学，2011.

［5］徐健生. 基于关中传统民居特质的地域性建筑创作模式研究［D］. 西安：西安建筑科技大学，2013.

［6］姚珍珍. 基于分形地貌的陕北黄土高原城镇体系空间结构研究［D］. 西安：西安建筑科技大学，2014.

［7］高源. 西部湿热湿冷地区山地农村民居适宜性生态建筑模式研究［D］. 西安：西安建筑科技大学，2014.

［8］高元. 耦合于分形地貌的陕北河流交叉处城镇空间形态研究［D］. 西安：西安建筑科技大学，2015.

［9］闫杰. 秦巴山地乡土聚落及当代发展研究［D］. 西安：西安建筑科技大学，2015.

［10］贾鹏. 陕南山地聚落环境空间形态的气候适应性特点初探［D］. 西安：西安建筑科技大学，2015.

［11］宋祥. 青海河湟地区山地庄廓聚落景观形态研究［D］. 西安：西安建筑科技大学，2016.

［12］高威迪. 嘉绒藏族莫洛村调查及其保护规划研究［D］. 西安：西安建筑科技大学，2016.

［13］秦小静. 西藏自治区畜牧业与乡村人口的时空格局及耦合关系［D］. 南充：西华师范大学，2016.

［14］王旭晨. 陕南束河古镇环境景观及历史文化保护与发展研究［D］. 西安：西安建筑科技大学，2016.

［15］潘颖. 基于文化景观保护理念的乡村景观规划研究——以北京市延庆县南湾村为例［D］. 北京：北京建筑大学，2016.

［16］刘锐. 基于人与自然协调的广州旧城滨水地区设计研究［D］. 广州：华南理工大学，2016.

［17］吴金泽. 临潭县红堡子村传统风貌保护策略研究［D］. 西安：西安建筑科技大学，2017.

［18］杨丹枫. 基于人文景观特色评价的历史地段景观规划［D］. 南京：东南大学，2017.

［19］令宜凡. 民族文化影响下青海循化撒拉族乡村聚落空间形态研究［D］. 西安：西安建筑科技大学，2017.

［20］王嘉萌. 青海撒拉族篱笆楼民居营建技艺保护与传承研究［D］. 西安：西安建筑科技大学，2018.

［21］王嘉运. 通天河流域传统藏族碉房民居保护与更新研究——以称多县吾云达村、卓木其村为例［D］. 西安：西安建筑科技大学，2018.

［22］闫展珊. 青海牧区藏族传统聚落景观形态研究［D］. 西安：西安建筑科技大学，2018.

［23］贾梦婷. 街子河流域川水型传统乡村聚落空间格局研究［D］. 西安：西安建筑科技大学，2018.

［24］肖琳琳. 非遗传承视角下青海河湟地区藏族传统村落公共空间研究［D］. 西安：西安建筑科技大学，2018.

［25］由懿行. 青海撒拉族传统民居门窗研究［D］. 西安：西安建筑科技大学，2018.

网络

［1］大美青海［EB/OL］.

　　http：//www.qh.gov.cn/dmqh/system/2016/07/20/010224910.shtml.2019.1

［2］科普中国［DB/OL］.

　　https：//baike.baidu.com/item/%E8%8D%89%E5%8E%9F/225520?fr=aladdin.2019.1

［3］搜狐［EB/OL］.

　　http：//www.sohu.com/a/232624964_778989.2019.1

后记

黄土高原、青藏高原是我国生态安全格局"两屏三带"生态屏障的重要组成部分，课题组多年来关注中国西北地区乡村的发展，始终立足于高原生态安全的整体战略，以陕西黄土高原地区、青藏高原地区的乡村作为主要研究对象。

对青海省乡村深入的研究起源于2010年末，受青海省住房与城乡建设厅委托，课题组对青海省乡村聚落与民居建筑展开详细调研，在王军教授的带领下，课题组成员从寒冬到酷暑历时两年，行程数万公里，深入青海河湟地区、柴达木地区、环湖地区、三江源地区的各地各县典型乡村，完成"青海省农村牧区特色民居研究报告"。2011年5月向青海省省委、省政府、政协、人大四大班子领导汇报，得到认可后，继续深入调研完成青海省农村牧区特色民居推荐图集（四册），2013年该图集获"2013年度青海省优秀工程设计一等奖"；同年，课题组获批国家"十二五"科技支撑计划课题"高原生态社区规划与绿色建筑技术集成示范（2013BAJ03B03）"。这对全面理解该地区乡村聚落并探索可持续发展之路有着深刻意义，此项研究的后续课题一直延续至今，为本书的写作奠定了坚实的基础。

在国家科技支撑计划项目的研究过程中，课题组多次赴青海各地乡村现场测绘、测试、访谈、记录，尤其对河湟地区极具特色的循化撒拉族自治县进行重点调查，深入研究其乡村演进特征与内在机制，挖掘该地区乡村营建的生态智慧。在调查研究的过程中，课题组得到青海省住房与城乡建设厅、海东市住房与城乡建设局尤其是循化撒拉族自治县住房与城乡建设局的大力支持，他们为课题组提供了难得的数据资料和大量的现场帮助。课题研究同时得到循化县委、县政府关注，主管县长韩县长多次参加项目阶段汇报讨论会，并给予指导性建议与宝贵的意见。

特别感谢青海省住房与城乡建设厅王涛总工程师、熊世泊总工程师、衣敏处长、杨敏政处长、李志国处长、马黎光处长、乔柳工程师、朱燕敏工程师等提供的支持与帮助。

特别感谢循化撒拉族自治县住房与城乡建设局规划办的王自杰主任、陕维忠主任、韩素良工程师、杨向虎工程师、李海全工程师、魏晓刚工程师、韩学良工程师，这是一个实干、热情、团结的团队。他们多次与课题组一起深入循化县各乡镇、各村调研，探讨乡村建设问题，在此对他们提供的帮助与支持致以深深的谢意。

循化撒拉族自治县住房与城乡建设局多次组织各部门参与讨论，对课题组给予支持和帮助的循化县人民政府办公室、循化发改委、循化科技局、循化统计局、循化林业局、循化档案局、循化农业局、循化国土资源局等部门，在这里也一并表示感谢！

另外特别感谢循化县非遗办马晓红女士、国家级篱笆楼营建技艺传承人马进明先生、国家级撒拉族传统服饰传承人马建新先生以及循化宁巴石匠等地方热心人士，他们为课题组深入研究循化乡村提供了宝贵的指导意见与热情的帮助！

在乡土调查研究过程中课题组还得到了各地村民的热情招待和帮助，能够顺利且高效地获得大量一手资料，在此也要特别向为我们提供帮助的包括循化撒拉族自治县在内的西北地区乡村民众们表示感谢！

特别感谢青海省建筑建材科学研究院有限责任公司、青海省高原绿色建筑与生态社区重点实验室在课题进展过程中给予的大力支持，感谢李仲仁院长、冯坚总工程师、李万琴部长、刘成奎部长、李建新等同志在调研过程中的协助与陪伴，不仅提供技术支持，还提供车辆等后勤保障，为课题的顺利完成立下汗马功劳。尤其是冯坚总工程师，多次和课题组一同深入调研，挖掘地方营建技艺、采集数据、收集土样等，并在实验室深入分析数据，为后续的更新设计提供数据支持，在此特表谢意！

特别感谢我的恩师王军教授，2000年我有幸进入先生门下求学，在世纪之交开始了我的西北乡土之旅。近二十年的学习工作中，我跟随先生一起在西北的田野上寻找希望，"低调内敛、辛勤耕耘"是先生的作风，我一定以先生为榜样，继续潜心前行。

特别向参与循化县城乡风貌导则项目组的康渊博士、钱利博士，宋祥、李妍妍、张嫩江、令宜凡、王嘉萌、岳欢、闫展珊、黄锦慧、赵普尧、程华旸、肖琳琳、王嘉运、侯俐爽、周秀峰、马云霄、徐贞、金林建等硕士研究生一并感谢，是你们多次在现场收集资料、测绘访谈和交流讨论，为本书奠定了研究基础，也为你们的博士、硕士论文写作找到了选题方向。

对西北地区乡村风貌实地测绘、影像及数据搜集主要是在西安建筑科技大学王军教授、靳亦冰副教授及2014级、2015级、2016级、2017级、2018级研究生同学的辛勤努力下共同完成。本书在编写的过程中，靳亦冰副教授的2017级、2018级研究生同学们付出了很大的努力，成书艰辛的过程中充满了难忘的回忆。感谢研究生张文芳、胡梦童、陈汉、张哲铭、王志轩在后期图纸绘制付出的努力，感谢研究生罗宝坤、吕蒙、王利宇、施佳鹏、邵超、张伟在现场无人机航拍，留下了宝贵的图片资料。

感谢本册丛书总主编陈继军先生，感谢本册丛书编委会的各位同志，每一次和你们的讨论交流都使我都受益匪浅，感谢你们提出的宝贵建议与意见。

本书的编撰出版离不开中国建筑工业出版社的高度责任心和修改意见，特别感谢李东禧主任、唐旭主任、孙硕责任编辑的大力支持以及不厌其烦的校对修改，在此深表谢意！

从接受此书的任务到交稿，时间非常紧迫，感谢我的家人和朋友的理解与支持。特别感谢张彩晴女士、翁静女士，在我处于极度困难的时候给予我莫大的帮助和鼓励。

最后，向为本书默默付出的所有人致以深深的谢意。

深知研究仍有诸多不足之处，路漫漫其修远兮，吾将上下而求索。

靳亦冰

图书在版编目（CIP）数据

西北地区乡村风貌研究／靳亦冰，贾梦婷，栗思敏著．—北京：中国建筑工业出版社，2019.1
（中国传统村落保护与发展系列丛书）
ISBN 978-7-112-23162-1

Ⅰ．①西… Ⅱ．①靳… ②贾… ③栗… Ⅲ．①村落－研究－循化撒拉族自治县 Ⅳ．①K924.44

中国版本图书馆CIP数据核字（2018）第298197号

本书选取全国唯一的撒拉族自治县循化县154个乡村作为研究对象。依据不同民族和地形地貌、产业等因素将其分为撒拉族川水型乡村风貌区、藏族山地型乡村风貌区以及藏族高山牧业型乡村风貌区。在对其风貌现状深入分析的基础上，遵循突出地域特色、打造自然生态、传承民族文化的乡村风貌的原则，提出乡村风貌定位，探索循化撒拉族自治县乡村风貌引导原则与方法。本书适用于建筑学、城乡规划、文化遗产保护、民居等专业领域的学者、专家、师生，以及村镇政府机构人员等。

责任编辑：张　华　胡永旭　唐　旭　吴　绫　孙　硕　李东禧
版式设计：锋尚设计
责任校对：王　烨

中国传统村落保护与发展系列丛书
西北地区乡村风貌研究
靳亦冰　贾梦婷　栗思敏　著
*
中国建筑工业出版社出版、发行（北京海淀三里河路9号）
各地新华书店、建筑书店经销
北京锋尚制版有限公司制版
北京富诚彩色印刷有限公司印刷
*
开本：880×1230毫米　1/16　印张：21¼　字数：459千字
2018年12月第一版　2018年12月第一次印刷
定价：**228.00**元
ISBN 978 - 7 - 112 - 23162 - 1
（33246）